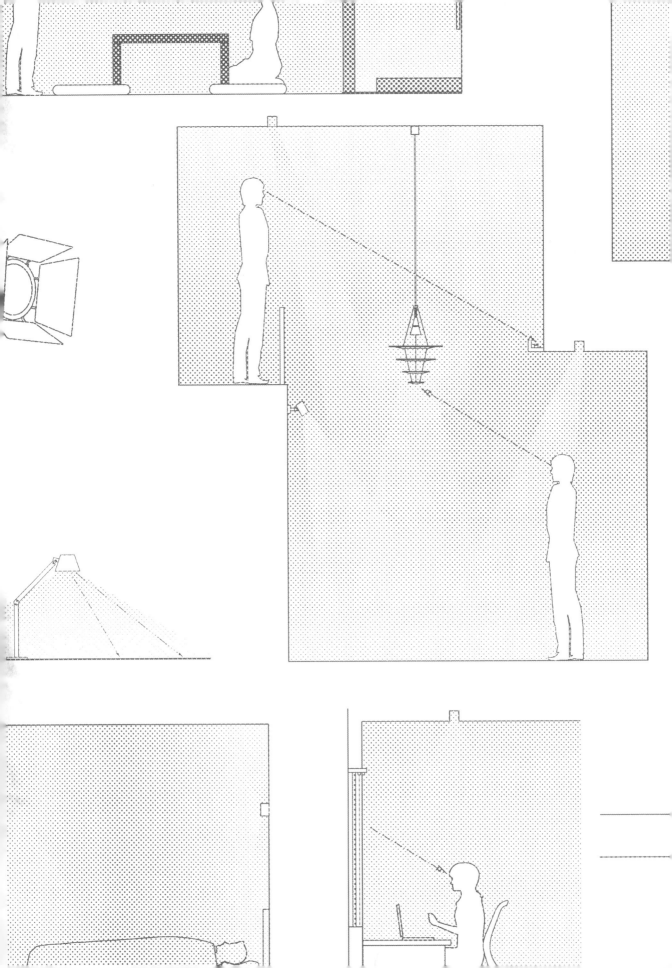

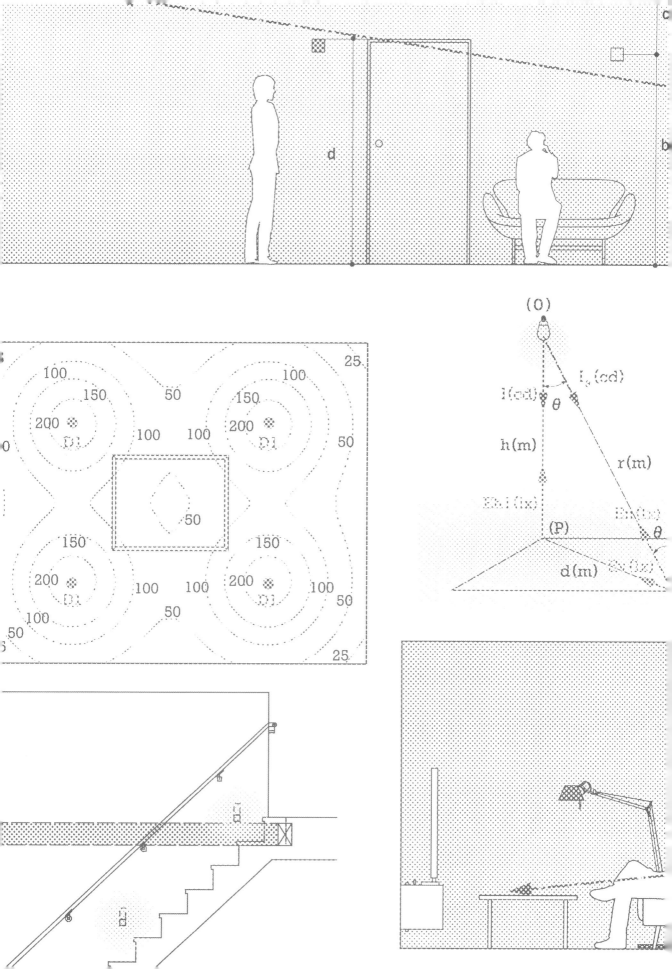

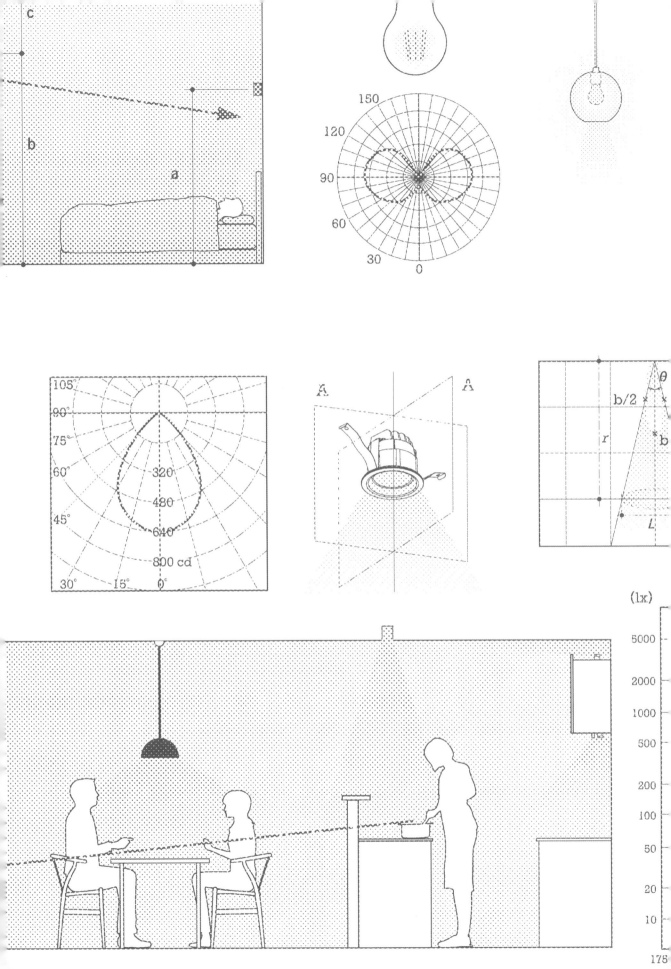

暮らしの
シーン別

照明設計の教科書

Lighting Design
Method

福多佳子 著

Yoshiko Fukuda

学芸出版社

はじめに

　2011年の東日本大震災以降、照明業界は大きく変化しました。電力需給の逼迫による省エネルギーの要請でLED需要が急速に高まった当初は、蛍光灯や白熱灯より性能が劣っていた過渡期でも、やむなく使用する状況でした。そこから10年を経てLED照明の進化は目覚ましく、今では省電力や長寿命というだけでなく、光源部や器具の小型化、家具や建材との一体化も進んでいます。LEDは、光色と光の広がりのバリエーションも豊富です。白熱灯なら光色は暖色光のみ、蛍光灯なら光の広がり方は拡散光のみと、光源によって限定されていた照明効果も、調色・調光機能やフルカラー可変のLED器具の登場で選択肢が広がりました。無料で使用可能な3D照明計算ソフトも普及し、明るさや雰囲気などの照明効果をだれもが手軽に予測できるようになっています。

　こうしたLED器具や照明計算ツールの進化は、ヒトの行為に寄り添う照明計画を一気に身近にしました。くつろいで本を読んだり、勉強したり、食事や入浴をしたり、眠りについたりと、部屋の明るさを確保するだけでなくシーンに適したあかりを設えることは、明日への活力を養う住宅にとって大切な選択です。ヒトの生理や心理に影響を与える光の効果は、暮らしをもっと豊かで快適なものにするからです。

　コロナ禍で在宅時間が増えた今、住宅の環境設計は一層重要な社会テーマになりました。しかし技術の進歩に反して、私たちの生活様式はそう簡単に変わらないようです。夜景を見ると、部屋の天井中央に大型のシーリングライトが取り付けられた"一室一灯照明"の窓明かりや、オフィスと同じ白色光の多さにも驚きます。疲れて帰った自宅でも職場と同様の明るい照明では、しっかりと体を休めることはできません。こうした問題意識から、照明デザイナーとして培ってきた日頃の経験を生かし、少しでも豊かで快適な住空間をつくりあげる知恵と工夫をまとめたのが本書です。

　1章では"一室一灯照明"から脱却し、"多灯分散照明"を実践するための照明計画の基本をおさえます。2章では器具の種類ではなく配光で選択するための知識を整理しました。3章は照明計算の基礎知識と3D照明計算ソフトの操作方法をコンパクトにまとめました。4章はヒトの行為ごと、つまり「暮らしのシーン別」の照明テクニックを列挙しています。例えば"食べる"という行為に適した照明はカフェやレストランの照明に応用可能なように、住宅の照明計画にはあらゆる施設用途の基礎が詰まっています。最後の5章では照明器具の選定における注意点をまとめました。

　照明の教科書というとおこがましいのですが、建築やインテリアの設計者はもちろん、照明が好きな方、住宅の新築や改修を考えている方に多様な魅力を伝えることを目指しました。この本が、暮らしを楽しむための照明手法を使いこなす一助となれば幸いです。

2021年8月吉日

福多佳子

目次
Contents

3章　照明効果が一目でわかる！　3Dで照明計算 85

暮らしを設計する。
多灯分散照明の実践

1.1　あかりを自在に楽しむ。広がる暮らしのバリエーション

暮らしをつくる、光の3つの要素

　私たちの暮らしで役立つ光の効果には、3つの要素があります。まずヒトは光がないとものを見ることができず、ものを見るには「明るさ」が必要になります。次に「光色」。光源の色味によって空間の雰囲気や印象が変わります。そして最後は「光のあて方」。これによって空間やものの見え方は多様なバリエーションをもちます。

　これら3つの要素は、単独の効果だけでなく、それぞれの組み合わせ方によっても得られる効果が変わります。光の心理的効果を最大限に生かすにもこれら3つの要素の組み合わせが重要です。

光の基本

　光を使いこなすための第一歩として、光を表す用語について説明します。図1.1.01はヒトの光の捉え方を示しています。照明自体が持っている光の量を**光束**(単位：lm/ルーメン)といい、その光束が放たれ、ある方向の光の強さを**光度**(単位：cd/カンデラ)といいます。

　一般に「明るさ」を示す**照度**(単位：lx/ルクス)は、被照面に入る光の量を示し、lx＝lm/m²を表します。発光面からの直射光(図1.1.01 ①)と被照面からの反射光(図1.1.01 ②)が目に入ることで感じる「明るさ」は、輝度(単位：cd/m²、カンデラ/平方メートル)で表すことができます。

　ここで注意が必要なのは、「明るさ」を表す用語には2種類あることです。ヒトの明るさの感覚量に近いのは、目に入る光の量を表す**輝度**といわれていますが、照明設計時に指針とされる照明基準総則(JIS Z9110：2010)では、**照度**で示されている場合が多いです。照度は作業に必要な明るさを示すもので、見た目の明るさを捉えるものではないことに注意が必要です。

明るさの捉え方

　以前、レストランの照明設計を行った際にテーブルが暗いといわれたことがありました。十分な明るさとなるよう**照度**計算を行ったのですが、現場に行ってみるとテーブルの色が黒く、**輝度**が低いことが暗く見える原因でした。料理を盛り付ける白い食器を並べたところ、十分な明るさであることをクライアントにも理解してもらえました。

A. テーブルの反射率 10%　　**B. テーブルの反射率 70%**

・3D 照度分布の比較 （単位：lx）

0.1 0.2 0.3 0.5　1　3　5　10　　20　30　　50　　100　　200 1000 15000

・3D 輝度分布の比較 （単位：cd/m²）

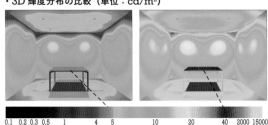

0.1　0.2 0.3 0.5　1　　　4　5　　　10　　20　　　40 2000 15000

照明計算ソフト　DIALux evo9.2　保守率 0.8
反射率　天井：70%　壁：50%　床：20%

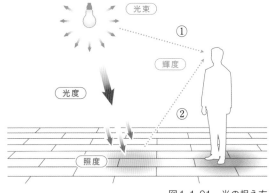

図1.1.01　光の捉え方

図1.1.02　反射率の違いによる3D照明計算の比較

図1.1.02では部屋の大きさと内装の色、照明手法が同じで、テーブルの色のみを変えた場合、A黒：反射率10％、B白：反射率70％の3D照明計算の結果を比較しています。見た目の比較では、白いテーブルの方が明るく見えます。しかしテーブル面の照度を比較すると同程度の照度値を示しています。一方輝度では、白いテーブル上は40cd/㎡程度ですが、黒いテーブル上は、5cd/㎡と約8分の1で、照度ではなく、輝度の方が見た目の明るさに近いことを確認できました。

このように色の選択は、照明計算における**反射率**の選択でもあり、見た目の明るさ（輝度）に影響を与えます。また水平面の平均照度は、計算式でも算出可能（p.88）ですが、輝度の確認には、3D照明計算が必要となります。よって本書の3章では3D照明計算の活用方法も解説します。

光色の表し方

光色は、**色温度**で数値化されています。物体は高温に熱せられると光を放射し、温度に応じて光の色が変わることを利用して、光色を色温度（単位：Kケルビン）として評価します。また、白から青白くなるほど色温度の数値が高く、高色温度といい、赤くなるほど数値が低く、低色温度といいます。

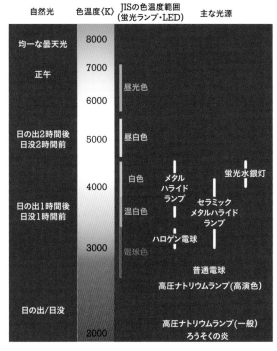

図1.1.03　太陽光と主な光源の種類別色温度

図1.1.03に自然光とおもな光源の種類別**色温度**を紹介します。色温度は人工光源の光色だけでなく、1日の中で変化する太陽光も数値化できます。日の出や日没は**低色温度**で、正午に近くなるほど**高色温度**に変化します。また色温度は数値で表すだけでなく、その範囲による区分があります。図1.1.03の色温度範囲では、"蛍光ランプ・LEDの光源色及び演色性による区分（JIS Z9112：2019）"を引用しています。一般的には3000K前後であれば電球色、3500K前後は温白色、4000K前後は白色、5000K前後は昼白色、6500K前後は昼光色と呼ばれています。

照明計画においては、意図的に色温度を使い分けることがあります。その事例として図1.1.04では国宝白水阿弥陀堂の季節の違いによるライトアップイベント例を紹介します。

紅葉時

新緑時

図1.1.04　色温度の使い分けによる照明効果の演出例

来場者を奥に誘導する足元照明と歴史的建造物のライトアップでは、電球色をメインに使用しています。歴史的建造物では、元々油やろうそくなどのあかりを利用していたため、電球色の方が、その歴史性を表現しやすいからです。

樹木のライトアップでは、赤や黄色の紅葉には電球色、常緑樹や新緑時には昼白色とそれぞれの葉の色を強調する光色に変えています。さらにお堂の背景となる常緑樹は昼白色でライトアップし、色温度の対比によって歴史的建造物の存在感を高める効果を狙っています。

このように照明対象の素材や色、何を目立たせたいか、

どのような雰囲気にしたいかによって**色温度**を使い分けることも照明計画の重要なポイントです。

光色と明るさの関係

明るさと**光色**の組み合わせについては、図1.1.05がよく使用されます。横軸に**光色**を示す**色温度**、縦軸は**明るさ**を示す**照度**を組み合わせ、色温度ごとに快適とされる照度の範囲を示しています。この研究は1941年に発表されましたが、いまだによく引用されています。この図が普遍的なのは、太陽光の変化と同様の自然な快適性を感じられるからではないかと思います。昼間の光は高色温度で、明るいと快適ですが、曇りや雨の日のように暗くなると陰鬱な気分になります。一方夕焼けの光は低色温度で、暗くなっても快適ですが、夕焼けが強烈な明るさであれば暑苦しく感じて、不快になることでしょう。

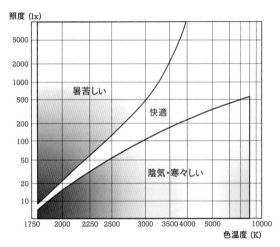

図1.1.05　光の色と明るさの関係(kruithof 1941 より改変)

　一般に昼間利用される施設は、窓から入る昼光も併用されるため、高色温度で明るい方が自然です。一方夜がメインのバーなどは、低色温度で暗い方がくつろいだ雰囲気をつくりやすくなります。

光のあて方とコントラスト

　照明における立体感の表現として、**モデリング**という考え方があります。モデリングは、**光があたる方向や光の広がり、光の強さ**によってものの見え方が変わることを示します。図1.1.06で光のあて方によって石膏像の顔がどのように見えるか比較します。

　図1.1.06 Aのように下から光をあてて、お化けを装った経験はないでしょうか？ 日常生活では下から光があたることはないため、異様に見えるのです。

　立体に光をあてると明るく見える場所(**ハイライト**)と影で暗く見える場所(**シャドウ**)が同時に発生します。Bは指向性のある光を正面上部からあてた場合で、明暗の差がどぎつく見えます。CはBよりも拡散した光を正面上部からあてた場合で、Bよりも明暗の差は薄くなりますが、正面上部からだけの光の場合、鼻の下の影は消すことができません。Dは拡散した光を正面の両サイドからあてた場合で、明暗の差は薄く自然な表情に見えます。

A. 下から光をあてた場合　　B. 指向性のある光を
　　　　　　　　　　　　　　　正面上部からあてた場合

C. 拡散光を正面からあてた場合　D. 拡散光を正面上部から
　　　　　　　　　　　　　　　　　あてた場合

図1.1.06　光のあて方による見え方の違い

　このように光をあてた場合に生じる**コントラスト**(明暗の差)は、顔の見え方だけでなく、室内の雰囲気にも大きな影響を及ぼします。特に食事をする空間などでは、室内の雰囲気だけでなく、一緒に食事をするヒトの顔の見え方にも配慮が必要です。好ましい雰囲気をつくるには、拡散している光と、指向性のある光を適度に混ぜること、さらに光のあて方を検討することが重要です。

　本書では、「明るさ」「光色」「光のあて方」の3つの要素の上手な組み合わせ方を踏まえて、少しの工夫で可能な暮らしをいろどる照明のテクニックを解説していきます。

あかり1つでものの見え方はこんなに変わる

光色の違いによって、ものの色の見え方が変わったと感じた経験はないでしょうか?

お店で商品を購入する際に色で選ぶ場合も多いかと思いますが、店内で見た色の感じとお店の外で見た場合、さらに家に帰ってから見た場合の印象が異なったという経験はないでしょうか?このことを光による演色性といいます。

照明計画においては、光で照らされるものの色やその空間に求められる雰囲気に応じて、光色（色温度）や演色性を使い分けることも重要です。

光とは

まず光とは何でしょうか? 大雨が降ったのちに急速に晴れると虹が現れることがあります。これは大気中の水蒸気がプリズムの役割をして、図1.1.07のように屈折率が異なる色光ごとに分光されるからです。屈折率の違いは、波長の長さの違いを示し、光とは波長が異なる色光で構成されています。

波長は光が1回振動する間に進む距離のことで、単位はnm（ナノメートル：1nmは10億分の1メートル）で表されます。波長が短い紫系から、中程度の緑系、波長が長い赤系まで、ヒトが感知できる約380～780nmの範囲を可視光線といいます。

紫色の外側には紫外線、赤色の外側には赤外線があります。紫外線は殺菌、赤外線は温熱などの効果もありますが、照射対象物に対しては、紫外線は退色、赤外線は熱による損傷の影響があります。

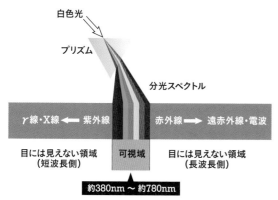

図1.1.07　光のスペクトル

分光分布と色温度

太陽光の色温度は1日の中でも変化します（p.11／図1.

1.03）。これは光の波長構成が変わるためで、日中は青系の短波長が多く、赤系の長波長が少ないため高色温度となり、夕方になるほど短波長が少なくなり、長波長が多くなることで、低色温度となります。

図1.1.08に各種光源の波長構成を測定した分光分布を示します。分光分布とは、横軸は波長を表し、縦軸は最も多く含まれる波長を1とした場合の各波長の割合を連続的に表した図で、図1.1.08のように光源によって、かなり異なることがわかります。

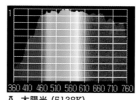

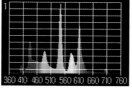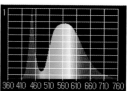

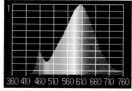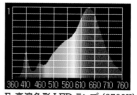

図1.1.08　各種光の分光分布の測定例
（計測器：スペクトロナビMK-350）

人工光源においてもCとDの高色温度ほど短波長が多く含まれ、B、E、Fの低色温度ほど長波長が多く含まれています。このように色温度は波長ごとの構成の割合を示す分光分布によって決まります。

Aの太陽光は、全ての波長を万遍なく持っていることがわかります。Bの白熱ランプも太陽光と同様に熱エネルギーを光に変換しているため、赤系の波長ほど多いものの全ての波長を持っています。

Cの蛍光ランプの分光分布は、不連続な波長構成であることが特徴です。蛍光ランプの中でも**三波長形**といって、光の三原色である赤と緑、青の波長を強化したランプで、青、緑、赤（図1.1.08の測定結果では橙色）にピークがあります。

D、E、FのLEDランプの場合は、青色LEDに蛍光体を被せることで白色光に変換しているため（p.22／図1.2.01A）、青色の450nm付近にピークがあるのが特徴ですが、蛍光ランプよりも連続的な波長構成を持っています。

ものの色の見え方

色温度は、雰囲気だけではなく、**ものの色の見え方**においても使い分けの決め手となります。それは、照射対象面の色が元の光にどの程度含まれているかで、ものの色の見え方が変わるからです。図1.1.09のようにりんごが太陽光で照らされている場合、りんごの表面色と同じ赤色の波長が反射されることで、ヒトはりんごの色は赤いと知覚することができます。

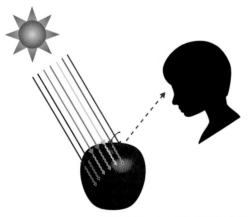

図1.1.09　ものの色が見える仕組み

光によるものの色の見え方を**演色性**といい、国際照明委員会（CIE）において定量的に評価する方法が定められ、国内でも"光源の演色性評価方法（JISZ8726：1990）"として規格化されています。カタログでは、製品ごとにRa○○と表記され、○○の数字が100に近いほど、演色性が良い（＝**高演色**）ことを示します。**Ra**（アールエー）は"average

of Rendering index"の略称で、**平均演色評価数**といい、次式で表します。

$$Ra = 100 - 4.6\,\Delta E$$

ΔE（色差）：R1～R8の基準光と比較した色ずれの平均値
R1～R8　：中程度の鮮やかさで、明度が等しい赤系統から紫系統の8つの試験色

海外製品では、**CRI**（Color Rendering Index）と書かれている場合もあります。

さらに特定の色に対する**特殊演色評価数**としてR9～R15があります。R9：非常に鮮やかな赤、R10：黄、R11：緑、R12：青の代表的な色票、R13：西洋人の肌色、R14：木の葉の緑、R15：日本人女性の平均的な顔色の色票で評価し、100が最高値です。R1～R14は前述のCIEで定められた世界共通の指標ですが、R15は日本で追加された指標です。

図1.1.10に図1.1.08で測定した各種光源の分光分布からR1-R15を計算した結果を示します。人工光源の中でR1-R15とRaの数値が最も高いのはBの白熱ランプで、高演色であることを再認識しました。一方、Cの**三波長形**蛍光ランプもDとEの一般形LEDランプも色温度に

A. 太陽光（5138K: 実測時 /Ra99）

R1	R2	R3	R4	R5
100	99	99	99	100
R6	R7	R8	R9	R10
99	99	98	97	99
R11	R12	R13	R14	R15
99	98	100	99	99

B. 白熱ランプ（2850K/Ra98）

R1	R2	R3	R4	R5
98	98	99	97	98
R6	R7	R8	R9	R10
98	98	98	95	97
R11	R12	R13	R14	R15
97	94	98	99	97

C. 三波長形蛍光ランプ（5000K/Ra83）

R1	R2	R3	R4	R5
93	91	65	88	86
R6	R7	R8	R9	R10
81	89	72	2	54
R11	R12	R13	R14	R15
77	66	94	77	90

D. 一般形 LED ランプ（5000K/Ra70）

R1	R2	R3	R4	R5
67	74	81	72	67
R6	R7	R8	R9	R10
62	82	56	-33	40
R11	R12	R13	R14	R15
68	38	67	89	58

E. 一般形 LED ランプ（2700K/Ra80）

R1	R2	R3	R4	R5
77	88	98	75	75
R6	R7	R8	R9	R10
84	84	57	3	71
R11	R12	R13	R14	R15
71	60	79	99	69

F. 高演色形 LED ランプ（2700K/Ra98）

R1	R2	R3	R4	R5
98	99	96	95	97
R6	R7	R8	R9	R10
98	98	99	96	99
R11	R12	R13	R14	R15
93	94	98	97	99

図1.1.10　各種光源のR1-R15/Raの例
（計算ソフト：Color calculator（Osram））

かかわらず、R9の数値が低いことがわかります。

スーパーマーケットの精肉売り場では、白色LEDの中に赤色LEDを混ぜたり、赤系の波長を強化したLEDを使用したり、R9の赤を意図的に高めて新鮮に見せている場合もあります。R13とR15の肌色では、Eの一般形とFの高演色形を比較すると高演色形の方が、演色性が良いことがわかります。洗面の照明では、お化粧やひげそりに十分な明るさが必要ですが、健康チェックを行う観点では**高演色形**を使用することも照明計画のポイントです。

図1.1.11に図1.1.10の一般形Eと高演色形FのLEDランプで同じりんごを照明した場合の元の光とりんごからの反射光を測定した例を比較します。どちらも色温度は2700K、りんごの上部で200lx程度の明るさとなるよう調整しています。左端の分光分布を比較すると高演色形は、黄色系の波長が抑えられ、赤系の波長が多くなっています。高演色形のRaは98で、R1-R15も同程度に高いことがわかります。一般形と高演色形で大きな違いは、R9の赤色の演色性の差が大きいことです。当然右端のりんごからの反射光では、高演色形の方が多くなり、測定照度は同じでも高演色形で照らされたりんごの方が、赤色が明るく鮮やかに見えるわけです。

様々な色の照射対象であれば、Raが高いほうが一般的には良いのですが、特定の色の照射対象の場合は、R9-R15の数値も確認することが重要です。ただし演色性は同一照度、同一色温度の基準光源と比較した場合の色の見え方のずれを示し、常にその優位性を示すものではありません。特に同じ消費電力であれば、一般形のLEDの方が光束量は多く、明るいため、一見、良く見えることがある

からです。単に高演色形を使用すれば良いということではなく、**演色性**と**明るさ**の両方を考慮することが重要です。

新しい演色性の評価方法

LEDの普及により、演色性に新しい評価方法が提案されています。LEDの高演色化も進み、Raの数値程、悪く見えない場合もあり、従来の演色性評価では、LEDは正しく評価できない可能性も指摘されています。2015年には、北米照明学会(IES)の技術資料「TM-30-15(IES Method for Evaluating Light Source Color Rendition)」において、新しい演色性評価方法が提案されました。評価指標は以下の2種類で、近年では日本の照明メーカーのカタログでもRaと一緒に記載される場合もあります。

・Rf(Fidelity Index：色の忠実性)

基準光源に対する色の再現性を評価し、100が最大値で、100に近いほど色の再現性が良いと評価されます。

・Rg(Relative Gamut：色の鮮やかさ)

基準光源に対する色の鮮やかさを評価し、100を超えるとより鮮やかに見え、100未満ではややくすんで見えることを示します。

2017年にはCIEも技術報告書「CIE 224：2017"正確な科学的用途のためのCIE 2017色忠実度指数(CIE 2017 Color Fidelity Index for accurate scientific use)"」を出版しました。現時点ではRaに置き換わってはいませんが、演色性の評価方法は今後も、光源の変化に合わせて変わっていくと思われます。

E. 一般形LEDランプ(2700K)の分光分布とR1-R15 (Ra80)

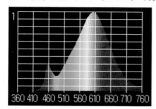

R1	R2	R3	R4	R5
77	88	98	75	75
R6	R7	R8	R9	R10
84	84	57	3	71
R11	R12	R13	R14	R15
71	60	79	99	69

りんごの見え方　　りんごからの反射光

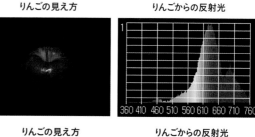

F. 高演色形LEDランプ(2700K)の分光分布とR1-R15 (Ra98)

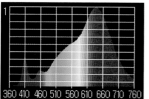

R1	R2	R3	R4	R5
98	99	96	95	97
R6	R7	R8	R9	R10
98	99	99	96	99
R11	R12	R13	R14	R15
93	94	98	97	99

りんごの見え方　　りんごからの反射光

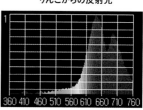

図1.1.11 演色性の違いによる元の光と反射光の比較(計測器：スペクトロナビMK-350/計算ソフト：color calculator)

サーカディアン照明とは？ 健康にもなれる光の効果

多くの生物は、1日24時間の周期で活動しています。このような周期は、おおむね1日周期という意味で概日（がいじつ）リズム、サーカディアンリズムと呼ばれています。

ヒトには体内時計（生体リズム）があり、睡眠から覚醒やホルモン分泌、体温変化など、1日周期でコントロールされています。この体内時計は、光の影響を受けることが明らかとなっています。適切に光を浴びることで、健康を維持できるのであれば、これを使わない手はありません。

体内時計と光

2017年のノーベル生理学・医学賞は、「**サーカディアンリズムを制御する分子メカニズムの発見**」で功績があった3人のアメリカ人の研究者（Jeffrey C. Hall 博士、Michael Rosbash 博士、Michael W. Young 博士）が受賞しました。健康との関わりを研究する時間生物学は急速な発展を見せ、また光による健康への影響に関する研究も注目されています。

体内時計が光の影響を受けるのは、**メラトニンの分泌**に作用するからです。メラトニンは脳の松果体から分泌されるホルモンで、睡眠ホルモンとも呼ばれています。メラトニンの分泌量が増えると深部体温が下がり、眠くなります。

図1.1.12に示すように、朝に白く明るい光を浴びるとメラトニンの分泌は抑制され、眠くならずに仕事や勉強など、活動的に過ごすことができます。夕方以降は、暖かな光で少し暗めにすると安眠をスムーズに促すことができます。

また太陽高度の変化はヒトの姿勢にも関係し、太陽高度が低い朝や夕方は、低色温度で低照度の光は横から届き、ヒトの姿勢も低くなります。

太陽高度が高くなるほど、高色温度で高照度の光が上方から降り注ぎ、ヒトの姿勢も起き上がります。

光色と**明るさ**の関係（p.12／図1.1.05）に加えて、光の方向（**光のあて方**）の3つの要素が、ヒトの活動に密接な影響を与えています。朝、元気に目覚めるため、夜、1日の疲れを癒すための住宅設計では、光の生理的効果を生かす照明計画が必要です。

ライトセラピー

季節性情動障害（Seasonal Affective Disorder：SAD）という言葉をご存じでしょうか？

ある季節になると疲れや気力の低下を感じる症状のことです。

高緯度地域では、冬の日照時間が極端に短く、昼間の明るい白色光を十分に浴びることができません。そのため体内時計を調整するメラトニンの分泌リズムが狂ってしまい、昼間はうとうとしてしまって、逆に夜は寝付けなくなる悪循環に陥ります。悪化するとうつ病のような症状を発症するため、冬に症状が出る場合を**冬季うつ病**ともいいます。意識的に光を浴びる日光浴や人工光を浴びる高照度光療法（**ライトセラピー**）によって治療が行われるそうです。

日本の冬も日照時間は短くなりますが、光の浴び方が健康に影響することを意識するほどではないかもしれません。また日本の職場や学校などでは、高色温度で高照度の場合が多く、昼間はメラトニンの分泌を自然に抑制しやすいといえます。ただし夜中に高照度の光を浴びるとメラトニンの分泌が抑制され、睡眠−覚醒リズムが乱れる原因となります。その意味でも夕方以降を過ごすことが多い住宅照明の役割は大きいともいえます。

日光浴というと日焼けによるシミやシワ、皮膚がんなどの弊害もありますが、紫外線を浴びることでカルシウムやミネラルの吸収に必要なビタミンDがつくられます。ビタミンDは、

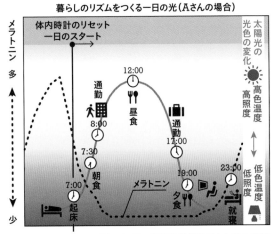

図1.1.12　睡眠と覚醒リズムと光の関係

血液中のカルシウム濃度を一定の濃度に保つ働きがあります。ビタミンDが不足すると骨の発達や骨格の維持に影響を与えることになり、子供の場合はくる病、高齢者の場合は骨粗鬆症になる心配があります。昼間の太陽光を浴びることは、生体リズムの調整や骨格の維持など、ヒトの健康に大きな影響を与えています。

サーカディアン照明とは

サーカディアン照明は、LED照明の普及により実現した照明の考え方です。LEDは発光部が小さいため、1つの器具に白色と電球色のLEDを内蔵させ、2色の光の量を混ぜることで**調色**（光色可変）・**調光**（明るさ可変）という機能が生まれました。

この機能を利用して、太陽光の変化に合わせて、昼間は高色温度で高照度、夕方以降は低色温度で低照度の光に変化させ、生体リズムの調整に役立たせる考え方をサーカディアン照明といいます。

この考え方は、オフィスや病院、高齢者施設などにも取り入れられています。オフィスでは午前中から午後の早い時間帯には、高色温度で覚醒を持続させ、夕方にかけて徐々に色温度を下げて、快適な色温度と照度の組み合わせを維持しながら変化させます。一定の色温度と照度の組み合わせではないため、省エネルギーになり、さらに知的生産性が向上するともいわれています[*1]。

病院や高齢者施設の照明は、治療や療養という観点だけでなく、入院患者や入所者の快適性を高めることで、ヒトそのものが持つ治癒力を高めるとも考えられています。特に自由に外出できない入院患者や入所者は、太陽光の変化を体感しづらく、体内時計をリセットすることが困難です。よって朝の目覚め、日中の覚醒、就寝前のくつろぎという生活サイクルをサポートするためにサーカディアン照明を導入している事例もあります。

調色・調光用照明器具のバリエーションも増え、ダウンライト（天井埋め込み器具）やペンダント（天井吊り下げ器具）、ブラケットライト（壁付器具）スポットライト、間接照明用ライン照明などもあり、住宅でも**サーカディアン照明**を容易に取り入れることができます。図1.1.13は、調色・調光機能付ダウンライトを用いたリビングの事例です。昼間はア）の5000Kの昼白色、夕方以降はイ）の2700Kの電球色に

切り替えられるようにしています。設計当初から日当たりが悪いことが懸念され、昼間も照明を点けることが想定されたためです。昼間、暗く感じる場合は、5000Kで最大の明るさで点灯させて活発な雰囲気が、夕方以降は2700Kで少し暗くすることで、くつろいだ雰囲気が得られるようにしています。

ア　昼白色 　　イ　電球色

図1.1.13　調色・調光用ダウンライトの事例
建築設計：i.e.design

低色温度調色・調光機能

白熱灯は調光すると暗くなるだけでなく、赤みを増して、自動的に色温度も低くなります。光の心理的効果としては、低色温度になるほど、低照度でも快適感が得られやすくなります（p.12／図1.1.05）。また生理的効果としては、低色温度で低照度にすることは、メラトニンの分泌を促しやすいため（図1.1.12）、白熱灯の調光は、心理的な快適感が得られるだけでなく、安眠を促す上でも良好でした。

一般的なLED照明器具の調色・調光は、電球色（2700K）と昼白色から昼光色（5000〜6200K）の2色を混光しているため、色温度はその範囲内でしか変化することができません。また図1.1.05（p.12）でわかるように色温度を固定したまま暗くしすぎると陰鬱になります。よって暗くしても快適感を得られるよう2000Kと2700Kの2色のLEDを混光させ、より白熱灯の調光に似せた**低色温度の調色・調光**器具も開発されています。寝室などで安眠を促したい場合や、暗くても落ち着いた雰囲気を楽しみたいレストランやバー、ホテルの客室などにも適用することができます。

*1　西村唯史「生体リズムを考慮した照明制御」『電気設備学会誌』33巻1号、2013年、pp.34-36

1章

暮らしを設計する。

多灯分散照明の実践

知っておきたい目の機能と光の関係

当たり前のことですが、ものをよく見るには、明るさが必要です。
目の機能（視機能）と光には密接な関係があります。目はものの見え方を自動的に調整する順応という優れた機能を持っています。
視機能を理解することは、光を上手に使うためにも必要です。

目の機能に配慮した照明計画

明るい場所から急に暗い場所に入ると周囲が見えなくて不安になった経験はないでしょうか？しかし時間が経つにつれてぼんやりと見えてきます。このような目の機能を**暗順応**といいます。照明計画においては、暗順応に配慮することを**緩和照明**といい、トンネルや美術館、博物館などでは、重要な考え方です。

長いトンネルほど入り口と中間部では照明器具の設置間隔が異なります。車両はスピードがあるため、目の順応の遅れを緩和する明るさへの慣れが必要となるからです。よって入り口ほど明るくし、外光に慣れた目でも自然にトンネル内の明るさに順応させ、トンネル内の状況を知覚しやすくしています。

美術館や博物館では、展示品を保護するため、鑑賞に支障がない範囲で暗くします。外光に慣れた目ですぐに展示室に入ると見えにくいため、エントランスから展示室へのアプローチでは、自然に暗さに慣れるように明るさを変化させるのです。

ものを見る仕組み

目はよくカメラに例えられます。図1.1.14に目の構造を示します。光を取り入れる**瞳孔**の周囲には**虹彩**があり、周囲の明るさに応じて光の量を調整する絞りの役割をしています。瞳孔から入った光は、カメラのレンズに相当する**水晶体**で屈折し、フィルムに相当する**網膜**上でピントが合うように調整されています。また眼球が2つあることにより立体視ができ、視野も広がります。

網膜から視神経を通り、脳の視覚中枢に情報が届く一連の伝達が「ものを見る」ということです。つまりヒトの目はカメラと異なり、目の機能が正常でも視神経や脳に損傷が起こると視機能は損なわれることがあります。

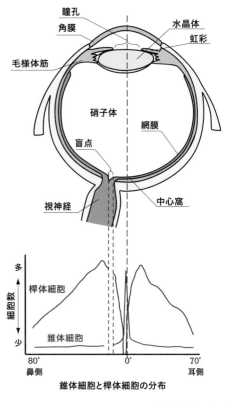

図1.1.14　目の構造

近いものを見る場合は水晶体が膨らみ、遠いものを見る場合は、水晶体が薄くなるよう毛様体筋の収縮によって自動的に遠近のピントを調節しています。近視は近いものを長時間見続けることで、水晶体が膨らんだまま硬化してしまい、網膜上でピントが合いにくくなることで起こります。暗いところで本を読むと近視になるといわれますが、理論的には明るさとは関係がありません。しかし明るさが足りない場合、よく見ようとして目を近づけて、そのまま長時間見続けることが、近視の要因となる可能性もあります。

視機能は生まれてすぐにはっきりと見えるわけでなく、外部からの刺激を受けることで発達し、10歳代で安定すると

いわれています。成長に従って目が受ける光の刺激が、生涯の視機能に影響を与えるといっても過言ではありません。特に子供の場合は、眼球自体も小さいため、水晶体を膨らませる近視点には適していません。子供の頃は近視点の時間は短くして、外で遊ぶなど、遠くを見る機会を増やし、水晶体の膨らみの柔軟さを維持することが大切です。

図1.1.14に示すように網膜には2種類の視細胞があります。明るいところで働く**錐体細胞**と暗いところで働く**桿体細胞**です。錐体細胞には光の三原色である赤と緑、青の3種類があり、色の識別を行うことができます。錐体細胞は明るい場所で働き、暗闇では色を認識する働きが低下します。一方桿体細胞は色を識別できませんが、わずかな光でも感知できるため、暗い所でおもに働きます。このため、暗い場所でヒトは、ものの形はわかっても、色の識別ができなくなります。

このように周囲の明るさに応じて、目は2種類の視細胞を自動で使い分け、さらに瞳孔の大きさで光が入る量を調整することで、星明りの暗さから真夏の屋外の明るさまで対応することができます。

図1.1.15にヒトの明るさの対応範囲を示します。錐体細胞が優位に働く明るさを**明所視**、桿体細胞が優位に働く明るさを**暗所視**といい、その中間の明るさを**薄明視**(0.01〜10lx程度)といいます。

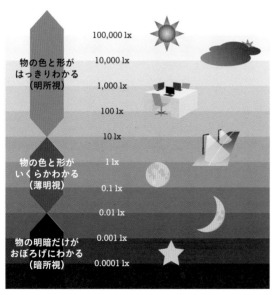

図1.1.15　ヒトの明るさの対応範囲

また前述の**暗順応**は、錐体細胞から桿体細胞へ切り替えるのに時間がかかるために起こります。図1.1.16に暗順応する場合の順応曲線を示します。

明るい側に順応する場合は、**明順応**といい、短時間で順応できますが、暗順応の方は時間がかかります。また暗順応が進むほど、より弱い光を感じることができます。

光をアートにしている現代美術家のジェームズ・タレルをご存知でしょうか？暗順応を利用した作品もあり、「光」の存在感、そして視機能の面白さを体感することができます。

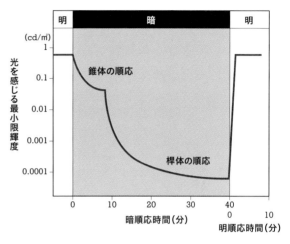

図1.1.16　順応曲線

グレアとは

図1.1.15のように広範囲な明るさに対応できるヒトの目ですが、視野内に急に輝度が高い光が入ると眩しさを感じます。このような不快な眩しさをグレアといい、照明計画では極力このグレアを与えないように配慮することが重要です。照明によってグレアが起こる要因は、以下の4つです。

○周囲が暗く、目が暗順応状態の場合
○輝度が極端に高い場合
○視線に近い場合
○発光面の見かけの面積が大きい場合

またグレアは反射によって起こる場合もあり、**反射グレア**といいます。反射グレアは昼間の窓や輝度の高い照明が、テレビやパソコンのモニター、光沢のある紙面などで反射して、視対象が見えにくくなることで起こります。

グレアは不快感を生じさせるだけでなく、眼精疲労の原因になることもあります。LEDは指向性が強く、発光面が小さくても眩しさを感じやすい場合もあるので、注意が必要です。

色順応と恒常性

太陽光は1日中刻々と**色温度**が変化しますが、それに応じて**ものの色の見え方**が変化するとは感じません。これは光と照らされたものの色の変化に目が慣れて、目の感度が変化することで起こり、このことを**色順応**といいます。

またりんごは赤色、バナナは黄色などすでに知覚している色に対しては、**色の恒常性**が起こりやすく、異なる色温度で照らしても物体色が変化したとは感じられないといわれています。これらもヒトの目とカメラが異なる部分で、フィルムの役割をする網膜上の画像をそのまま認識しているのではなく、脳で処理することで起こるものと考えられます。

脳が補正するなら、ものの色の見え方が光の影響を受けることに矛盾が生じるようですが、太陽光は色温度が変化しても高演色なため、ものの色の見え方に影響を与えません。その意味ではものの色の見え方に違和感がある場合は、かなり演色性が低い光であると考えられます。

明るさの感覚とは

ヒトの目で感じる明るさは波長ごとに異なり、**比視感度**として数値化されています。比視感度は明るさの感覚の基本的な特性であり、CIEによって、ヒトの比視感度の平均から世界標準となる**標準比視感度**が規定されています。

標準比視感度は図1.1.17に示すように**明所視**と**暗所視**では感じ方が異なり、生理学者ヤン・エヴァンゲリスタ・プルキニェ（プルキンエとも表記される）が解明したことから、**プルキンエ（プルキニェ）現象**と呼ばれています。

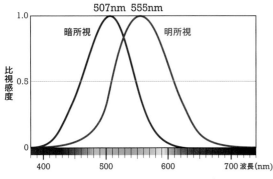

507nm 555nm

暗所視　明所視

比視感度

1.0

0.5

0

400　　500　　600　　700 波長（nm）

図1.1.17　標準比視感度とプルキンエ現象

明所視では555nm付近の黄緑色の光を最も明るく感じますが、**暗所視**で最も明るく感じるのは、507nm付近の緑色の光で、短波長側にずれます。この視機能に着目して、暗所視における感度の高い507nmの波長を強化したLED防犯灯や街路照明も開発されています。

またヒトの明るさの感覚量はウェーバー・フェヒナーの法則に基づき、刺激の強度の対数に比例するといわれています。つまり明るさが2倍程度になって、ようやく違いが認識できるということです。例えば、5lxと10lxを比較した場合の5lxの違いはわかりますが、100lxと105lxの違いはヒトの目ではほぼわかりません。また明るくなるほど、その差はわかりにくくなります。

明るさの対比とは

図1.1.18に示す中央のグレーは左右同じですが、背景が暗い左側のグレーの方が明るく見えます。このような現象を**明度対比**といって、周囲の色によって本来の色よりも明るく見えたり、または暗く見えたりする現象です。目にとっては**明るさの対比**も同様で、比較による相対的な評価となります。暗さがあればこそ、明るさを認識できます。

図1.1.18　明るさの対比

ホワイトアウトという言葉をご存じでしょうか？　白一色の雪景色の中では、明るさの差も陰影もなくなり、方向などの感覚が失われることです。p.42の図2.1.05の雪景色のCや、p.43の図2.1.06のイ）のように室内全体が白一色の場合は、開放感は高いものの一見、不安定な感覚に陥ります。イ）の事例写真では家具をアクセントカラーとして適度な対比を取り入れています。

照明計画では、行為の行いやすさやものの見やすさをサポートできるよう適切な明るさを検討するだけでなく、明るさと暗さの適切なバランスをつくることが重要です。

老いる体に優しく寄り添う。加齢と光の関係

　誰でも年齢を重ねることで、身体に少しずつ衰えを感じますが、光と密接に関わるのは視機能です。この視機能の衰えによってものの見え方も変化します。

　住宅の使い勝手も加齢に応じて変化するため、リフォームを行うことも少なくありません。照明器具の増設は配線工事だけでなく内装工事を伴うこともあり、改修費用がかさむ心配もあります。

　最初から加齢に配慮した照明計画を行うことで、ランプ交換や器具交換などによる簡易なリフォーム対応も可能となります。

加齢と視機能の変化

　加齢による一般的な**視機能**の衰えは、**老眼**です。40歳前後から誰にでも起こり、平均寿命が80歳を超えることを考慮すると、老眼と向き合う時間は相当長いといえます。目の老化現象は以下の通りです。

●水晶体の硬化：老眼

　水晶体の弾力性が低下し、また水晶体の膨らみを調節する毛様体の筋力も衰えることで、近視点でのピントが合いにくくなります。

●瞳孔の縮小化：明るさの低下、暗順応機能の低下

　加齢に伴い瞳孔が開きにくくなり、目に取り入れる光の量が少なくなります。よって同じ明るさでも若い人に比べて暗く感じます。また瞳孔が大きくならないため、**暗順応**もしにくくなります。

●水晶体の白濁化：グレアへの適応能力の低下

　水晶体内に白っぽい不純物が増え、悪化すると**白内障**と診断されます。この不純物によって眼球内で光が散乱されやすくなり、**グレア**を感じやすくなります。

　図1.1.19に加齢による波長ごとの透過率の変化を示します。加齢とともに長波長側に比べて、短波長側の透過率がかなり低下します。よって長波長成分が多い低色温度光の方が明るさを得やすいといえます。また水晶体の白濁化による光の散乱は、波長が短いほど起こりやすいため、**グレアの抑制**の観点からも**低色温度**の方が高齢者には適しています。また**暗順応**の機能が低下する高齢者には、極端な明るさの差によって、段差が見えにくくなり、家庭内事故につながる場合もあるので、注意が必要です。

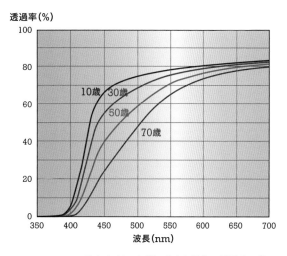

図1.1.19　年齢による水晶体の透過率の違い
（CIE 203:2012 incl. Erratum 1 より改変）

加齢と生体リズム

　生体リズムに影響を与えるメラトニンの分泌は、加齢とともに減少します。歳をとると眠りが浅くなり、早起きになるのは、メラトニンの分泌量の変化にも関係しているといわれています。さらに定年を迎えたり、病気をしたりと自発的な外出が減ってしまい、太陽光を浴びる機会も少なくなるとメラトニンの分泌リズムにも支障をきたします。**サーカディアン照明**の導入は加齢で衰えた生体リズムを補う効果が期待できます。

　夜中にトイレにいくと目が覚めてしまい、眠れなくなってしまった経験はありませんか？　寝室だけでなく、トイレまでの廊下の照明は、足元で誘導効果が得られる**常夜灯**や明るさを変えられる**調光スイッチ**など最小限の照明にすることで、覚醒を抑制する配慮（p.119／図4.1.05）が必要です。

1.2 コンパクトで長寿命！LED照明器具の使い方

LEDの特性を知る

LEDは発光ダイオードの呼称で、英語の"light emitting diode"の頭文字で表した言葉です。LEDというと省エネルギーと長寿命に着目されがちですが、発光部の小ささによって、器具のコンパクト化も進み、照明器具としてだけでなく、家具や建材と一体化した開発も行われています。また波長制御のしやすさによって、照射対象に応じた高演色化も進んでいます。さらに調光制御もしやすく、無線でのコントロールも可能です。LEDの特性を知ることで、より適切な照明計画を行いましょう。

LEDの発光原理と歴史

LEDは半導体の発光原理を利用しています。半導体（semiconductor）とは、電気をよく通す金属のような導体と、ゴムのように通さない絶縁体の間に位置するものという意味です。

LEDチップはp型とn型の2種類の半導体で構成されています。p型では電気の（＋）が動き、n型では（−）が動く特徴を持ち、この2つを合わせて通電させると（＋）と（−）が衝突することで、接合面が発光します。

これをPN結合といい、エレクトロルミネセンス（Electroluminescence）と呼ばれるLEDが発光する基本の原理です。

ちなみに携帯電話やTVのディスプレイ画面などでも使用されている有機ELの英語は、"Organic light emitting diode"といい、略称ではOLED（オーレッド）と呼ばれています。有機ELのELは、上述のエレクトロルミネセンスという発光現象を示し、LEDと同じ発光原理の半導体です。

LEDの発光原理自体は100年以上も前に発見されましたが、実用化されたのは1960年代でした。まず赤色LED、その後黄色、橙色の単色光のLEDが開発され、家電製品のON/OFF表示や電光掲示板などで使用されていました。1990年代、日本において青色LEDの高輝度化に成功し、これをきっかけに緑色LEDも開発されました。光の三原色であるR（赤色）・G（緑色）・B（青色）が揃ったことで、フルカラーライティングが実現しました。さらに白色LEDの開発により、照明業界のLED化が一気に進みました。

また照明業界だけでなく、TVやパソコンのモニター、携帯電話などにも使用されるようになり、薄型、小型化が進んでいます。この青色LEDの高輝度化の功績は大きく、2014年のノーベル賞受賞（赤崎勇・天野浩・中村修二）にもつながります。

白色LEDの種類

現状では単色の白色LEDはなく、おもに以下の3つの方法で白色化しています。LEDの白色化の方法と測定した分光分布を図1.2.01に示します。

A. 青色LED＋黄色蛍光体

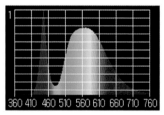

B. 紫色(近紫外)LED＋RGB蛍光体

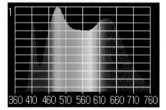

C. 赤色LED＋緑色LED＋青色LED

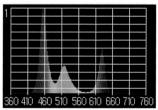

図1.2.01　白色LEDの作成方法と分光分布
（計測器：スペクトロナビ MK-350）

赤や青色などのLEDの色の違いは、LEDチップに使用される化合物によるものです。例えば赤色はヒ素系を使用し、青色LEDでは、窒化ガリウム（GaN）を使用しています。

一般的な白色LEDは、Aの青色LEDに黄色の蛍光体を組み合わせる方法で作成されています。黄色は赤と緑の混色であるため、青色光と組み合わせることで、**光の三原色**の混光となり、光を白色化することができます。さらに黄色蛍光体の色味によって、光色（**色温度**）も変えることができます。図1.2.02にLEDの光色のバリエーション例を紹介します。このように同じ形状で色温度のバリエーションが豊富なこともLED照明の特徴といえます。

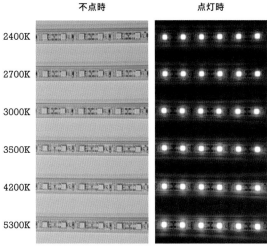

不点時　　　　　　　　点灯時

2400K

2700K

3000K

3500K

4200K

5300K

図1.2.02　LEDの光色のバリエーション例

一般的なLEDは、図1.2.01のAの分光分布の通り、青の波長にピークがあり、赤系の波長が少ないため、赤系の色に対する演色性が劣ることが特徴です。

この一般形LEDの演色性を改善するためにBの紫色または近紫外LEDにRGBの3色の蛍光体を組み合わせて**高演色化**する方法が開発されました。Bの分光分布の通り、RGBの各波長が強化され、Aの一般形よりも赤系の波長が多いことがわかります。

CはRGBの3色のLEDを混光して、白色化する方法です。いわゆる**フルカラーライティング**の作成方法です。色を可変する方法は、例えばパソコン上で表現される色の階調は0-255ですが、RGBごとに256段階で組み合わせれば、その3乗で約1677万色のカラーバリエーションを作成することができます。

分光分布でもRGBそれぞれの波長にピークが出ています。最近ではRGBに白色LEDを混光させたRGBWの4

色混光タイプも開発され、RGB以外の波長も強化できることから、1台で**フルカラー可変**だけでなく、調色・調光も可能なLED照明も開発され、自宅のパーティなどで、手軽にカラーライティングを楽しむこともできます。図1.2.03は調色・調光とカラー可変ができるLED電球です。

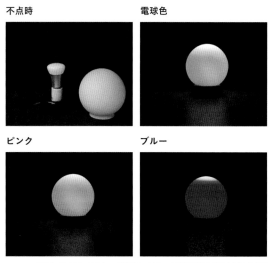

図1.2.03　調色・調光とカラー可変ができるLED電球

白色と肌の色の見え方

p.15の図1.1.11では、一般形と高演色形LEDによるりんごの見え方の比較を行い、高演色形の方が赤色はより明るく鮮やかに見えることを確認しました。図1.2.04では、白色の食器で同様に比較した結果を紹介します。どちらも色温度は2700K、食器部分の照度は約500lxになるように調整しています。

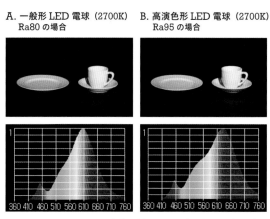

A. 一般形 LED 電球（2700K）　　B. 高演色形 LED 電球（2700K）
　 Ra80 の場合　　　　　　　　　　Ra95 の場合

図1.2.04　白色に対する見え方と分光分布の違い
（計測器：スペクトロナビ MK-350）

Aの一般形LEDで照明した方が、やや黄ばんで見え、Bの高演色形の方が白色の食器であることを正確に認識できます。特にアパレルなどでは白色なのかオフホワイトなのかは大きな違いとなります。よって微妙な白色の違いを確認したい場合も**高演色形**LEDの方が良いことがわかります。

p.14で、肌の色の**演色性**評価には、R13の西洋人とR15の日本人と評価指標が2種類あることをご紹介しました。肌の色を構成するおもな色素は、黒褐色のメラニンと血液の色であるヘモグロビンといわれています。メラニンは紫外線を含む短波長の光を吸収して、肌を守る役割をします。日焼けなどによって肌の色が黒いヒトは、メラニン色素が増えた状態を示します。

肌の色の見え方で重要なのは、ヒトの皮膚は**反射**だけでなく、**半透過**の性質を持っていることです。肌に光をあてると図1.2.05に示す通り、皮膚の表面で反射する光と皮膚内で吸収と散乱される光、さらに皮膚外に透過して戻る光の4つの動きがあります[*2]。また肌の断層ごとに皮膚内でどのように光が吸収、散乱されるか解析した研究[*3]では、表皮の比較的浅い部分では、おもに短波長の青色光が吸収、散乱されるものの、皮膚の外まで出る透過光は少ないそうです。

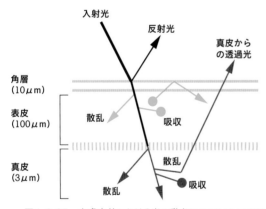

図1.2.05　皮膚内外における光の動き（参考文献＊2より改変）

長波長の赤色光は、さらに奥の真皮層まで届き、皮膚内で吸収、散乱され、他の波長よりも皮膚の外に出やすいそうです。つまり赤色光は、皮膚の内側から肌を照らすことになるため、シミや毛穴などの凹凸を目立たなくさせる性質があるのです。

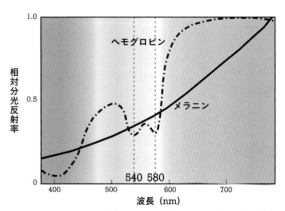

図1.2.06　一般的な日本人女性の肌の分光反射率特性
（参考文献＊4より改変）

肌の色をおもに構成するメラニンとヘモグロビンの**分光反射率**特性を図1.2.06に示します。分光反射率とは、可視光線内の380 nm〜780 nmの各波長の入射光に対する反射光の比を示したものです。

肌の色の見え方は、おもにメラニンとヘモグロビンの**分光反射率**の関係で決まるそうです。ヘモグロビンの分光反射率は、540 nmと580 nmに大きな吸収があり、また550 nm前後の中波長において、メラニンの分光反射率がヘモグロビンよりも高くなっています。よって中波長が多い光を使用するとメラニンを強調することになってしまうため、シミやソバカスを目立たせ、肌がくすんで見えてしまうそうです。

このことから中波長の黄緑色から黄色光を抑制し、長波長の赤色光を多く含むLEDを開発して、肌の色を美しく見える照明器具として販売している照明メーカーもあります。図1.2.07に肌の色の見え方を改善する分光分布のイメージ[*5]を紹介します。ヘモグロビンよりもメラニンの反射率が

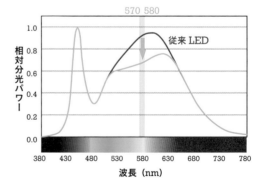

図1.2.07　肌色の見え方を改善するLEDの分光分布例
（参考文献＊5より改変）

＊2　上原静香「透明感のある美しい肌って？」『照明学会誌』第86巻第3号、2002年、pp.197-198
＊3　「赤色光が肌を美しく見せるメカニズムを解明」富士フイルムニュースリリース、2014年6月19日
＊4　吉川拓伸・㈱資生堂ビューティサイエンス研究所「肌色を科学する−第1回−」『日本色彩学会誌』2005年29巻1号 pp.31-34
＊5　岩井彌ほか「波長制御技術による肌の色を好ましく見せるLED照明器具の開発」『日本香粧品学会誌』40巻4号、2016年、pp.262-267

高い570〜580nmの波長をカットすることで、肌の色を好ましくするそうです。このように波長が制御しやすいこともLED照明の特徴で、このことをLED照明の**波長制御技術**といいます。

紫外線と赤外線

LEDは従来の光源に比べて、紫外線と赤外線をほとんど含まない特性を持っています。赤外線の熱による損傷や紫外線による退色の心配は少なくなり、美術品や貴重品の収蔵展示では大きなメリットとなります。さらに前述のように照射対象の色や特性に合わせた**波長制御技術**も進み、演色性も今後ますます向上するものと思われます。

さらに商業施設では照明による発熱により、冬でも冷房を入れる施設もあったほどですが、LED照明は、照明による発熱も抑えることができ、照明自体の省エネルギーだけでなく、空調負荷の低減にもつながります。

図1.2.08にヒトとおもな虫が見える波長の比較を示します。ヒトには感じることができない紫外線域を虫は最も明るく感じることがわかります。

“飛んで火にいる夏の虫”ということわざがありますが、これは明るさにつられて寄ってきた虫が火で焼け死ぬことから、自ら危険を顧みずに災いに飛び込むことの意味で用いられています。このように虫は、光に集まる**走光性**という性質を持っています。

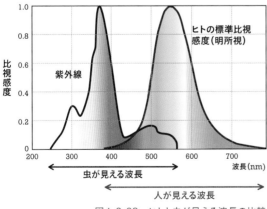

図1.2.08　ヒトと虫が見える波長の比較

一般的なLEDは、380nm未満の紫外線域を持っていないため、虫が寄ってこないとよくいわれます。虫が光に集まってくる度合いを**誘虫性**といい、図1.2.09におもな人工光源の誘虫性を比較します。人工光源の中で最も誘虫性が低いのは、道路やトンネルなどでよく使用されるオレンジ色光の高圧ナトリウムランプです。同じ光源の場合、高色温度よりも低色温度の方が、誘虫性が低いことがわかります。

高圧ナトリウムランプの誘虫性が低いのは、可視光線内で虫が明るさを感じる380〜550nmの波長をカットすると光色はオレンジ〜黄色光になるからです。農地や食品工場などの近くでは、高圧ナトリウムランプが使用されていましたが、日常照明としては明るすぎるため、このような場所でもLEDの波長制御技術を取り入れた照明器具の開発が進んでいます。

一方で虫によく見える紫外線域の波長を多く含む**UV-LED（紫外線LED）**も開発され、虫を引き寄せて補虫する照明器具も登場しています。“飛んで火にいる夏の虫”の応用製品です。これまでは補虫用蛍光ランプを使用して、高圧電流式または粘着テープ式で捕獲していましたが、器具自体が大型であったため、デザイン性重視の室内では使用することができませんでした。しかしUV-LEDの開発により、室内でも目立たずに設置可能な補虫照明の開発も進んでいます。

ランプの種類	誘虫指数
白熱電球	100
高圧ナトリウムランプ	36
蛍光ランプ（電球色）	134
蛍光ランプ（昼白色：5000K）	171
蛍光ランプ（昼光色：6500K）	182
LED（電球色：2700K）	60
LED（昼白色：5000K）	101

図1.2.09　おもな人工光源の誘虫性の比較

器具一体型とランプ型

従来の白熱電球や蛍光ランプ用照明器具は、ランプと器具本体は異なるメーカーで開発される場合が多く、ランプの形状や発光特性を生かすよう反射鏡や器具の形状が設計されていました。

LED照明の場合、従来の器具にも使用できる**LED電球**も開発されていますが、**器具一体型LED**の方が器具の選択肢も多く、小型化が進んでいます。

LEDは直流（DC: Direct current）で点灯するため、電力会社から供給される交流（AC: Alternate current）を直流に変換する**電源装置**が必要になります。LED電球は電源装置が内蔵されているため、普及当初のLED電球は、

従来の白熱電球よりも大きいものが主流でした。また発光部の面積も小さかったため、光の広がりも狭くなり、直下の明るさが同等でも周囲に広がる光が少なく、暗く見えるといわれていました。現在では電源装置の小型化も進み、従来光源とほぼ同等の大きさで、光もより広がるLED電球など、バリエーション（p.199／図5.1.21）も増えています。

図1.2.10にライティングレール用スポットライトにおける器具一体型とLED電球型を比較します。器具一体型LED照明のメリットは、器具のコンパクト化が進んだことです。図1.2.10のAは電源装置をプラグ部分と一体化させることで、円筒形の灯具部分を小型化しています。一方、BのLED電球型スポットライトの場合は、LED電球を覆う灯具部分の放熱にも配慮しなければいけないので、器具一体型よりも大きいのが一般的です。

器具一体型LED照明のデメリットは、電球交換ができないことです。一般的なLED照明の定格寿命は4万時間、10年程度での器具交換が推奨されています。もちろん10年経ったら不点になるということではありませんが、器具交換に電気工事を依頼することになります。一方、ライティングレールに取り付け可能な器具や引掛けシーリング（p.191／図5.1.02）用器具の場合は、自分で器具交換を行うことが可能です。LED電球型の特性や導入方法については、pp.197-200で詳しく解説します。

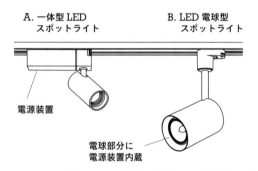

A. 一体型LED
スポットライト

B. LED電球型
スポットライト

電源装置

電球部分に
電源装置内蔵

図1.2.10　器具一体型とLED電球型との違い

コントロールのしやすさ

LED照明と従来光源との大きな違いは、そのコントロールのしやすさです。デジタル制御しやすいLEDは、IoT（様々なモノをインターネットと接続できる技術）化しやすいメリットもあります。照明のコントロールには以下の5つの種類があります。

①調光（明るさ可変）
②調色（色温度可変）
③フルカラー可変
④遠隔操作（無線LAN）
⑤センサー連動

従来光源の単なる調光ではなく、色温度も変えられる調色・調光ができるようになりました。調色は2種類の異なる色温度のLEDを調光して組み合わせるため、調色可能なLED照明は、調光もできます。この技術によってp.17で紹介したサーカディアン照明も容易に実践できるようになりました。

さらにはp.23の図1.2.03で紹介したフルカラー可変のLED照明もバリエーションが増えています。これらの多くは、スマートフォンやタブレットに専用のアプリをダウンロードすることで、光色や明るさの自由な変化が可能となります。IoT化によって照明制御は壁スイッチから解放され、遠隔操作も可能となりました。図1.2.11に紹介するように旅行先の思い出の写真の色などを光で再生する楽しみ方も生まれています。

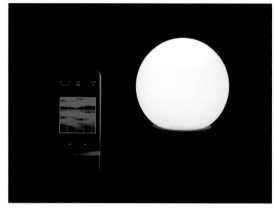

図1.2.11　フルカラー可変照明の操作例

また、LEDは点滅に強いので、人感センサーとの連動にも適しています。短時間の点滅に弱かったため、人感センサーとの連動が短寿命の要因だった蛍光灯の弱点を克服することができました。具体的な制御方法の導入の仕方については、pp.201-203で解説します。

Column 1

LEDによる傷害と障害

ブルーライトハザードという言葉を聞いたことはあるでしょうか？　ブルーライトハザードは、**青色光網膜傷害**のことです。波長の短い青色光（400〜500nm）は、可視光線の範囲内ではエネルギー量が大きく、網膜損傷を引き起こしやすいといわれています。皆既日食の時でさえ、太陽を直接見てはいけないというのは、強い光を浴びることで、網膜損傷の危険性があるからです。

通常の状態であれば、細胞が疲労したり、損傷したりしても、新陳代謝によって修復することができます。しかし長時間光を見続けたり、強い光を浴びたりすると、細胞の疲労を回復できず、**網膜損傷**が起こり、視力低下やひどい場合には失明のリスクが生じます。

p.22の図1.2.01のAで示した一般的な白色LEDの分光分布を見ると短波長の青色光にピークがあるため、LEDはブルーライトハザードを引き起こしやすいという研究もあります。図1.2.12におもな光の青色光網膜傷害のリスクを比較します。自然光（太陽光の直射を含まない）によるリスクを1とした場合、光源ごとに比較するとLEDだからリスクが高いわけではなく、光源にかかわらず、青色光を多く含む**高色温度光**の方がリスクは高くなります。

一般的な分光分布は、最も多く含まれる波長を1とした場合の相対値を示す場合が多いため、青色光に突出したピークがあるLED（p.22／図1.2.01A）は、ブルーライトハザードを起こしやすいと思われがちですが、照明による影響としては、LEDと従来光源でそれほど差がないことがわかります。

ただしLEDは照明だけでなく、TVやパソコン、携帯電話などのディスプレイにも使用されているため、光が目に入りやすい状態を長時間続けるとブルーライトハザードを引き起こす可能性があり、これが**LEDによる傷害**のリスクです。

LEDによる障害とは、生体リズムの変調により、睡眠などが正常でない状態になることを示します。図1.2.13に青色光網膜傷害とメラトニンの分泌抑制に影響を与える分光分布を比較します。メラトニンの分泌抑制も青色光による影響が大きいことがわかります。つまり寝室では青色光を多く含む**高色温度光**の使用は、お勧めできません。またp.17の**低色温度調色・調光機能**でも解説しましたが、LEDの場合、単色の電球色の調光では色温度は下がらないため、暗くしすぎると快適感が損なわれます。よって暗さが求められる寝室では低色温度の調色・調光機能付照明器具がお勧めです。

ただし常に青色光を浴びることが悪いということではなく、昼間は自然光も含めて高照度の白色光を浴びることが重要です。正しい理解でLED照明を導入すれば、**LEDによる傷害と障害**のリスクを抑えることは可能です。

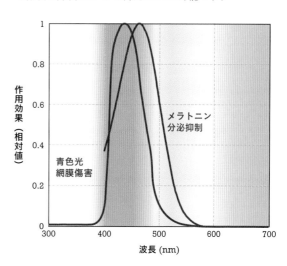

図1.2.13　青色光網膜傷害とメラトニン分泌抑制の作用スペクトル（参考文献＊6より改変）

＊6　一般社団法人日本照明工業会・一般社団法人日本照明委員会・特定非営利活動法人LED照明推進協議会・一般社団法人照明学会「LED照明の生体安全性について〜ブルーライト（青色光）の正しい理解のために〜」2015年10月1日版
https://www.jlma.or.jp/anzen/chui/pdf/ledBlueLight.pdf

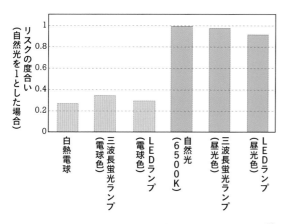

図1.2.12　おもな光の青色光網膜傷害のリスク＊6

1.3 照明による空間づくりの基本

一室一灯照明から多灯分散照明へ

住まいのあかりを考えることは、部屋ごとの照明器具を選ぶことではなく、ヒトがどのような行為をするのかを考え、その行為に応じた明るさを配置することです。明るさは相対的な評価のため、隣接するエリアとの明るさのバランスにも配慮することが重要です。このためには一室一灯ではなく、多灯分散照明による適時適照の考え方が必要です。

一室一灯からの脱却

図1.3.01は都内の夜の窓明かり例です。暖かな光と白い光が混じり合い、天井中央のシーリングライトが煌々と光っています。このような照明を**一室一灯照明方式**と言います。部屋全体の均一な明るさは得られますが、体をリラックスさせることはできるでしょうか?

図1.3.01 集合住宅の窓明かり例

上方から降り注ぐ白い光は、昼間の太陽光のようです。p.12の図1.1.05で解説した光による**心理的効果**、p.16の図1.1.12で解説した**生理的効果**を考慮すると、夜間に昼のような白い光を浴びることはお勧めできません。

シーリングライトが多用される理由は、何畳用という目安によって選びやすいからだと思われます。この目安は、住宅用カタログにおける適用畳数表示基準(一般社団法人日本照明工業会ガイドA121:2014)に基づき、一般には床面の平均照度で100 lxの明るさが得られる設定になっています。

2018年に改訂された住宅照明設計技術指針(照明学会 技術指針JIEG-009 2018)では、**多灯分散照明を**実践する方法として、**フォーカル・アンビエント照明**とい

う考え方が導入されました。オフィスの**タスク・アンビエント照明**(p.157)を住宅に展開した考え方です。フォーカル照明は、視対象の識別が必要なファンクショナル照明と視対象に目を留まらせたいアイストップ照明に分けられ、アンビエント照明は空間全体の見え方を左右する照明と定義されています。これらの照明を組み合わせるように照明計画を行うことが重要です。

住まいのあかりの役割

住まいのあかりの役割を図1.3.02にまとめます。ヒトの視覚をサポートする観点では、日常生活が行いやすいこと、安心・安全をもたらす「暮らしを支える光」であることが必要です。さらに「暮らしを楽しむ、いろどる光」にすることで、心理的な快適性をもたらします。視覚以外でも健康維持にも配慮した照明計画を行うことが重要です。

照明の利便性や質の向上は、省エネルギーや省資源にもつながり、SDGs(持続可能な開発目標)の考えにも合致し、ヒトにやさしいだけでなく、環境にもやさしい照明を実現することができます。

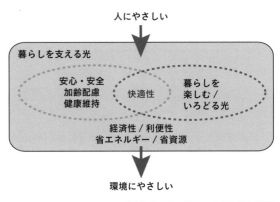

図1.3.02 住まいのあかりの役割

行為別に明るさの目安を知ろう

照明計画を行う際におもに指針とされるのは、JIS（日本産業規格）の**照明基準総則**（JIS Z9110：2010 追補2011）です。事務所や学校などの施設の種類ごとに、領域や作業または活動の特性に応じた照明要件が示されています。図1.3.03に屋内作業における推奨照度とその範囲を紹介します。

推奨照度は、基準面の平均照度を示しています。基準面を特定できない場合は、移動する場所であれば床上0m、机上の視作業であれば床上0.8m、座りながらの視作業であれば床上0.4mの高さを仮定します。また推奨照度の範囲は、使用者の視機能や内装の反射率などを加味して、照明設計者がその範囲内での適用を検討します。

図1.3.04は住宅における行為と推奨照度の目安です。住宅内での動線に配慮して、行為と室別に推奨照度とその範囲の目安を整理しています。

作業または活動の種類	推奨照度 (lx)	推奨照度 の範囲 (lx)
ごく粗い視作業、短い訪問	100	75 〜 150
作業のために連続的に使用しない所	150	100 〜 200
粗い視作業、継続的に作業する部屋	200	150 〜 300
やや粗い視作業	300	200 〜 500
普通の視作業	500	300 〜 750
やや精密な視作業	750	500 〜 1000
精密な視作業	1000	750 〜 1500

図1.3.03　屋内作業における推奨照度と範囲
（照明基準総則（JIS Z9110：2010）より抜粋）

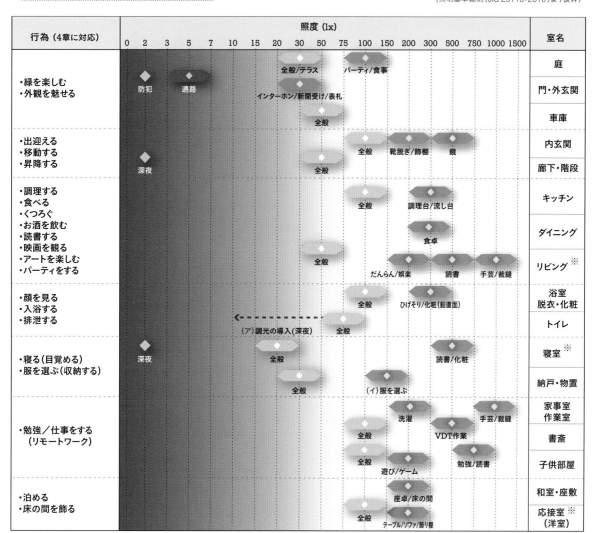

※：JIS Z9110 2010において調光を可能にすることが望ましいとされている
（ア）と（イ）は、照明設計者として提案する配慮事項

図1.3.04　住宅における行為と推奨照度の目安（照明基準総則（JIS Z9110：2010）より改変）

また図1.3.04の行為は、4章で解説する「暮らし方を生かすシーン別照明のテクニック」に対応しています。住宅の照明基準は、**全般照度**をベースにして、そこで行われる行為に応じて、必要な**局部照度**を加えるという、多灯分散照明が基本となります。さらに部屋ごとではなく、そこで行われる行為によって照明を検討することが重要です。また明るさは、他と比較して感じる相対的評価（p.20／図1.1.18）となるため、行為の連続性に配慮して検討を行います。空間構成と行為に応じた**推奨照度**の目安は以下の通りです。

①家族が集まる空間の場合

家族が集まりやすいリビングとダイニングの全般照度は、30〜75lxが目安となります。家族の滞留時間が長く、**くつろぎを促す行為**が主体の全般照度は、それほど明るくないことがわかります。組み合わせる局部照度の目安は以下のとおりで、細かな作業になるほど、高照度が必要になります。

- リビングにおける団らんや娯楽：150〜300lx（軽い読書を含む）
- ダイニングの食卓：200〜500lx
- 読書：300〜750lx
- 手芸や裁縫：750〜1500lx

②休む空間の場合

体を休める行為は全般照度の目安が15〜30lxで、寝室は図1.1.12（p.16）でも解説したとおり、生体リズムを整え、安眠を促す観点でも心地よい暗さがよいことは、照明基準でも示されています。

読書や化粧などを行う場合は、300〜750lxの局部照度が必要とされています。

③もてなす空間の場合

内玄関や和室、応接室など、**もてなす行為**が主体の場合は、全般照度で75〜150lxが目安とされ、くつろぎを促し、体を休める行為よりも照度が必要とされています。また装飾用の局部照度の目安は150〜300lxで、照度の差が小さいことがわかります。

④視作業が必要な空間の場合

キッチンや洗面、家事室、子供部屋や書斎など、**視作業**が必要な空間の場合も、全般照度としては明るめの75〜150lxが目安とされています。組み合わせる局部照度もリビングと同様に細かな作業ほど、高照度の目安が示されています。

- 洗濯や遊び：150〜300lx
- 調理台や流し台：200〜500lx
- VDT（Visual Display Terminals）作業：300〜750lx
- 勉強や読書：500〜1000lx

⑤移動する空間の場合

廊下や階段での全般照度の目安は30〜75lxで、リビングやダイニングと同等です。廊下や階段は、単に移動というだけでなく、**行為をつなげる役割**として、連続的な照度の変化にも配慮が必要です。

また廊下や階段、寝室では、深夜の推奨照度の目安が示されています。これは深夜にトイレなどに行く場合の覚醒を抑制する配慮です。しかしトイレ内の**深夜の推奨照度**の目安は示されていません。よって照明基準にはないものの覚醒しない程度の明るさに調整できる**調光の導入**を配慮事項（ア）として、図1.3.04に追記しました。

⑥収納する空間の場合

納戸と物置の全般照度の目安は20〜50lxですが、ウォークインクローゼットの場合は、洋服を選ぶ行為が想定され、色を見分ける明るさが必要になります。よって図1.3.03から「作業のために連続的に使用しない所」として推奨照度範囲の100〜200lxを配慮事項（イ）として図1.3.04に追記しました。

図1.3.05は、LDK一体型の住宅の事例です。天井の段差を利用した建築化照明によって、全般照度を確保し、キッチンではダウンライト、食卓上にはペンダント、ソファエリアではスポットライトを組み合わせて、行為に応じた局部照度を加えています。さらにペンダントライトとスポットライトは、形状と色も同じにして、空間の一体感を高めています。

図1.3.05　多灯分散照明方式の事例
建築設計／写真提供：SAI／株式会社MASAOKA

住宅で使用される照明器具

照明器具は設置される建物の部位に応じて、器具の分類が変わります。また照明器具自体の存在感は薄く、建築と一体化するように設置される**建築照明**と照明器具としての存在感をアピールできる**装飾照明**に大別することができます。

住宅で使用されるおもな照明器具を図1.3.06に示します。建築照明と装飾照明という2分類の他に、屋外用照明器具があります。低ポール灯のような屋外専用器具に加え、ダウンライトやスポットライト、ブラケットライトなどの種類もあります。器具一体型LEDの場合は、屋内外兼用タイプもあり、屋内外で同じ器具を使用することができます。

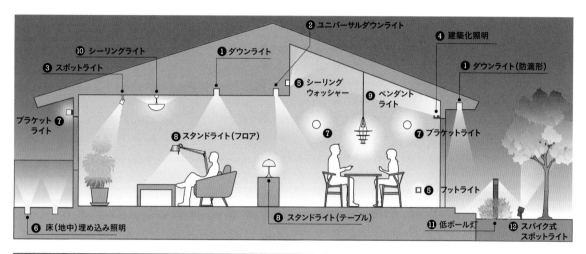

分類	器具の種類	器具の特徴
建築照明	❶ダウンライト	・天井に開口をあけて埋め込むように設置される照明器具 ・明るさ（光束）と光色のバリエーションも豊富で、比較的安価に取り付けが可能
	❷ユニバーサルダウンライト	・ダウンライトと同様に天井に開口をあけて埋め込むように設置される照明器具 ・照射方向を変えられるため、スポットライトのように局部的に照明することも可能
	❸スポットライト	・照射方向を変えられ、直付け型またはライティングレールに取り付け可能な照明器具 ・明るさ（光束）と光色（色温度）のバリエーションも豊富で、屋外用もある
	❹建築化照明	・内装と一体化して設置される照明手法 ・器具自体は見せない間接照明として使用されることが多い
	❺壁埋め込み照明（フットライト/シーリングウォッシャー）	・フットライトは、壁の下部に埋め込むように設置され、足元を照らす ・フットライトは形状や配光の種類も豊富で、屋外用もある ・シーリングウォッシャーは、壁の上部に埋め込むように設置し、天井を照らす
	❻床（地中）埋め込み照明	・地中または床に埋め込むように設置される照明器具 ・照射方向が変えられるタイプや光の広がりなどの種類も豊富
装飾照明	❼ブラケットライト	・壁に直付けされる照明器具 ・形状や配光のバリエーションも豊富で、屋外用もある
	❽スタンドライト（フロア/テーブル/タスク）	・コンセントで使用可能な置き形の照明器具 ・床に置く場合のフロアスタンド、テーブルに置く場合のテーブルスタンド、書斎などで使用するタスクライトなど、種類が豊富
	❾ペンダントライト（シャンデリア）	・天井から吊り下げられる照明器具 ・直付け型とライティングレールに取り付け可能なタイプもある ・デザインや配光、大きさのバリエーションも豊富 ・ペンダントよりも大型でより装飾的な吊り下げ器具は、シャンデリアという
	❿シーリングライト	・天井に直付けされる照明器具 ・部屋全般を照明しやすく、大きさのバリエーションも豊富
屋外	⓫低ポール灯 ⓬スパイク式スポットライト	・ボラードまたはガーデンライトとも呼ばれ、形状や配光のバリエーションが豊富 ・スパイク式のスポットライトで、設置場所を変更可能

図1.3.06　住宅で使用されるおもな照明器具の種類

多灯分散照明方式の取り入れ方

p.28で多灯分散照明を実践する方法として、**フォーカル・アンビエント照明**を紹介しましたが、本書では、全般照度と局部照度の目安と照らし合わせやすいように**アンビエント照明**は全般照明、**ファンクショナル照明**は局部照明、**アイストップ照明**はアクセント照明として解説します。多灯分散照明を実践するポイントは以下の4つです。

①照明器具は配光で選定する

図1.3.07で**配光曲線**ごとに器具の分類別照明効果例を紹介します。器具から放たれた光が広がる方向と強さ(光度:cd)の関係を曲線で表した図を配光曲線(p.86／図3.1.01)といいます。鉛直面配光曲線例は、全光束のうち作業面(照射面)にあたる直接光の割合を光束比として分類しています。つまり同じ照明器具の分類でも配光によって照明効果は異なります。

このように、照明器具の種類ではなく、**配光**で器具選定を行うことが重要です。各配光の特徴を説明します。

●直接照明形配光

・ほとんどの光が下向きに照射されるため、机上面や床面の明るさは得やすいものの、それらの色の反射率が低い場合、天井面が暗く見える心配があります。

・発光部が直接見える視点では、グレアとならないように注意が必要です。

・拡散光のダウンライトやシーリングライト、スポットライトの場合は全般照明、狭い場合は局部照明として使用することができます。

●半直接照明形配光

・器具自体が発光するため、明るすぎるとグレアを与える心配があります。

・シーリングライトの場合は全般照明として、ペンダントライト

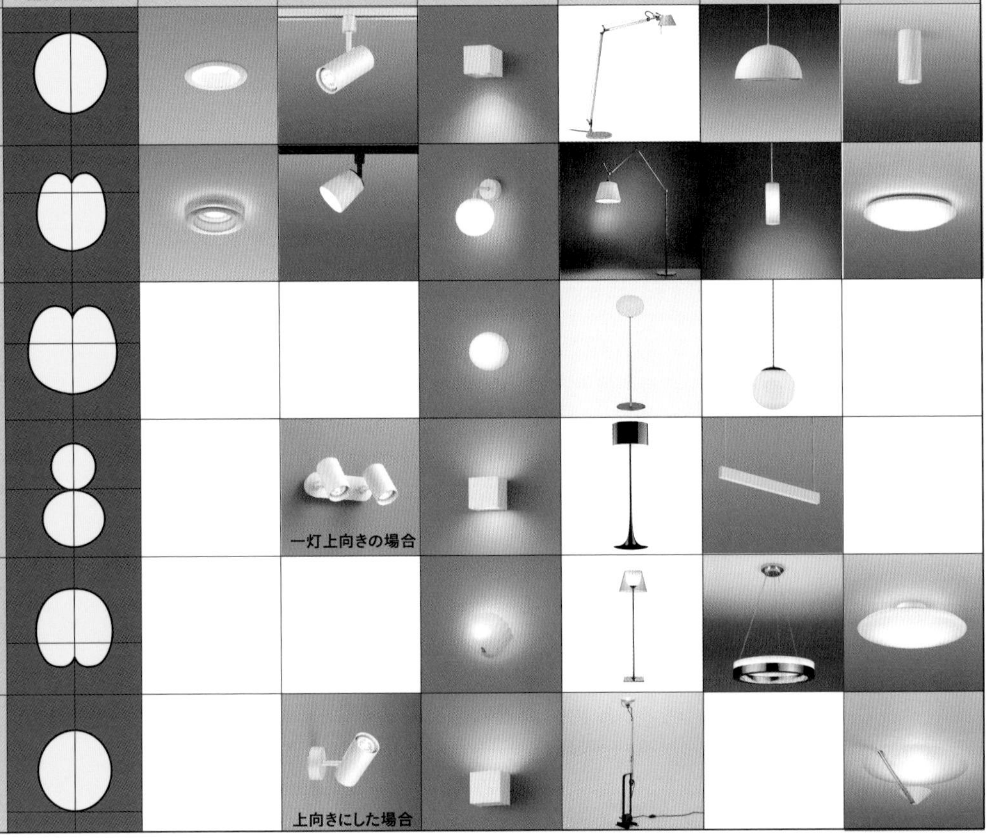

配光	光束比※	鉛直面配光曲線例	ダウンライト	スポットライト	ブラケットライト	スタンド	ペンダントライト	シーリングライト
直接照明形	90-100%							
半直接照明形	60-90%							
全般拡散照明形	40-60%							
直接・間接照明形	40-60%		一灯上向きの場合					
半間接照明形	10-40%							
間接照明形	0-10%		上向きにした場合					

※発散される全光束のうち作業面(照射面)に直接あたる光の割合
器具写真は図2.2.02、図2.3.02、図2.3.16、図2.4.01、図2.4.09、図2.4.12、図2.4.17、図2.4.18参照

図1.3.07　配光別おもな照明器具の種類と照明効果例

やスタンドライトは局部照明として、ブラケットライトはアクセント照明として使用することができます。

・発光感があるため、多用するとにぎやかな雰囲気になる一方、煩雑な印象になる心配があります。

● 全般拡散照明形配光

・器具全体が発光するため、一見部屋全体が明るいイメージとなりますが、光が全方向に拡散する分、直下の明るさは直接形や半直接形よりも暗くなります。

・直下の明るさが得られにくいため、全般照明またはアクセント照明として使用します。

・半直接照明形と同様に発光による存在感があるため、明るすぎるとグレアを与える心配があり、多用すると煩雑な印象になる心配があります。

● 直接・間接照明形配光

・光束比は、全般拡散照明形と同等ですが、器具自体は光らず、上下に光が出るため、1台で直接照明と間接照明の効果が得られます。

・ペンダントライトやフロアスタンドの場合は、全般照明と局部照明の両方の役割を兼ねることもできます。

・器具自体は光らないため、グレアを与える心配もありません。

● 半間接照明形配光

・天井面や壁面を明るくすることができるため、全般照明として使用することができます。

・下向きに出る光は少ないため、グレアを与える心配は少なくなります。

● 間接照明形配光

・光源部が見えないため、グレアを与える心配がありません。

・天井面や壁面を照らすことから、それらの素材の反射率が高いほど、空間を明るく見せることができ、全般照明として使用することができます。

　このように配光によって、**全般照明**と**局部照明**、**アクセント照明**を組み合わせることが、**多灯分散照明方式**を導入する第一歩です。図1.3.08に配光が異なる照明器具を組み合わせた事例を紹介します。

ア　窓際のカーテンボックス上部に内蔵した間接照明形配光の建築化照明と直接照明形配光のダウンライトやスポットライトを組み合わせた事例

イ　直接照明形配光のペンダントライトと壁面の下向きの建築化照明、勾配天井の上向きの建築化照明を組み合わせた事例（p.65／図2.3.33 E）

ウ　直接照明形配光のダウンライトとダイニングテーブル上のペンダントライト、中庭ではフットライトと樹木のライトアップ、対面する和室では壁面の建築化照明とダウンライトを組み合わせた事例

図1.3.08　異なる配光を組み合わせた事例

ア）建築設計：オーワークス　撮影：松浦文生
イ）建築設計：今村幹建築設計事務所　撮影：大川孔三
ウ）建築設計：ランドアートラボ＋プランズプラス　撮影：大川孔三

②配慮すべき内装材の色と質感

　インテリアの色と質感を確認するのは、照明計画に必須のプロセスです。**照明効果は内装材との組み合わせによって大きく変化する**からです。色の選択は、照明計算における明るさに影響を与え、質感は、その照明効果の良し悪しに関わるといってもよいでしょう。3章で解説する3D照明計算においても**内装材の反射率**を設定しないと実際的な照明効果を確認することはできません。

　そもそも"**光が反射する**"とはどのような現象でしょうか？この現象は色の反射率だけでなく、素材のテクスチュア（**反射特性**）の影響も受けます。図1.3.09に、透過しない素材に対する反射特性のおもな種類を紹介します。図中の矢印は、素材に光が入射し、表面で反射した光の光度（ある方向の光の強さ）を表現しています。

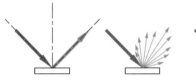

| A. 正（鏡面）反射 | B. 一般の反射面 | C. 均等（完全）拡散反射面 |

図1.3.09　おもな反射特性の種類

　Aの**正（鏡面）反射**は、入射光と反射光の角度が等しい場合で、鏡やガラス、鏡面の金属、本磨きの石材などで起こりやすい反射です。鏡面素材は、反射光の角度以外では光って見えないため、グレアレス器具として、ダウンライトやスポットライトなどの反射鏡として用いられることがあります。一方床の仕上げで光沢がある場合、足元の建築化照明を行うと隠している照明器具が映り込んでしまう（p.115／図4.1.02）ので、注意が必要です。

　Bの**一般の反射面**は、やや光沢がある塗装やタイル、水磨きの石材などで起こりやすく、正反射と拡散反射が混ざり合ったものになります。拡散よりも正反射が強い場合に映り込みが起こりやすくなるため、この反射特性の場合も注意が必要です。

　Cの**均等拡散反射面**は、光があらゆる方向に均等に拡散反射する場合で、吸収がまったくない場合を完全拡散反射といいます。壁紙やバーナー仕上げの石材など、マットな素材の場合に起こる反射です。

　内装材の実物サンプルを確認できればよいのですが、わからない場合は、図1.3.10の住宅で使用されるおもな内

装材の**反射率**を参考にします。

仕上げ・材料	反射率（％）
白しっくい	60〜80
白壁	60〜80
淡色の壁	50〜60
濃色の壁	10〜30
木材（白木）	40〜60
木材（黄ニス塗り）	30〜50
障子紙	40〜50
赤レンガ	10〜30
コンクリート（生地）	25〜40
白タイル	60
畳	30〜40
リノリウム	15
白ペイント	60〜80
薄色ペイント	35〜55
濃色ペイント	10〜30
黒ペイント	5

図1.3.10　おもな内装材の反射率

　また内装材の**マンセル値**がわかる場合は、図1.3.11のように明度値から**反射率**を想定することができます。マンセル値は1905年にアメリカの美術教育者で画家でもあったアルバート・マンセルによって考案された表色系です。マンセル表色系は、色の三属性といって、色相、明度、彩度で物体色を表す方法で、日本産業規格の標準色票（JISZ8721準拠）として採用されています。

明度	反射率（％）	明度	反射率（％）
10	100	6	29
9.5	88	5.5	24
9	77	5	19
8.5	67	4.5	15
8	58	4	12
7.5	49	3	6
7	42	2	3
6.5	35	1	1

図1.3.11　明度と反射率の関係

　図1.3.12に反射特性が異なる内装材別にウォールウォッシャーダウンライト（p.50）で壁面を照らした場合の照明効果を比較します。照明器具の配置や数量、配光データは同じで、壁の1面のみ内装材を変えて、3D照明計算を行

いました。反射率が高いほど、壁面だけでなく床面や天井面の照度が高くなり、光沢のある素材には映り込みが生じます。AとBの反射は同じですが、光沢があるBの方が床面の照度が高くなっています。CやDのように反射率が低くなるほど、床面の照度は暗くなります。このように光は相互に反射を繰り返すため、内装材の**反射率と反射特性**は、照明効果に影響を与えることがわかります。

A. マットな場合

反射率：80%　光沢：0%

B. 光沢がある場合

反射率：80%　光沢：50%

C. 木材の場合

 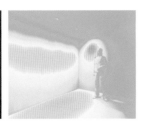

反射率：40%　光沢：0%

D. レンガの場合

反射率：10%　光沢：0%

照度分布ゲージ（照明計算ソフト　DIALux evo 9.2　保守率 0.8）

0.1　0.2 0.3　0.5　1　2　3　5　10　20 30 50　100　3001000　15000　lx

図1.3.12　内装材との組み合わせによる照明効果の比較

③グレアを与えない照明器具の選定と取り付け方の工夫

p.19でグレア（不快な眩しさ）について解説しましたが、特にリラックスを促す役割を持つ住宅照明において、グレアを起こすことは禁物です。照明計画においては、以下4つの点に留意してグレアとならないように検討を行います。

・**グレアレス器具の選定**
・**器具デザインと配光の組み合わせ**
・**間接照明形配光の活用**
・**調光の導入**

●グレアレス器具の選定

　LEDの光は指向性が強いため、不快な眩しさ（グレア）を感じやすいので、器具選定時にも注意が必要です。おもにダウンライトやスポットライトなどの直接照明形配光の場合に**グレアレス**という機種の分類があります。特にダウンライトの場合は、図1.3.13に示すように**遮光角**を目安にします。

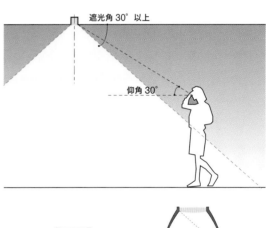

遮光角 30° 以上

仰角 30°

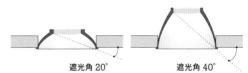

遮光角 20°　　　遮光角 40°

図1.3.13　ダウンライトの遮光角の考え方

　遮光角は、器具の水平線に対して器具内の発光部が見えなくなる角度で、**グレアカットオフアングル**ともいいます。発光部が奥に入っているほど、遮光角が深くなるため、グレアを抑えることができます。一般に水平方向を見る場合の人の視線の仰角は30度程度と言われているため、遮光角30度以上で角度が大きいほど**グレアレス効果**が高いといえます。

　特にダウンライトの場合は、器具の内側のコーン（p.48／図2.3.01）部分に光があたるため、その材質や色などに

よって**グレアレス効果**も変わります。図1.3.14にダウンライトのコーンの違いによるグレアレス効果を比較します。

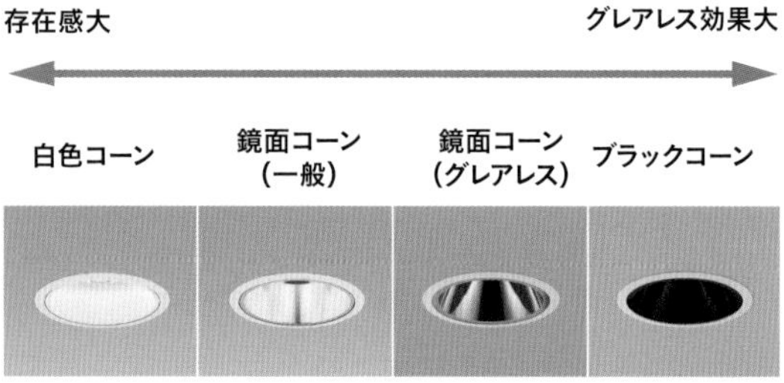

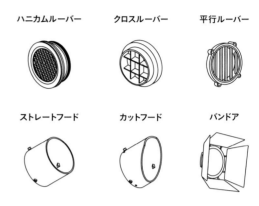

存在感大　　　　　　　　　グレアレス効果大

白色コーン　　鏡面コーン　鏡面コーン　ブラックコーン
　　　　　　　（一般）　（グレアレス）

図1.3.14　ダウンライトのグレアレス効果の違い
写真提供：株式会社遠藤照明

図1.3.14に示すように、左側のコーン部分が白いほど光って見えるため、器具の存在感も大きくなります。鏡面コーンやブラックコーンは、点灯時の存在感は小さくなり、**グレアレス効果**は高まりますが、昼間の不点時は黒っぽい穴がかえって目立つ場合もあります。昼間は点灯しないことが多い住宅では、白色コーンの方が自然に見える場合もあります。

ダイニングやリビング、寝室などの滞留する時間が長い場所では、空間としての一体感やグレアレス効果の優先順位に応じて器具選定を行い、さらに通常の視点において発光面が見えにくいように配置の検討を行うことが重要です。

● 器具デザインと配光の組み合わせ

器具デザインと配光をうまく組み合わせることで、グレアを与えにくくなります。ダウンライトやスポットライトなどの直接照明形配光の場合は、開口径が小さく、また発光部が奥に入っている方が効果的です。

ユニバーサルダウンライトやスポットライトの場合は、さらにオプションで**ルーバー**や**フード**などを装着できる機種もあり、できるだけ光源部を見えにくくする配慮が必要です。図1.3.15におもなルーバーやフードの種類を紹介します。

平行ルーバーの場合は、ルーバーに直行する方向からのグレアは抑えることができます。**クロスルーバー**や**ハニカムルーバー**の場合は多方向からのグレアを抑えることが可能です。ただしルーバーが深く、細かくなるほど、光の広がりは狭まり、光の量も減光します。グレアにも配慮しながら、適切な明るさになるよう照明計画を行うことが重要です。

フードの場合は、**ストレートフード**で長いほど、発光部を直視しない限り、グレアを抑えることができますが、ルー

バーの場合と同様で光の広がりは狭まり減光するので注意が必要です。一方向のみから光源部を見えにくくする場合なら、**カットフード**や**バンドア**などの方が現場で調整しやすいです。

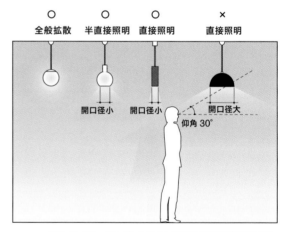

ハニカムルーバー　クロスルーバー　平行ルーバー

ストレートフード　カットフード　バンドア

図1.3.15　おもなルーバーやフードの種類

天井から吊り下げるペンダントライトの場合も器具デザインと配光の組み合わせによっては、**グレア**となる場合もあるので、注意が必要です。図1.3.16にペンダントライトの配光別の照明効果のイメージを紹介します。

○　　　　○　　　　○　　　　×
全般拡散　半直接照明　直接照明　直接照明

開口径小　　開口径小　　　開口径大
　　　　　　　　　　　　　仰角30°

図1.3.16　ペンダントライトの配光別照明効果の違い

ペンダントライトで注意が必要なのは、光源部が下から見えやすい**直接照明形配光**または**半直接照明形配光**の場合です。開口径が大きい器具デザインの場合は、下面にカバーが設置されているかどうかカタログ写真ではわからない場合もあるので、器具の**仕様図**などでも確認を行います。器具の仕様図とは、形状や材質などの製品の仕様が記載

された図面で、ほとんどの照明メーカーのHPからダウンロードできます。図2.2.03（p.46）では、器具の仕様図の例を紹介しています。

　光源部が見えない全般拡散照明形配光や、開口径が小さい半直接照明形配光、直接照明形配光の場合は、通常の視点でも発光部が見えにくいため、人の邪魔にならない高さに浮いているように取り付けることも可能です。図1.3.17は配光別にグレアに配慮しながらペンダントライトのデザインを活かす設置高さを検討した事例を紹介します。

ア　空間上部に設置する場合

イ　テーブル上に設置する場合

図1.3.17　グレアに配慮されたペンダントライトの設置
ア）建築設計：TKO-M. architects　撮影：アーキッシュギャラリー　東京支店
イ）建築設計：里山建築研究所

　ア）はダイニングとリビングに同じペンダントライトを下げて、LDKの一体感を演出した事例です。ダイニングテーブル上は設置高さを下げてもよいのですが、リビングでは、動線の邪魔にならない高さの方がよいため、**直接照明形配光**でも下から光源が見えにくいカバー付きの器具デザインを選び、高い位置に吊り下げても光源が直接見えにくいように配慮しています。

　イ）は**グレアレス**に配慮した器具デザインのペンダントライトを使用した事例です。このような場合は、座った視点で対面する相手の顔が見える程度の高さにすることで、食事や会話の行為における一体感をより高める効果が得られます。

　ペンダントライトの使用のポイントについては、pp.76-77で詳しく解説しています。また吊り下げ高さの目安に関しては、図2.4.14（p.77）で図解しています。

● **間接照明形配光の活用**

　間接照明形配光は光源部が見えないため、**グレア**を起こす心配がなく、LDKや寝室などの滞留する時間が長い場所にも有効です。図1.3.17のア）では間接照明形配光の建築化照明、イ）では間接照明形配光のブラケットライトを全般照明として、それぞれ直接照明形配光のペンダントを局部照明として組み合わせています。このように間接照明形配光を全般照明として使用すれば、多様な視点でもグレアとなる心配がありません。

● **調光の導入**

　調光のメリットは、行為に応じた明るさに変えられるだけでなく、自分の好みの明るさに調整できることです。さらに暗くすることで眩しさも弱まり、**グレアを抑えること**が可能となります。

　p.29の図1.3.04で紹介した住宅における行為と推奨照度の目安においては、滞留時間が長いリビングや、利用者に応じて調整が求められる応接室や洋室、安眠を促したい寝室でも調光の導入が勧められています。さらに加齢に応じて眠りが浅くなり、深夜にトイレに行きやすくなることが想定されるため、トイレの照明を調光対応にしておくことも住宅の照明計画におけるポイントとなります。

　LED照明の場合は、非調光と調光対応によって、器具選定が変わります。また**調光方式**（p.203）によっては、調光システム費だけでなく、配線だけでなく信号線も必要になり、施工費にも影響を与えます。調光を導入した方がよいかどうか、建築設計者やクライアントとの事前のコンセンサスが大切です。

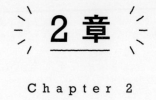

照明計画で
空間体験を増幅させる

2.1 照明計画のアプローチ

 照明計画はコンセンサスが大事

照明計画は、建築やインテリア設計者との協働作業であり、キャッチボールのように意見交換をしながら検討を行います。住まいのあかりの検討においては、設計者のコンセプトだけでなく、クライアント（居住者）のライフスタイルにも配慮が必要です。本章では多灯分散照明を実現するための照明計画の基本や照明器具の選定方法について解説します。

照明計画のプロセス

　図2.1.01に住宅における照明計画の大まかな流れを紹介します。グレー部分が、建築設計または施工者の対応、黄色部分は照明設計者の対応を示します。クライアント（居住者）の要望は、建築設計者によるヒアリングを元につくる住まいのあかりのイメージ（イメージ写真や3D照明計算）で共有します。

　おおよその基本設計図が確定した段階で、建築設計者と打ち合わせを行い、基本設計に参加します。基本設計から参加することで、**建築化照明**(p.58／図2.3.22)の造作費など、照明器具費以外の設置費用を施工費に盛り込むための打ち合わせができます。

　施工費の調整による建築やインテリアの設計変更の場合、③〜⑤で行き来することもあります。特に内装材の色（**反射率**）や質感（**反射特性**）の変更は、照明効果に影響を与えるため、照明計算による再検証やサンプルによる照明効果の実験なども必要です。内装材の変更は照明効果に影響があることを事前の打ち合わせで伝えることも重要です。

　またメーカーのカタログが発行されるタイミングも影響します。基本設計で選定しても施工が進んだ発注時で廃番になったり、品番が変わったりする場合もあります。改装などの場合は発注から施工までの時間も短いため、タイミングによっては在庫が確保できない場合もあり、施工段階で選定を見直すこともあります。

　スポットライトやユニバーサルダウンライトなどの照射方向が変えられる器具の場合は、**フォーカシング**という角度調整を行う作業も必要となります。さらに調光を導入する場合は、行為に応じたシーン設定のアドバイスなども行います。

　一般的に引渡し後に家具が入るため、行為を想定した竣工写真の撮影や照度、輝度の測定が行えない場合も多いのですが、可能なら照明設計時との比較検証を行うことが望ましいです。

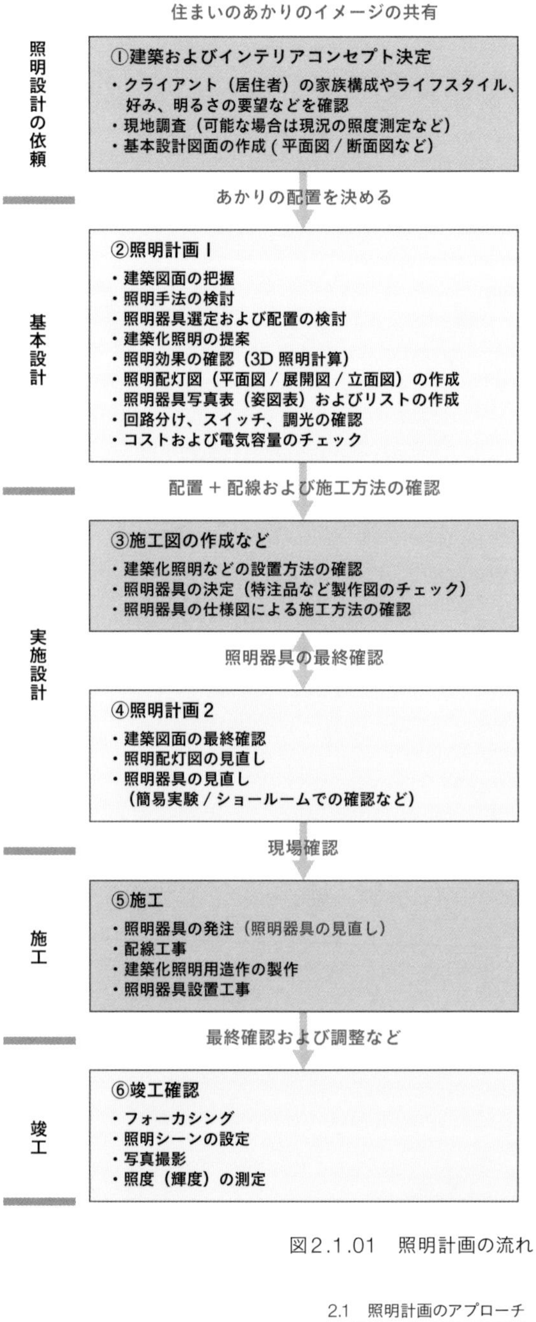

住まいのあかりのイメージの共有

照明設計の依頼

① 建築およびインテリアコンセプト決定
・クライアント（居住者）の家族構成やライフスタイル、好み、明るさの要望などを確認
・現地調査（可能な場合は現況の照度測定など）
・基本設計図面の作成（平面図／断面図など）

あかりの配置を決める

基本設計

② 照明計画1
・建築図面の把握
・照明手法の検討
・照明器具選定および配置の検討
・建築化照明の提案
・照明効果の確認（3D照明計算）
・照明配灯図（平面図／展開図／立面図）の作成
・照明器具写真表（姿図表）およびリストの作成
・回路分け、スイッチ、調光の確認
・コストおよび電気容量のチェック

配置＋配線および施工方法の確認

実施設計

③ 施工図の作成など
・建築化照明などの設置方法の確認
・照明器具の決定（特注品など製作図のチェック）
・照明器具の仕様図による施工方法の確認

照明器具の最終確認

④ 照明計画2
・建築図面の最終確認
・照明配灯図の見直し
・照明器具の見直し
　（簡易実験／ショールームでの確認など）

現場確認

施工

⑤ 施工
・照明器具の発注（照明器具の見直し）
・配線工事
・建築化照明用造作の製作
・照明器具設置工事

最終確認および調整など

竣工

⑥ 竣工確認
・フォーカシング
・照明シーンの設定
・写真撮影
・照度（輝度）の測定

図2.1.01　照明計画の流れ

空間の"明るさ感"の捉え方

照明設計者として、空間の明るさを表現する際に"明るさ感"という言葉を使用することがあります。p.29の図1.3.04では、行為を行うために必要な作業面の明るさとして<u>推奨照度</u>の目安を紹介しましたが、"明るさ感"といった場合は、空間全体から受ける明るさの印象として、<u>輝度</u>を意味します。

図1.1.02（p.10）で解説したようにヒトの目に入る明るさを評価するのは輝度であり、内装材の色（反射率）に大きく影響を受けます。またヒトが立った状態もしくは座った視点で目に入る空間は、照度で評価される床や机上面などの水平面よりも輝度で評価される壁や天井などの鉛直面の面積の方が大きいのが一般的です。よって本書では、<u>明るさ（水平面の明るさ：照度）と明るさ感（鉛直面の明るさ：輝度）</u>として使い分けて説明を進めます。

照度は照度計（p.91／図3.1.08）、輝度は輝度計という専用の計測機器があり、照度計も輝度計も測定点ごとに計測を行います。図2.1.02に照度計での測定風景を紹介します。<u>照度計に対して測定者が影をつくらないように測定を行います。</u>

図2.1.02　照度計による測定風景（床面の場合）

輝度の場合は、輝度計での測定以外に<u>輝度画像を測定する方法があります。</u>輝度画像とは、写真画像を解析して輝度分布として表した画像です。CCDカメラと専用の解析ソフトを用いて、地下街の通路の測定を行った例を図2.1.03に紹介します。

p.20で紹介しましたが、明るさの感覚量はウェーバー・フェヒナーの法則に基づくことから、輝度画像のゲージは対数で表現されるのが一般的です。床面の平均照度と輝度画像ともにAの通路の方が明るいことがわかります。

Aの通路の場合は、柱ごとに面発光する縦のライン照明が目立っていることがわかります。天井と床の明るさが同じぐらいで、柱の面発光がないと通路であることがわかりにくいかもしれません。一方、Bの通路の場合は、総体的にはAよりも暗い感じに見えますが、天井面の間接照明によって、通路が奥に続いていることがわかり、移動するという観点では、Bの方が誘導効果は得られていることが、輝度画像

A. 床面平均照度約400lx　　B. 床面平均照度約200lx

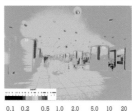

| 0.1 | 0.2 | 0.5 | 1.0 | 2.0 | 5.0 | 10 | 20 | 50 | 100 | 200 | 500 | 1000 | 2000 | 5000 | 10000 cd/㎡ |

図2.1.03　輝度画像の測定例

を比較することでわかります。

最近ではスマートフォンのカメラを利用して照度や輝度を測定できるアプリも開発されています。図2.1.04にスマー

図2.1.04　スマートフォンアプリによる輝度画像の測定例

QUAPIX Lite　岩崎電気開発スマートフォンまたはタブレット用「照度」「輝度」測定用アプリ

トフォンのアプリで測定した簡易輝度画像を紹介します。

天井・壁・床の<u>明度（反射率）</u>の組み合わせによって、空間から得られる印象の違いを実験した研究[7]があります。室内を構成する天井、壁、床を横から見た視点で、それぞれの部位の明度（反射率）を3段階で組み合わせた空間の図を評価させた研究です。図2.1.05は縦軸に安定−

＊7　猪村彰・乾正雄「室内の明るさ感と大きさ感」『日本建築学会1977年度全国大会学術講演梗概集　計画系52』pp.187-188

不安定、横軸に開放的−閉鎖的を組み合わせたこの研究の評価例です。

図2.1.05より、壁と床の**明度(反射率)**が低くなるほど閉鎖的になり、天井の**明度(反射率)**高くなるほど、開放的になることがわかります。開放的で安定していると評価されたア)は、床の反射率がやや低く、天井と壁の反射率は高い空間で、住宅ではよく見られる組み合わせです。

またア)はAの昼間の自然の風景に似ています。地面はやや暗く、空が明るい風景は、開放的で安定感があります。Bの夕方の自然の風景も、明度(反射率)が総体的に低くなるものの、明度のバランスはAと同様のため安定感が得られています。Cはスウェーデンのキルナに冬季限定で開業されるアイスホテル前で撮影した写真です。一面の雪景色はイ)と同様に開放的ではあるものの、不安定な印象となります。

このように空間における明度(反射率)の組み合わせは、自然に目にする光景に近い場合は安定感があり、非日常的な光景になると不安定な印象になるものと考えられます。ただし開放的で安定感がある空間がよいということではなく、閉鎖的な方が落ち着く場合や不安定な方が非日常感を楽しめる場合もあります。図2.1.06に図2.1.05の開放感と安定感の評価に対応するア)～カ)の6つの事例を紹介します。

ア)は図2.1.05のAに近く、天井面を照らすコーブ照明(p.58／図2.3.22)を組み合わせることで、夜間でも開放的で安定感のある雰囲気となります。

イ)は図2.1.05のCに近く、開放感がかなり高い空間です。吹き抜け部分ではダンス教室を行うことが想定されていたため、空間の広がりを感じさせるよう天井と壁面の建築化照明を併用しています。

ウ)は木材が多用された内装で反射率がやや低いため、窓際のカーテンボックスを利用したバランス照明(p.58／図2.3.22)や、全般照度を確保するダウンライト、局部照度を確保するスポットライトを組み合わせて視覚的な明るさが得られるように工夫した事例です。

エ)の天井の反射率が低く、床の反射率が高い場合は、不安定な印象になりやすいですが、カウンターやベンチ下の間接照明によって、床面に光だまりをつくることで、落ち着いた雰囲気が得られるようにしています。

オ)は天井と床の反射率が低いため、あえて開放感を求めるのではなく、ダウンライトやフロアスタンドでソファエリアに光だまりをつくることで、より落ち着いた雰囲気を演出しています。

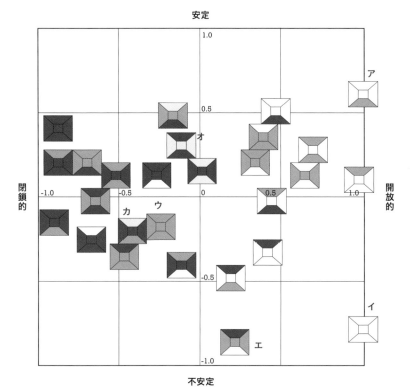

A. 自然の風景（昼）

B. 自然の風景（夕方）

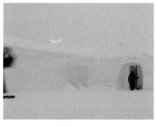

C. アイスホテル（スェーデン）

図2.1.05　部位の明るさと開放感・安定の評価(参考文献＊7から改変)

カ）は壁の反射率が低く、閉鎖的な印象になりやすいですが、天井面を間接照明で明るくすることで、閉鎖的になり過ぎないように配慮しています。さらにユニバーサルダウンライトを内蔵させた特注照明によって、テーブル面の機能的な明るさも得られるようにした事例です。

このように内装の明度（反射率）と照明手法の組み合わせによって空間の印象は大きく変化します。照明計画においては、建築やインテリア設計者、クライアント（居住者）と、求める空間の印象は内装材の明度（反射率）に影響を受けることを事前に知らせることも重要なプロセスです。

ア　壁と天井の明度が高く、床の明度はやや低い場合

イ　床、壁、天井ともに明度が高い場合

ウ　床、壁、天井ともに明度がやや低い場合

エ　天井の明度が低く、床は高く、壁がやや低い場合

オ　天井と床の明度が低く、壁は明るい場合

カ　天井の明度が高く、床はやや低く、壁が低い場合

図2.1.06　開放感と安定の評価に対応する照明効果の事例

ア）建築設計／写真提供：SAI/株式会社MASAOKA　　イ）建築設計：オーワークス　　撮影：松浦文生
ウ）建築設計：環境デザイン・アトリエ　　撮影：細野仁　　エ）内装設計・写真提供：kusukusu Inc.
オ）建築設計：ランドアートラボ＋プランズプラス　　撮影：大川孔三　　カ）建築設計：今村幹建築設計事務所＋東出明建築設計事務所　　撮影：金子俊男

2章

照明計画で空間体験を増幅させる

43

2.2 照明器具の選び方

器具の種類と特徴

住宅で使用される照明器具のおもな種類を図1.3.06で紹介しましたが、器具のデザインやマテリアル、色なども含めるとその選択肢は豊富にあり、迷うことも多いと思います。

また多灯分散照明を成功させるには、照明手法をどのように組み合わせるかが重要です。行為に応じた照明手法の組み合わせのノウハウについては4章で解説しますが、照明手法を検討するプロセスでは、照明器具の種類と特徴を理解することが大切です。

照明器具の存在感による分類

照明器具というとペンダントライトやダウンライトを思い浮かべる場合が多いでしょうか？　照明器具を器具自体の存在感と性能で分類すると**建築照明**と**装飾照明**に大別することができます。

建築照明は、その器具による照明効果を重視して選ぶ場合で、ダウンライトやスポットライト、建築化照明用器具、地中埋設型器具などがあります。これらの器具は、器具自体の存在感は目立たないものの照射対象を明るく浮かび上がらせることで、建築やインテリアデザインを生かす照明です。

装飾照明とは、器具のデザインも重視して選ぶ場合で、シャンデリアやペンダントライト、ブラケットライト、スタンドライトなどがあります。これらの器具は、明るさを得るというだけでなく、その存在感を建築やインテリアデザインの一部として生かす目的で用いられます。

図2.2.01に建築照明主体の場合のア）と装飾照明を併用した場合のイ）のレストランの事例を紹介します。ア）の事例は、窓側のカーテンを柔らかく照らす建築化照明の効果を生かすため、あえて装飾照明を併用しませんでした。空間全体の全般照度と食べる行為に必要な局部照度を天井部分に取り付けたスポットライトの配光（光の広がり）と調光の組み合わせによって両立させた事例です。

イ）は小型のペンダントライトの高さと配置をランダムにすることで、空間全体でシャンデリアのような効果を演出した事例です。食べる行為に必要なテーブル上の局部照度は、天井部分に取り付けたスポットライトによって、確保しています。

装飾照明の場合、ガラスやアクリル製で発光感がある場合は、その存在感も大きくなります。このような装飾照明を使用する場合は、それ以外の器具は建築照明を組み合わせて、器具の存在感を抑えながら必要な明るさを得ることが、照明計画のポイントとなります。

ア　建築照明を併用したレストランの事例

イ　装飾照明主体のレストランの事例

図2.2.01　照明器具の存在感の違い

ア）内装設計：今村幹建築設計事務所　　イ）内装設計・写真提供：kusukusu Inc.

カタログの見方

　照明器具は、照明メーカーのカタログを見て選びますが、器具写真だけでなく、多くの情報が掲載されています。カタログはインターネットでも閲覧することができ、品番検索だけでなく、カタログには記載されていない詳細な**配光データ**や器具の**仕様図**(図2.2.03)、**取扱説明書**なども確認できます。

　図2.2.02に装飾照明としてペンダントライト(A)、建築照明としてダウンライト(B)を例にカタログ情報のチェックポイントを紹介します。

①デザイン性

　デザイン性は写真で判断される場合も多いですが、形状や大きさ、素材や色などの説明も確認することが重要です。ただしカタログ写真の多くは、一方向から撮影されているため、視点による見え方の違いはわかりません。このような場合は仕様図を確認します。仕様図は、器具を構成する材質や形状がわかるだけでなく、使用上の注意点なども記載しています。図2.2.03にAの仕様図を紹介します。カタログ写真だけでは、下からの視点で光源部がどのように見えるのかわかりませんが、仕様図を見ると光源部は乳白ガラスで覆われていることを確認できます。

②光源の仕様

　光源の仕様では、**器具一体型またはLED電球やLEDモジュール交換型**かの違いがあります。LEDは長寿命でメンテナンスフリーと思われがちですが、維持管理は必要です。光源の寿命だけでなく、一体型と交換型の違いも将来のメンテナンスに関わります。LED電球の導入方法は、pp.197-200で解説します。

A. ペンダントの場合

チェックポイント

❶**デザイン性**
・形状・大きさ（単位：mm）
・素材・色

❷**光源の仕様**
・LED電球型／一体型(内蔵)
・光源寿命
・光色（色温度　単位：Kケルビン）
・定格光束（lmルーメン）
・演色性（Raアールイー）

❸**省エネルギーと効率**
・消費電力
・固有エネルギー消費効率
　（lmルーメン/W：1Wあたりの光束値）

❹**調光**
・調光範囲
・適合調光器

❺**明るさの目安**
・白熱電球相当
・配光特性（直射水平面照度図）

❻**取り付け方法**
・取り付け上の注意点（近接限度）
・傾斜天井対応

❼**設置条件**
・屋内／屋外（防滴・防雨・防湿）
・断熱施工用（SB、SG、SGI）

B. ダウンライトの場合

高気密 **S B** ❼

60W相当 ❺　❷

電球色　LED一体型　散光
❹調光

❷ 5.5W・415 lm・75.4 lm/W　Ra82・2700K
❸

LED
❶本体：アルミダイカスト・ファインホワイト塗装 ❷
・重-0.3kg
・光源寿命：40,000時間
❻・取付可能天井厚5～25mm
・傾斜天井に取付可能（55°まで）
・配光は傾斜天井対応ではありません
❹・調光範囲（100～約1%）
・適合調光器別売
❻・リニューアルプレート併用不可
・照射近接限度10cm
8VA(100V)

防雨・防湿型　埋込穴φ75　取付必要高80
FLATFACE
傾斜天井対応

140×56　φ85

■ 直射水平面照度

照度角	ビーム角	直下照度(lx)
65°	105°	740
		180
		80
		50
		30
		20
		20
		10

LED
セード：二層アクリル・〈外面〉黒色アクリル
　　　　〈内面〉白色アクリル ❶
グローブ：ガラス・乳白色消し
・高-170 幅-φ200 全長-1300～600mm 重-0.7kg
・光源寿命：40,000時間
・高さ調節可能型
・コード・キャブタイヤコードφ4
・傾斜天井に取付可能（55°まで）
・調光器併用不可　・11VA(100V） ❻

傾斜天井対応 ▷

φ110

（プラグ）　電球色　LED一体型
❹ 非調光 ❷
5.8W・415 lm・71.5 lm/W Ra83・2700K ❷

・傾斜天井使用不可
・調光器併用不可　・11VA(100V) ❻

スライドコンセント取付専用　AP42306L　143%

（フランジ）　電球色　LED一体型
❹ 非調光 ❷
60W相当 ❺
5.8W・415 lm・71.5 lm/W Ra83・2700K ❷
❸

図2.2.02　器具の性能を評価するポイント　写真提供：コイズミ照明株式会社

2章

照明計画で空間体験を増幅させる

45

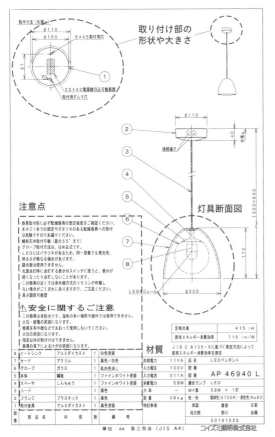

取り付け部の形状や大きさ

灯具断面図

注意点

| | 定格光束 | 415 lm |
| | 固有エネルギー消費効率 | 715 lm/W |

材質

JIS C 8105-5に基づく測定方法によって
固有エネルギー消費効率を測定

8	ヒートシンク	アルミダイカスト	1	白色塗装
7	セード	アクリル	1	黒色/白色
6	グローブ	ガラス	1	乳白色吹付
5	本体	鋼板	1	ファインホワイト塗装
4	スペーサ	しんちゅう	1	ファインホワイト塗装
3	コード		1	黒色
2	フランジ	プラスチック	1	黒色
1	取付金具	アルミダイカスト	1	黒色塗装
部番	部品名	材質	数	備考

定格電力	11VA	品名	LEDペンダント
入力電圧	100V	型番	
入力電流	0.11A	図番	AP 46940 L
消費電力	5.8W	適合ランプ	LED
光源		W数	5.8W × 1灯
力率		色・名	電球色(2700K)・演色性(Ra83)
質量	0.8kg	承認	審査
特記事項		佐久間 野口	容器
		20191225	

単位 mm 第三角法(JIS A4)　　コイズミ照明株式会社

図2.2.03　ペンダントライトの仕様図の例
画像提供：コイズミ照明株式会社

光色と定格光束、演色性は、照明効果に関わる項目です。光色は室内の雰囲気に影響を与え、光束は明るさを検討する根本の目安でもあります。

定格光束（単位：lmルーメン）は、照明器具から放たれる光の量を示します。単に光束というと光源光束を示す場合が多く、器具から出る明るさの量は器具光束として使い分けていました。定格光束はこの器具光束に相当し、平均照度を算出する計算式にも用います（p.88）。

光源＋器具の場合：器具光束＝光源光束×器具効率
LED一体型照明の場合：器具光束＝定格光束

平均演色評価数（Ra）は、p.14でも解説したものの色の見え方に影響する項目です。LED全般に高演色化は進んでいますが、料理や肌など色の見え方を重視する場合は、高演色タイプを選定します。一般的なLEDであれば、Ra80程度、高演色タイプになるとRa90以上となります。

③省エネルギーと効率

消費電力は、少ないほど電気代の節約になりますが、省エネルギーという観点では、LED照明器具の定格光束（lm）を消費電力（W）で割った値も確認します。この値を固有エネルギー消費効率といい、値が大きいほど高効率であることを示します。

④調光

調光の有無も確認します。調光可能となっていないと調光することはできません。調光可能な場合は、適合の調光用スイッチも記載されています。国内の照明メーカーのほとんどは、自社製品器具と適合する調光スイッチの組み合わせを推奨しています。

⑤明るさの目安

明るさの目安は、定格光束だけでなく、従来の白熱電球のW数相当で表される場合が多いです。建築照明の場合は、Bのように直射水平面照度図を確認することが重要です。直射水平面照度図は、建築照明用器具の性能を確認する重要なデータです。3章のpp.87-88で詳しく解説します。

⑥取り付け方法

設置条件は、取り付けに関する留意事項で、事前に確認が必要となります。Aのペンダントライトの場合は、フランジ（直付け）またはプラグ（ライティングダクト用）の2種類から選択できます。フランジの場合は傾斜天井にも取り付け可能となっていますが、プラグの場合は傾斜天井使用不可となっていて、取り付け方法によって設置条件が異なることに注意します。

近接限度は、照明器具から照射面までの距離の制限を示します。照明メーカーでは温度試験などを行って、安全性に配慮した近接限度を記載していますので、遵守しなければならない項目です。

⑦設置条件

屋内・屋外用に関しては、照明器具の使用条件を次ページで詳しく解説します。高気密SBとは、断熱材施工用器具であることを示しています。内装材に埋め込みで使用するダウンライトやフットライトなどの器具に記載があります。ダウンライトの断熱材施工用器具については、図2.3.06（p.50）で解説しています。

照明器具の使用条件による分類

　照明器具は電気製品のため、屋内用の器具を屋外で使用すると電気的な部分に水が入る恐れがあり、漏電を起こす危険もあります。漏電は火災などのリスクもあるため、使用条件に応じた器具を選定することが重要です。耐水性に関連する照明器具の分類は、防滴、防雨、防湿、防浸、水中型とおもに5種類あります。図2.2.04にそれぞれの使用場所を示します。

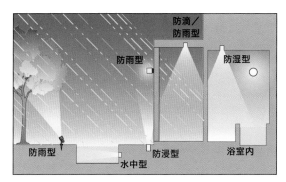

図2.2.04　耐水性に関連する器具の使用場所の違い

　防滴型の場合は、屋外の軒下など直接雨がかからない場所では使用できますが、雨が直接あたる場所での使用はNGです。照明器具としては、軒下の天井に取り付けられるダウンライトや間接照明に用いられるLEDライン照明などがあります。
　防雨型は雨が直接かかる場所でも使用できますが、水没するような場所や湿気がこもるような浴室などでの使用はNGです。浴室で使用する場合は、**防湿型**を使用します。なお防湿型の場合、住宅ではOKでも公衆浴場などの業務用ではNGと記載されている場合もあります。**防浸型**は一時的な水没はOKですが、常時の水没、湿気が多い場所での使用はNGです。**水中型**は、常時水中で使用可能です。これらの5つの分類は、照明メーカーのカタログに使用条件が記載されていますので、記載の範囲内であれば安全に使用できます。
　なお器具の密閉性の違いは、**IP**コードで分類されています。例えばIP65の場合、最初の数字"6"は、第一特性で固形物の侵入に対する保護等級、2番目の数字"5"は第二特性で水の侵入に対する保護等級を示しています。これはIEC（International Electrotechnical Commission：国際電気標準会議）で規定された指標で、国内ではJIS C

0920:2003「電気機械器具の外郭による保護等級」として取り入れられています。IPコードの分類を図2.2.05で紹介します。

I	第一特性：外来固形物に対する保護等
0	無保護
1	直径≧50mmの固形物の侵入を防ぐ
2	直径≧12.5mmの固形物の侵入を防
3	直径≧2.5mmの固形物の侵入を防ぐ
4	直径≧1mmの固形物の侵入を防ぐ
5	器具機能を損なうじんあいの侵入を防ぐ（防じん型）
6	じんあいの侵入を完全に防ぐ（耐じん型）

P	第二特性：防水に対する保護等	分類
0	無保護	
1	垂直に落ちてくる水滴に耐える	防滴1型
3	鉛直から60度の範囲の降雨に耐える	防雨型
4	あらゆる方向からの水の飛まつに耐える	防まつ型
5	あらゆる方向からの水の直接噴流に耐える	防噴流型
7	規定の条件で水中に没しても内部に浸水しない	防浸型
8	規定の圧力内で常時水中に没して使用可能	水中型

X：第一・第二特性数字共通で、表現の必要の無い場合に使用

図2.2.05　IPコードの分類
（JIS C 0920　IEC 529,598-1より抜粋）

　防雨型でも上向きに取り付ける場合は、ゲリラ豪雨などで一時的でも浸水する恐れがあるため、IP67以上の器具を使用します。また器具によっては直射日光があたるのは不可という場合があります。材質に樹脂が使用されている場合は、紫外線による劣化の心配があるためです。使用環境に関しては、メーカーが提供する器具の**仕様図**や**取扱説明書**を事前に確認することが重要です。
　器具一体型LEDのダウンライトの場合は、屋内用の器具でも防雨型や、防雨・防湿型兼用タイプもあり、安価なバリエーションも増えています。ガラスで仕切られた屋内外の場所でも同じダウンライトでデザイン性も照明効果も統一することが可能です。
　LED電球の場合は、密閉性に対する可否があるため（p.200）注意が必要です。例えば、浴室のブラケットライトは密閉性が高く、湿気が入らない構造になっています。白熱電球からLED電球に変更する場合は、**密閉形対応**というLED電球を使用します。

2.3 建築照明

 ## 建築照明の分類と特徴

多灯分散照明を実現するには、照明器具の特徴を理解することが重要です。2.2節では照明器具の存在感の分類として、建築照明と装飾照明の大まかに2タイプがあることを紹介しました。

建築照明は、機能照明またはテクニカルライティングとも呼ばれ、建築や内装に溶け込むように設置します。照明器具の分類には、ダウンライトやスポットライト、建築化照明、埋め込み照明(フットライト、床埋設照明)などがあります。それぞれの器具の特徴や使い方、使用例を紹介します。

ダウンライト

器具の本体部分のほとんどが天井に内蔵される器具をダウンライトといいます。よって照射される光は下向きとなり、**直接照明形配光**が主体です。すっきりとした空間をつくりやすく、住宅でもよく使用される器具です。価格も安価なものも多く、照明器具のなかで最もバリエーションが豊富です。

LED照明の場合、光源の観点ではLED器具一体型とLED電球型に大別することができます。図2.3.01にダウンライトの構造を比較してみます。室内側から見えるのは、トリムと呼ばれる枠と反射鏡の役割も兼ねるコーンの部分のみで、本体や**電源装置**は天井裏に設置されます。

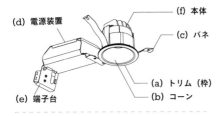

A. 器具一体型

- (d) 電源装置
- (f) 本体
- (c) バネ
- (a) トリム(枠)
- (b) コーン
- (e) 端子台

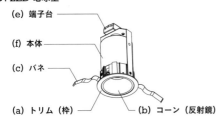

B. LED電球型

- (e) 端子台
- (f) 本体
- (c) バネ
- (a) トリム(枠)
- (b) コーン(反射鏡)

図2.3.01　ダウンライトの構造

取り付け方法は、天井に指定の開口をあけ、トリム(a)とバネ(c)で天井材をはさむように固定します。また天井面に見えるトリム(枠)の仕上げも白だけでなく、シルバーや黒、木製などのバリエーションも豊富で、天井の色に合わせて選定できます。さらにトリムとコーン(b)の仕上げの組み合わせによって、**グレアレス効果**も変わります（p.36／図1.3.14）。

器具一体型とLED電球型の大きな違いは、電源装置(d:LED点灯用に交流から直流に変換する装置)の有無です。一般的には器具と電源装置は1:1で必要なため、ダウンライトの取り付けに必要な**埋め込み高**は、ダウンライトの大きさだけでなく、電源装置が開口径から斜めに入るかどうかの検証によって決められています。

LED電球型の場合は、電球内に電源装置が内蔵されているため、別置きの電源装置は不要です。また器具一体型の場合は、LEDモジュール部分で配光制御されますが、LED電球型の場合は、コーン(b)の部分が反射鏡となり、配光制御の役割も持っています。

照明メーカーのカタログでは、開口径と明るさ(光束)、光色(色温度)、使用条件(防雨、防湿)に応じて選定できるよう分類されています。一般に開口径が大きくなるほど、光束値も高くなりますが、LEDの高効率化によって小型化も進んでいます。

①形状の種類

図2.3.02にダウンライトの形状のおもな種類を紹介します。一般的な丸型だけでなく、角型やシステムダウンライトと呼ばれる**多灯型**、発光部が小さい**ピンホール型**、トリムや下面のカバー部分がアクリルやガラス製などで、天井面も照らすことができる**装飾型**もあります。なお天井に埋め込むことができない場合、ダウンライトの効果が得られる直付け器具として、**シーリングダウン**もあります（p.79／図2.4.18）。

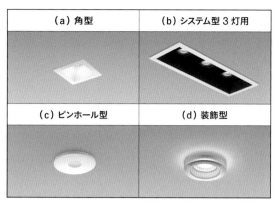

（a）角型	（b）システム型 3 灯用
（c）ピンホール型	（d）装飾型

図2.3.02　ダウンライトの形状のおもな種類
写真提供：コイズミ照明株式会社

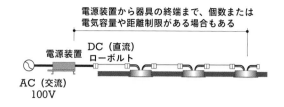

電源装置から器具の終端まで、個数または
電気容量や距離制限がある場合もある

電源装置　DC（直流）ローボルト

AC（交流）100V

図2.3.04　棚下灯の設置イメージ

装飾型ダウンライトの場合は、**半直接照明形配光**となります。鏡を見る際の照明でより光を和らげたい場合や天井面を光らせることでアクセント効果を出したい場合などに使用します。図2.3.03に装飾型ダウンライトを使用したホテルのロビーの事例を紹介します。

図2.3.03　装飾型ダウンライトの使用例
建築設計：今村幹建築設計事務所＋東出明建築設計事務所
撮影：金子俊男

シリンダー形状の乳白カバーによって、光源部は直接見えにくくなり、グレアとなる心配がありません。また天井仕上げの割り付けに合わせて設置することで、器具単体の装飾効果だけでなく、天井面と一体化した演出効果も得られ、にぎやかな雰囲気を演出することができました。

さらにLEDの高効率化によって小型化や浅型化も進み、数十mm程の棚板の厚みに納まる棚下灯もあります。この場合、電源装置は少し離れたところに別置します。1台の電源装置に対して複数台の棚下灯が設置できるタイプもあります。図2.3.04に複数の棚下灯を1台の電源装置で使用する場合の設置例を紹介します。

②断熱材による分類

ダウンライトなどの埋込器具を選定する場合、断熱材の有無が大きな影響を与えます。天井裏に断熱材が設置される場合は、その工法に応じて**断熱材施工用**のダウンライトを選定します。これは「新省エネ法の改正」の施行にともなう対応で、住宅の種類と施工方法、部位に応じて地域区分ごとに熱抵抗値の基準をクリアする必要があります。熱抵抗値（R値、単位：㎡・K/W）とは、熱の逃げにくさを示し、数値が大きいほど熱を伝えにくく、断熱性能が優れていると判断されます。図2.3.05に断熱材の熱抵抗値の指標を紹介します。

住宅の種類	施工方法	部位	地域区分					
			I	II	III	IV	V	VI
RC造・組積造	内断熱工法	屋根又は天井	3.6	2.7	2.5			
	外断熱工法	屋根又は天井	3.0	2.2	2.0			
木造	充填断熱工法	屋根	6.6		4.6			
		天井	5.7		4.0			
枠組壁工法	充填断熱工法	屋根	6.6		4.6			
		天井	5.7		4.0			
木造・枠組壁工法・鉄骨造	外張断熱工法	屋根又は天井	5.7		4.0			

図2.3.05　断熱材の熱抵抗値の基準表抜粋

一般には断熱材施工用のダウンライトを**S形**、対応していない一般型は**M形**として分類します。断熱材の施工方法には、寒冷地に多いブローイング工法とマット敷き工法のおもに2種類があります。S形ダウンライトの選定に影響を与えるのは"地域区分I"で、Iは北海道地域を示します。地域区分は数字が大きくなるほど南方の地域を示します。図2.3.06に示すように断熱施工法と地域区分に応じて、SB形、SGI形、SG形の3つに分類されています。SB形はブローイング工法とマット敷き工法のどちらでも対応可能です。SG形またはSGI形は、マット敷き工法のみに対応可能です。

LEDダウンライト 建築		断熱施工用			一般型
		SB形	SGI形	SG形	M形
建築（住宅）の断熱工法に関する区分	ブローイング工法 熱抵抗値6.6m²K/W以下の断熱材施工（ブローイング材） 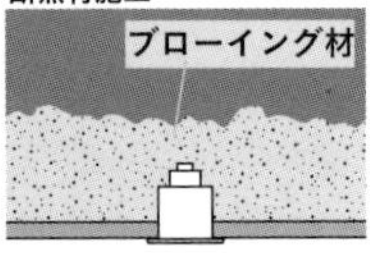	○	×	×	×
	マット敷工法 熱抵抗値4.6m²K/Wを超え6.6m²K/W以下の断熱材施工（断熱材） 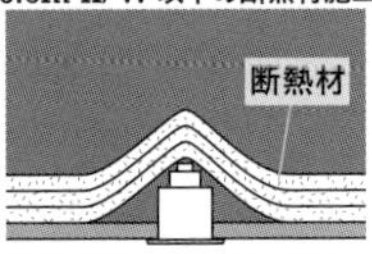	○	○	×	×
	マット敷工法 熱抵抗値4.6m²K/W以下の断熱材施工（断熱材） 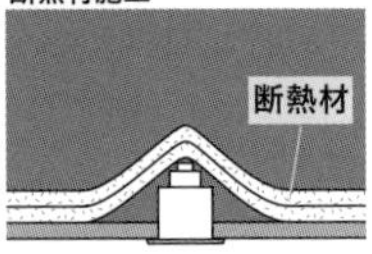	○	○	○	×
	一般の天井 断熱材がない場合（放熱穴） 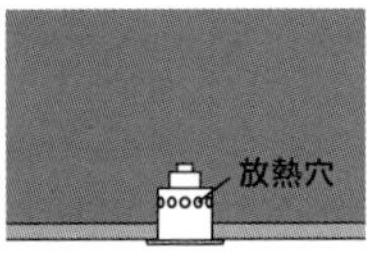	○	○	○	○

図2.3.06　断熱材施工とダウンライトの種類

地域区分Ⅰの北海道で使用する場合は、SB形またはSGⅠ形を使用します。さらに高性能パッキンなどを使用した高気密タイプは、熱だけでなく、天井裏へ室内音の拡散を抑える遮音効果もあります。

M形ダウンライトの場合は、放熱穴などで熱を天井裏に逃がす構造になっているため、断熱材で覆ってしまうと放熱できなくなり、短寿命や不点になる心配、火災などの原因になる可能性もあります。

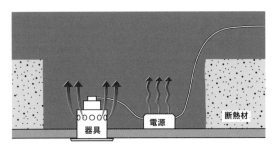

図2.3.07　M形ダウンライトを断熱施工天井で使用する場合

M形のダウンライトを断熱材施工天井で使用する場合は、図2.3.07に示すようにダウンライト本体と電源装置周囲には断熱材を設置せず、放熱を考慮したスペースをとるよう

にします。適正なスペースは照明メーカーの器具ごとの仕様図や取扱説明書を確認することが重要です。

③照明効果の選択

照明メーカーのカタログでは、照明効果の違いから、**ベースダウンライト、ウォールウォッシャーダウンライト、ユニバーサルダウンライト**のおもに3つに分類されています。図2.3.08に各断面図と光の出方の違いを比較してみます。

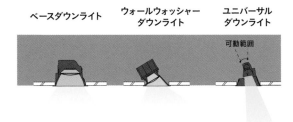

図2.3.08　照明効果の違いによるダウンライトの種類

ベースダウンライトは、その名称のようにベースの明るさを確保する全般照明として使用される場合が多く、光源部は水平に取り付けられ、真下方向に光が出ます。

ウォールウォッシャーダウンライトは、光源部を傾斜させることで、壁に光があたりやすくなっています。壁を水で洗い流すように均一に照らすという照明効果からウォールウォッシャーダウンライトといいます。

ユニバーサルダウンライトは、光源部が可動式になっていることが特徴です。メーカーによってはアジャスタブルダウンライトとも呼ばれています。

3種類のダウンライトの照明効果の違いを3D照明計算ソフトによって比較した結果を図2.3.09に紹介します。同じ空間の大きさ（間口：3.6m、奥行：2.7m、天井高：2.5m）と反射率、器具の配置条件で、器具配置は、壁から0.9m離して、0.9m間隔で4台設置しています。各ダウンライトから出ている黄色い形状は、配光データを示しています。

Aの**ベースダウンライト**は、角度調整はできないため、器具の直下が最も明るくなります。全般照明として使用する場合は**拡散光型**、テーブル面の局部照明として使用する場合は、**集光型**の光の広がりを選択します。

Bの**ウォールウォッシャーダウンライト**の場合、一般的

には図2.3.09のように壁からの距離と設置間隔を同じにすることで、壁面をよりムラなく照らすことができます。ベースダウンライトの照明効果と比較すると壁面の上部から明るくなり、壁面だけでなく、床面の明るさも得られることがわかります。大きなタペストリーを壁面に飾る場合や空間の広がりや奥行きを強調したい場合も有効です。

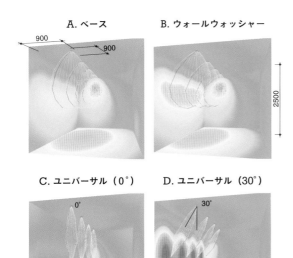

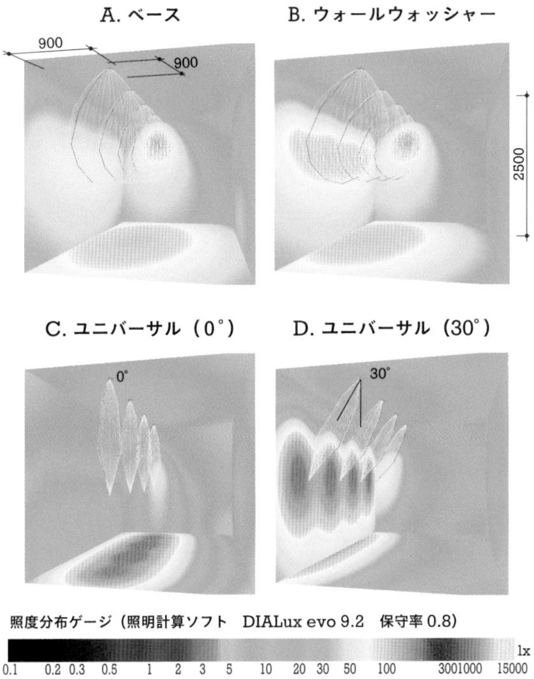

A. ベース　　　B. ウォールウォッシャー

C. ユニバーサル（0°）　　D. ユニバーサル（30°）

照度分布ゲージ（照明計算ソフト　DIALux evo 9.2　保守率0.8）

0.1　0.2 0.3　0.5　1　2　3　5　10　20 30　50　100　3001000　15000　lx

間口：2.7m　奥行：3.6m　天井高：2.5m
反射率　天井：70%　壁：50%　床：20%

図2.3.09　ダウンライトの種類別照明効果の違い

CとDの**ユニバーサルダウンライト**の特徴は、照射方向を変えられることです。図2.3.09では同じ配光で照射方向が真下の場合（C）と壁側に30度傾けた場合（D）で照明効果を比較しています。同じ器具でも照射方向を変えただけで、空間の明るさの印象が変わることがわかります。ユニバーサルダウンライトは、照射方向を変えられ、光の広がりも**集光型**が多いことから、照射対象を目立たせるための**局部照明**として用いられることが多く、メリハリのある空間演出が可能です。

Cのように真下を向けた場合は、光の広がりが狭いので、真下がより明るくなり、壁は暗いことがわかります。一方Dのように壁側に傾けるとBよりも高照度になることがわかります。ただし天井付近の壁は暗くなってしまいます。つまり、

壁全体を均一に照明したい場合はBの**ウォールウォッシャーダウンライト**を使用し、絵画や飾り棚などを部分的に照明して目立たせたい場合は、Dの**ユニバーサルダウンライト**を使用するなど、配光によって使い分けを行います。

④設置のポイント
●傾斜天井の場合

図2.2.02（p.45）のBのダウンライトのカタログ写真では、傾斜天井に取り付け可能であるものの配光は対応していないと書かれています。器具ごとに傾斜天井対応可能かどうか、また対応可能な場合の傾斜角度はカタログに記載されています。

傾斜天井に取り付けられるが配光は対応していないとは、どのようなことでしょうか？　図2.3.09と同じ器具の配光データを用いて3D照明計算を行った結果を図2.3.10に紹介します。空間の大きさと反射率、器具の設置間隔は同じ条件で、傾斜天井の角度は約20度です。

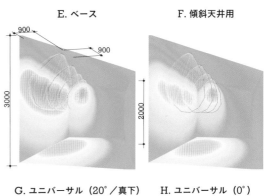

E. ベース　　　F. 傾斜天井用

G. ユニバーサル（20°／真下）　　H. ユニバーサル（0°）

照度分布ゲージ（照明計算ソフト　DIALux evo 9.2　保守率0.8）

0.1　0.2 0.3　0.5　1　2　3　5　10　20 30　50　100　3001000　15000　lx

間口：2.7m　奥行：3.6m　天井高：2〜3m
反射率　天井：70%　壁：50%　床：20%

図2.3.10　ダウンライトの種類別照明効果の違い
（傾斜天井の場合）

Eのベースダウンライトの場合は、天井の傾斜に合わせて、壁側に光が照射されるため、図2.3.09のBの**ウォールウォッシャーダウンライト**のような照明効果となり、逆にFの傾斜天井用は照射方向がほぼ真下となるため、図2.3.09のAのベースダウンライトのような照明効果が得られます。傾斜天井の場合は、壁側を明るくしたい時にはベースダウンライト、真下を明るくしたいときには傾斜天井用ダウンライトを使用します。

GとHの**ユニバーサルダウンライト**の場合は、傾斜天井の傾きに合わせて照射方向を調整できます。真下を照明したい場合は、Gのように傾斜天井と同じ角度で下に向けます。Hの場合は傾斜天井に平行に取り付けた場合ですが、さらに角度を調整することで、もう少し壁の上部まで照明することも可能です。

ちなみに、図2.3.09のBのウォールウォッシャーダウンライトと図2.3.10のFの傾斜天井用ダウンライトは、実は同じ器具です。LED器具一体型ダウンライトならではの器具開発です。図2.3.11に傾斜天井用とウォールウォッシャーダウンライトの取り付け断面と光の照射イメージを比較します。

傾斜天井用は横方向に光が出るようになっているため、水平な天井に取り付けた場合は、図2.3.09のBのウォールウォッシャーダウンライトの効果が得られます。ただし横方向に光が出る配光は固定されているため、傾斜天井の個別の角度には対応できず、「配光は対応していない」というカタログ記載になっています。

● ウォールウォッシャーダウンライト

図2.3.09（p.51）のBのウォールウォッシャーダウンライトは、壁面だけでなく床面も照らすことができるため、**兼用ウォールウォッシャーダウンライト**といいます。一方、壁面を主体的に照らす場合は、**専用ウォールウォッシャーダウンライト**といいます。図2.3.12に兼用と専用ウォールウォッシャーダウンライトによる照明効果を比較してみます。空間の大きさと内装の反射率、器具配置は図2.3.09と同様の設定の場合、専用の方が壁の上部から強く明るくすることができます。一方、兼用の方が床面を明るくすることができ、ウォールウォッシャーダウンライトといってもその照明効果は異なることがわかります。

器具デザインで比較すると、専用の方がトリムと一体化された遮光兼用反射枠がついています。兼用の方は、天井部分の意匠はベースダウンライトに近いため、開口径を合わせると天井面での意匠的統一感が得られます。器具デザインにも配慮しながら、求められる照明効果を生かすように器具選定を行います。

**兼用ウォールウォッシャー
ダウンライト**　　　　**専用ウォールウォッシャー
ダウンライト**

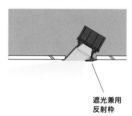

遮光兼用
反射枠

照度分布ゲージ（照明計算ソフト　DIALux evo 9.2　保守率 0.8）

0.1　0.2 0.3　0.5　　1　　2　　3　　5　　10　20 30　50　100　　3001000　16000　lx

間口：2.7m　奥行：3.6m　天井高：2.5m
反射率　天井：70%　壁：50%　床：20%

図2.3.12　兼用と専用ウォールウォッシャーダウンライトの
照射イメージの比較

● ユニバーサルダウンライト

ユニバーサルダウンライトには、見た目と性能によって種類があります。図2.3.13におもな3つの種類を紹介します。

**ウォールウォッシャー
ダウンライト**　　　**傾斜天井用
ダウンライト**

図2.3.11　傾斜天井用とウォールウォッシャーダウンライトの
照射イメージの比較

（a）は天井に出るのはトリムのみのため、ベースダウンライトと見た目はほぼ同じにできます。よって空間としての一体感を得られやすく、また発光部が奥に入っているため、（b）と（c）に比べてグレアレス効果が高いことが特徴です。一方で可動部が奥に入っているため、照射角度を調整しにくい面もあります。

（b）は、トリムから器具が少し見えるため、（a）よりも照射方向を調整しやすいことが特徴です。ただ発光部が見えやすいため、グレアとなる心配があります。視点方向が多様な場合は、オプションでハニカムルーバーが取り付けられるかどうかも器具選定時のポイントとなります。

（c）は**ダウンスポット**とも呼ばれるタイプで、灯具部分の引き出しができるため、最も照射方向が調整しやすいことが特徴です。商品のディスプレイの変更が多い店舗などで使用するのに適しています。

(a)	(b)	(c)

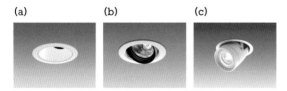

図2.3.13　ユニバーサルダウンライトの形状の種類
写真提供：大光電機株式会社

● 配置による空間の見え方の違い

3章では平均照度を手計算で算出する方法（**光束法**）を紹介しますが、居室の大きさと内装の反射率、照明器具の数量が同じであれば、手計算による水平面の平均照度は変わりません。

図2.3.14に4台のベースダウンライトの配置を変えて3D照明計算を行った結果を紹介します。左側の水平面照度分布図は、テーブル上として、床から0.4mの高さで設定しています。手計算では等しくなる平均照度も3D照明計算を使用すると若干異なることがわかります。また器具配置の違いによって、空間の明るさ感や最大照度にも差が出ることがわかります。

図2.3.09でもご紹介したようにベースダウンライトは、真下の明るさを得るだけでなく、壁際に並べて設置することで、壁面を照明する効果も得ることができます。図2.3.14のCやDのように壁際を照明することで、空間の奥行きを強調することができます。Bの中央配置の場合が、平均照度と最大照度ともにCよりも高いですが、視覚的な明るさ感とし

ては、Cの壁際とテーブル上に配置する方が明るく見せることが可能です。

このように同じ器具を同じ数量、同じ空間で配置しても空間の印象は異なるため、単に水平面平均照度を計算するだけの照明計画では、住まいのあかりの質を高めることはできないのです。

A. 均等配置の場合

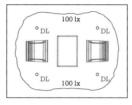 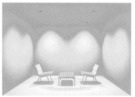

作業面高さ0.8m　平均照度：107 lx　最小：52.2 lx　最大：135 lx

B. 中央配置の場合

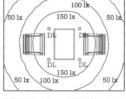 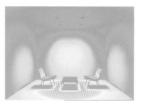

作業面高さ0.8m　平均照度：120 lx　最小：33.1 lx　最大：228 lx

C. 壁際 + センター配置の場合

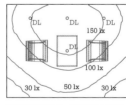 

作業面高さ0.8m　平均照度：105 lx　最小：20.7 lx　最大：200 lx

D. 両サイド壁際配置の場合

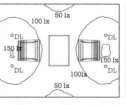 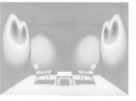

作業面高さ0.8m　平均照度：96.9 lx　最小：43.8 lx　最大：151 lx

照度分布ゲージ（照明計算ソフト　DIALux evo 9.2　保守率 0.8）
間口：2.7m　奥行：3.6m　天井高：2.5m
反射率　天井：70%　壁：50%　床：20%

図2.3.14　ベースダウンライトの配置の違いによる
照明効果の比較

スポットライト

なにか特定のことに注目する場合に「**スポットライト（スポット）をあてる**」と表現する場合があります。スポットライトは元々、舞台照明用の器具として開発され、周囲よりも明るく目立たせたい場合に使用していました。照射方向が変えられる照明器具としては、前述のユニバーサルダウンライトもありますが、自由に首を振ることができる範囲が大きく、**照射方向**の調整もしやすいため、照射対象の変更や配置換えなどが多い博物館や美術館、店舗などで多用されています。住宅においても食卓上の集約感を出したい場合や絵画や観葉植物などを目立たせたい場合など、様々に効果を発揮できます。またスポットライトは**取り付け方向**も自在のため、下向きに使用する場合は直接照明配光、上向きに使用する場合は間接照明配光として使用することもできます。

スポットライトは、**光の広がり**が豊富なことが特徴で、狭角、中角、広角、超広角、拡散など、見た目は同じでも光の広がりによって照明効果を使い分けることができます。器具本体カバーの素材は、金属製で光らない場合が多いですが、ガラス製や部分的にアクリルを使用している器具もあります。

図2.3.15の事例のようにガラス製カバーのスポットライトを使用することで、天井面もほんのり照らす**半直接照明形配光**の効果を得ることもできます。

反射率が低い木の仕上げのため、ライティングダクトに設置されたスポットライトは、天井面を照らす効果も得られるガラス製のカバー付器具を使用

図2.3.15　装飾効果があるスポットライトの使用例
建築設計：環境デザイン・アトリエ　撮影：細矢仁

①形状の種類

ダウンライトと同様に光源の観点ではLED器具一体型とLED電球型に大別することができます。LED電球型の場合は、ランプ内に電源装置が内蔵されているため、ソケット部分のみカバーされ、光源部が見える器具もあります。図2.3.16にスポットライトの形状の種類を紹介します。屋内用の場合の取り付け方法は、**フランジまたはフレンジ式**（直付けタイプ）か、**プラグ式**（ライティングレール）が一般的です。2灯用の場合は照射方向を上下にすることで、直接照明と間接照明形配光を組み合わせることもできます。

プラグ式を取り付ける**ライティングレール**は、メーカーによっては配線ダクトまたはダクトレール、スライドコンセントとも呼ばれ、レール内の溝に通電しているため、レールが設置されている範囲であれば、取り付け位置を自由に移動させることが可能です。スポットライトだけでなく、ペンダントライトやライン型器具などもプラグ式の機種があります。ライティングレールに関しては、5章のpp.194-195で解説します。

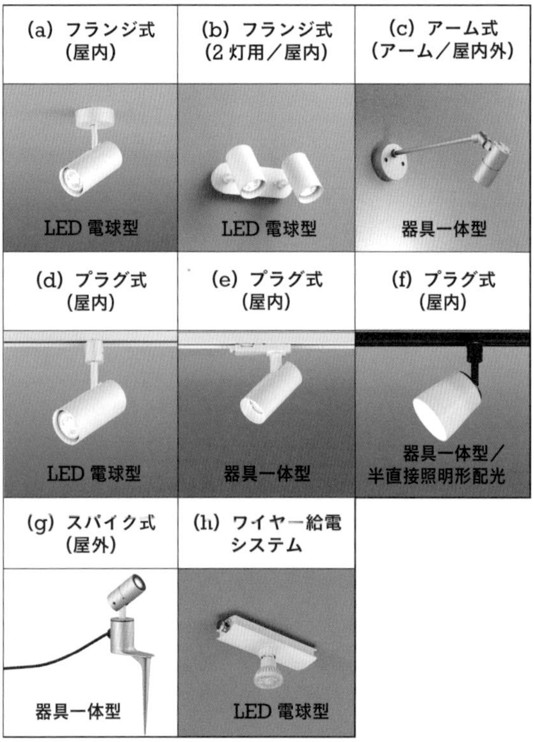

(a) フランジ式 （屋内）	(b) フランジ式 （2灯用／屋内）	(c) アーム式 （アーム／屋内外）
LED 電球型	LED 電球型	器具一体型
(d) プラグ式 （屋内）	(e) プラグ式 （屋内）	(f) プラグ式 （屋内）
LED 電球型	器具一体型	器具一体型／ 半直接照明形配光
(g) スパイク式 （屋外）	(h) ワイヤー給電 システム	
器具一体型	LED 電球型	

図2.3.16　スポットライトのおもな形状の種類
写真提供：オーデリック株式会社

（c）の**アーム式**の屋内用の場合は、フランジ式とプラグ式の2通りの取り付け方法があり、屋外用の場合はフランジ式のみとなります。壁に設置された絵画やサインなどを照明するのによく用いられます。照射対象の大きさに合わせて、アームの長さとスポットライトの配光を選定します。

（h）の**ワイヤー給電システム**は、ワイヤー自体にローボルト（12V）が通電されているため、ワイヤーの長さの範囲内で、器具の位置を変えることができます。図2.3.17にワイヤー給電システムの使用例を紹介します。

吹き抜けがある空間で使用すると天井面をすっきりと見せながら、テーブル面などの局部照度を得る効果が得られる

図2.3.17　ワイヤー給電システムを使用した事例

建築設計：佐川旭建築研究所

（g）の**スパイク式**は、地中にスパイク部分を差して、樹木をライトアップする場合に用いられます。屋外で使用可能なキャブタイヤケーブルと呼ばれる配線とコンセント付きで、配線が届く範囲内で移動可能です。樹木の生長に応じてスポットライトの位置を変えられるメリットがあります。図2.3.18にスパイク式スポットライトの使用例を紹介します。

樹木の大きさに応じて、光の広がりを選定し、視点方向から眩しくないように樹木をライトアップ
国宝白水阿弥陀堂　2015年新緑のライトアップイベント

図2.3.18　スパイク式スポットライトを使用した事例

②選定のポイント

　スポットライトを選定する場合、照射対象の大きさに対して光の広がりと明るさが適切であるかどうかを検討します。その他フードや**フィルター**などのオプションも豊富にあるため、それらが使用できるかも選定時のポイントになります。

●フィルターのバリエーション

　LED照明の普及によって熱的な制約が緩和されたため、樹脂製のフィルターやルーバー、フードなど、オプションのバリエーションも増えています。図2.3.19にオプションフィルターの違いによる照明効果の変化を紹介します。

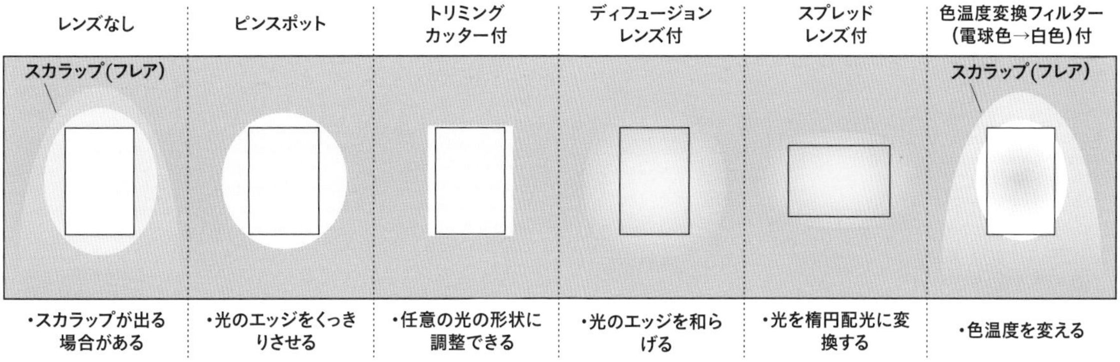

レンズなし	ピンスポット	トリミングカッター付	ディフュージョンレンズ付	スプレッドレンズ付	色温度変換フィルター（電球色→白色）付
スカラップ（フレア）					スカラップ（フレア）
・スカラップが出る場合がある	・光のエッジをくっきりさせる	・任意の光の形状に調整できる	・光のエッジを和らげる	・光を楕円配光に変換する	・色温度を変える

図2.3.19　フィルタオプションによる照明効果の比較

図2.3.19に示す**スカラップ**または**フレア**とは、主配光の外側に見える余分な光です。LEDはレンズや反射鏡で配光を調整しますが、狭角配光になるほど、制御が難しく、スカラップ（またはフレア）が出る場合があります。このスカラップを消すためのフレアカットルーバーなどもあります。ただしメーカーや機種によって選択可能なフィルターの種類は異なります。

●グレアに注意

グレアを低減させる方法として、ルーバーやフードなどのオプション（p.36／図1.3.15）が選択できる器具もあります。ただしその場合、配光が狭くなったり、光束値が低くなったりする場合もあるので、その低減を考慮して照明設計を行うことが重要です。

オプションは、専用の枠などではめ込む場合とマグネットなどで固定するタイプなどがあります。

③設置のポイント

スポットライトは天井だけでなく、壁や床にも設置することができます。また最大の特徴は、照射方向を自由に変えられることです。上向きに照射する場合は間接照明形配光として、下向きに照射する場合は直接照明形配光となり、配光が広い場合は全般照明として、狭い場合は局部照明の役割を担います。上向きに照射して壁や天井からの反射光を得たい場合は、拡散配光のスポットライトを選ぶことがポイントです。ただし、図2.3.21のア）のようにスリットを照明したり、光を遠くまで飛ばしたい場合は、集光配光を使用する場合もあります。

スポットライトを吹き抜けなどで使用する場合は、**メンテナンスが可能な高さに設置**する配慮も必要です（p.190／図5.1.01）。図2.3.20に吹き抜け空間にスポットライトを使用した事例を紹介します。

ア 　イ

ウ

ア）は、吹き抜けのあるダイニングの事例です。ダイニングテーブルが置かれる予定だったため、壁面にスポットライトを取り付けて、下向きに照射してダイニングテーブル上の明るさがとれるようにした事例です。

イ）はア）の外側のテラスで、外壁の窓上に下向きに2台、上向きに1台の屋外用スポットライトを取り付けています。下向きのスポットライトは、テラスでの食事などにも対応することができます。上向きに取り付けたスポットライトは、屋根のフレームを強調することで、夜間でも開放感が得られるようにしています。

ウ）はリビング上部の書籍ディスプレイを壁に設置したライティングレールのスポットライトで照明した事例です。ディスプレイに応じてスポットライトの位置を変更したり、数量を増やしたりなどの調整も容易に行うことができます。

ライティングレールを壁面に取り付ける場合は、器具以外の部分にレールカバーを取り付けると給電部分にほこりが溜まるのを防ぐことができます（p.194／図5.1.09）。

図2.3.20　吹き抜け空間のスポットライトの使用例

ア／イ）建築設計：水石浩太建築設計室　撮影：ToLoLo studio
ウ）建築設計：オーワークス　撮影：松浦文生

④多様な活用例

図2.3.21にその他のスポットライトの使用例を紹介します。

ア）はお寺の本堂の事例です。照明効果の説明用に作成した断面配灯図による照明効果のイメージ図も合わせて紹介します。①は天井の登梁の間にスポットライトを取り付けて、天井面の間接照明を行っています。建築化照明としてスポットライトを使用するメリットは、光を遠くに飛ばせることです。スポットライト自体は幕板で隠して見えないように取り付け、より建築との一体感を高めるようにしています。②はご本尊の背景となる部分で、部材間のスリットから放たれた光は、光背のように見え、オリジナリティのある照明効果が実現しました。

イ）は住宅のLDKで、小屋組みなどの構造材を見せるよ

うに改修した事例です。梁下にライティングレールを取り付けて、テーブルの配置に合わせてスポットライトの位置や照射方向を調整できるようにしています。また梁の仕上げの色に合わせてライティングレールとスポットライトは黒色にすることで、より建築と一体感を高めることができます。さらに梁上には薄型のLEDライン照明を載せ、天井の高さを強調する照明効果を狙っています。

ウ）は美容室の事例で、天井部分にロの字型の木製のフレームを作成し、上部にはLEDテープライトで間接照明を行い、下向きにはライティングレールを組み込み、スポットライトを取り付けています。店舗全体の光色は、2700Kで暖かな雰囲気にしていますが、ヘアカット台上部のスポットライトの光色は4200Kの高演色タイプにしています。昼光に近い色温度で、店舗外の自然光でもヘアカラーの違和感が生じないようにするためです。

ア　建築化照明にスポットライトを使用した例①②

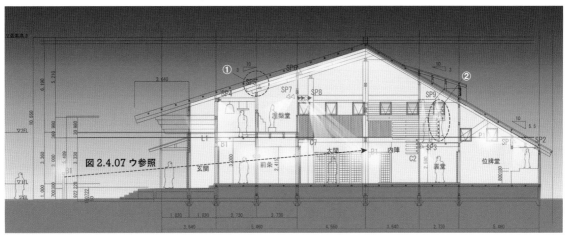

図2.4.07 ウ参照

①　登梁を活用した間接照明

②　ご本尊の光背のような照明効果

図2.3.21　スポットライトの使用例　　ア）英照院　建築・構造設計：DXE　　撮影：大川孔三

イ 梁に取り付けた事例

ウ 建築化照明用造作を利用した事例

イ)建築設計／写真提供：水石浩太建築設計室 器具設置概略図は図4.1.15イ（p.129）
ウ)内装設計／写真提供：kusukusu Inc.

建築化照明

壁や天井などの建築と一体化した照明を**建築化照明**といいます。広義ではダウンライトなどを含む場合もありますが、本書では建築の造作をともなう照明手法を建築化照明として解説します。

建築化照明の照明効果は、美しい**光のグラデーション**が特徴です。通常の視点では発光部が見えないため、グレアを与える心配もなく、ローコスト器具でも高級感を演出することが可能です。また、LED化によって器具の小型化や配光バリエーションも増え、建築だけでなく、家具の造作などにも建築化照明を取り入れやすくなっています。

建築化照明にはおもに3つの種類があり、照明効果の違いを図2.3.22に紹介します。建築化照明は、内装からの反射光で明るさを得る照明手法のため、3D照明計算によって**器具の向き**と**配光の組み合わせ**を検証することも重要な照明設計のプロセスです（p.62／図2.3.28、図2.3.29）。さらに空間全体の明るさのバランスやメンテナンスのしやすさなどにも配慮が必要です。

●コーブ照明・コーニス照明・バランス照明

Aのように壁面や折り上げ天井に照明器具を設置するスペースをつくり、立ち上がっている壁面や天井面を照らす建築化照明を**コーブ照明**といいます。天井が高い場合は、その高さをより強調することで開放感を高めることができます。

さらに天井面の反射率が高い場合は、より明るい雰囲気にすることができます。

A. コーブ照明

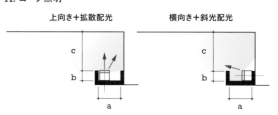

B. コーニス照明

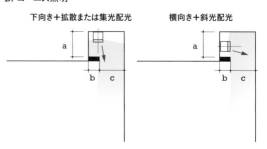

C. バランス照明

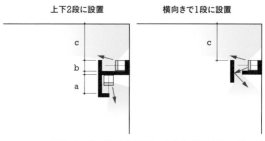

図2.3.22 建築化照明のおもな種類と取り付け例

Bのように壁面を照らす建築化照明を**コーニス照明**といいます。広い空間の場合は、空間のエッジが強調され、奥行きがわかりやすくなります。

Cは**バランス照明**といって、上下に光を出す建築化照明の手法です。壁面だけでなく天井面と床面の両方を明るくすることができます。

建築化照明用としてカタログに分類されている器具の場合、図中（a）（b）（c）の寸法は納まりの例としてカタログに記載されています。（a）は**放熱に配慮**する寸法で、カタログ記載の数値を遵守します。ただしコーブ照明の場合は、建築化照明ボックス上部の壁面も明るくなるため、（a）の寸法が広い方が、明るくなりすぎず、柔らかい光のグラデーション効果を得られます。

（b）は**器具を隠す**ための寸法で、光の出方にも影響します。遮光高が高すぎると光が出にくくなり、美しい光のグラデーションが得られません（p.61 ／図 2.3.25）。（c）も**照明効果を左右する**寸法です。（c）の寸法が大きいほど、光のグラデーションは伸びやすく、広範囲に照明することができます。

ただしBのコーニス照明の場合は、器具が見えやすくなるため、照らす面の明るさのバランスにも配慮しながら、納まりの寸法を検討することが重要です。また（c）の寸法は、**メンテナンスに影響する寸法**でもあり、最低でも150mmぐらいは必要となります。手が入るかどうか、工具が入るかどうか、設計時には器具の取り付けやメンテナンスが可能かどうか考えます。

①器具の種類

従来光源の建築化照明用器具は、拡散配光が主流でしたが、LED化によって器具の形状や配光のバリエーションなども増えています。おもな特徴は以下の5つで、図2.3.23に建築化照明用LED器具の特徴をまとめます。

- ・ドットの有無
- ・電圧の違い（100V用/ローボルト用）
- ・長さのバリエーション
- ・形状のバリエーション
- ・配光のバリエーション

特徴 ＼ 種類	100V 用		ローボルト（12V/24V）用	
	ドットあり	ドットレス	ドットあり	ドットレス
器具写真	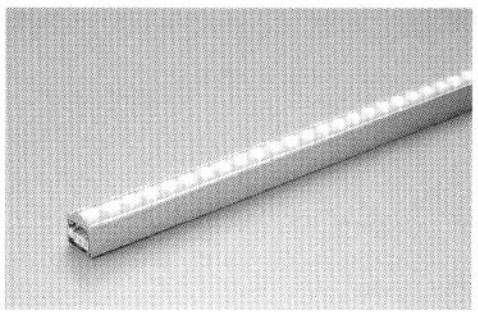	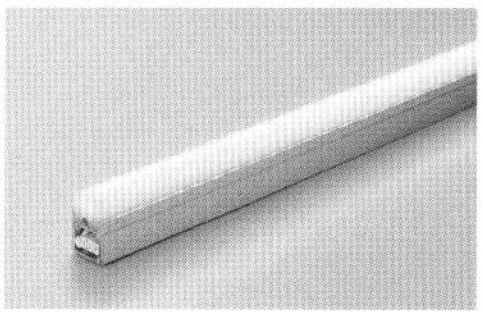	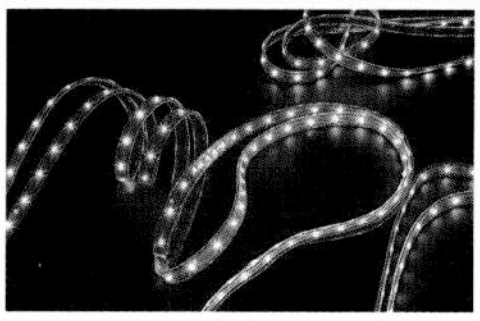	
電源装置	内蔵型		別置き型（1 台の電源装置で複数本の連結が可能なタイプもあり）	
長さのバリエーション	定尺長さ（数種類以上）を組み合わせて使用可能		定尺長さまたは長さ指定が可能、指定の単位で現場切断が可能なタイプもあり	
断面形状配光	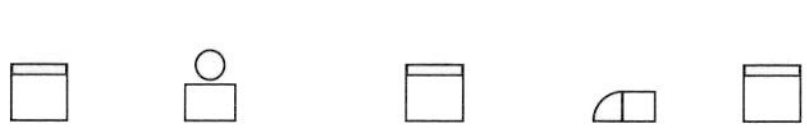 拡散・散光　　斜光　　集光		トップビュー　サイドビュー 　曲げ方向　曲げ方向　拡散・散光　　斜光	
ランプ交換	LED 器具一体型またはランプ型または LED モジュール交換可能な器具もある		LED 器具一体型	
明るさ	総体的にはローボルト用よりも光束量が多く、高照度タイプのバリエーションもある		100V 用よりも光束量は少ないが、高照度タイプのバリエーション増えている	
光色のバリエーション	電球色 / 温白色 / 白色 / 昼白色が主流調色・調光用もあり		100V 用よりも光色のバリエーションが豊富調色・調光用もあり	

図2.3.23　建築化照明用LED器具の特徴
写真提供　100V用：DNライティング株式会社　ローボルト用：エイテックス株式会社

●ドットの有無

　建築化照明用の LED 器具は、LED 素子を等間隔に並べてライン型またはテープ状の形状にしています。よってドットの有無とは、LED 素子の配置がわかるかどうかで、ドットタイプとドットレスタイプがあります。一般に**ドットタイプ**の方が明るく、光の指向性も高いので、**カットオフライン**（p.61 ／図 2.3.25）が、くっきり出やすいことが特徴です。**ドットレスタイプ**の場合は、より柔らかい光のグラデーションを得たいときや意匠的に光るラインとして見せる場合に使用します。

●電圧の違い

　照明器具における電圧は、100V 用と 12V または 24V などのローボルト用があります。100V 用は電源装置が内蔵されているため、ローボルト用よりも断面形状は大きくなります。図 2.3.24 に電圧違いの建築化照明用器具でコーブ照明を行った場合の事例を比較します。

ア　100V 用器具を用いたコーブ照明の事例

イ　ローボルト用器具を用いたコーブ照明の事例

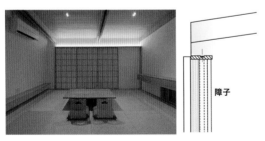

図 2.3.24　電圧違いの建築化照明用器具による
コーブ照明の比較

ア）建築設計：今村幹建築設計事務所　撮影：大川孔三
イ）建築設計：ランドアートラボ＋プランズプラス　撮影：大川孔三

　ア）はクローゼット上部の天井との段差部分に 100V 用の建築化照明器具を取り付け、扉で遮光板を隠すことで、内装と一体化させた建築化照明を実現しています。イ）の 24V 用の建築化照明器具はテープライト型で、その特徴はテープのように薄いことです。障子を取り付ける建具

枠の上部に溝を掘って内蔵させているため、建具の意匠にも影響を与えることなく、コーブ照明を設置できます。

　このようにローボルト用は、器具断面がコンパクトであることが特徴で、電圧の降圧（100V → 12V または 24V）と交流（AC）から直流（DC）に変換させるための**電源装置**が別途必要となり、その置き場所の検討も必要です。ローボルト用の電源装置は、50W や 100W 用など、使用する照明器具の消費電力（W）に応じて選定します。器具によっては何本かまとめて 1 台の電源装置で点灯させることも可能です。なお器具と電源装置までの距離には制約があるため、カタログで確認したうえで、置き場所を検討します。また不具合があった場合、光源と電源装置の両方の確認が必要となるため、<u>電源装置自体のメンテナンスのしやすさにも配慮</u>します。

●長さのバリエーション

　100V 用は定尺サイズで長さの種類がいくつかあり、建築化照明の間口に合わせて連結して使用します。ローボルト用は、定尺サイズのバリエーションがある場合と事前に長さ指定を行う場合、ロール販売で、切断可能な箇所で、現場で切断しながら使用できる製品もあります。

●形状のバリエーション

　建築化照明用 LED 器具を大別すると、ケーシングされたライン型とテープ状のテープライト型の 2 種類があります。100V 用はライン型が主流で、ローボルト用の場合は、用途に応じてライン型またはテープライト型で選択が可能です。

　テープライト型でもオプションの取り付けレールを使用すれば、直線的に取り付けることが可能です。またテープライトは曲げることができるため、円弧形状の壁面や円形の折り上げ天井など、カーブに沿わせて取り付けることが可能です。またメーカーによっては<u>テープ状の上面が光るトップビューとエッジが光るサイドビューの種類があり、曲げ方向に応じて選択できます</u>（p.59 ／図 2.3.23）。

●配光のバリエーション

　配光のバリエーションが豊富なのは、LED 照明ならではの特徴といえます。LED は発熱量が少ないため、レンズなどで制御しやすいからです。<u>拡散配光</u>だけでなく、横方向により光が出る**斜光配光**、光の広がりが狭い**集光配光**のおもに 3 種類があります。これらの使い分けに関して

は、p.62 の図 2.3.28 と p.63 の図 2.3.30、図 2.3.31 で解説します。

②納まりのポイント

　建築化照明は、器具自体が見えない分、光のグラデーションを美しく見せることが、建築化照明を成功させるポイントです。建築化照明の種類にかかわらず、共通する注意点は以下の 4 つです。

- **カットオフライン**
- **建築化照明用ボックスの仕上げ**
- **配光の使い分け**
- **器具の設置間隔**

●カットオフライン

　図 2.3.25 でカットオフラインを説明します。カットオフラインとは、照明器具の発光部と**遮光高**の先端を結んだ直線の直射光があたる部分とあたらない部分の境のラインを示します。明るい部分から暗くなる部分がラインを引いたように二分化するのは、美しい建築化照明の効果とは言えません。

A. 光の広がりよりも遮光高が高い場合

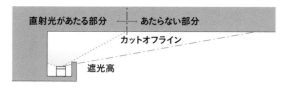

B. 光の広がりよりも遮光高が低い場合

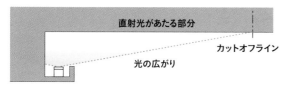

図2.3.25　コーブ照明の場合の遮光高の違いによる
カットオフラインの比較

　図 2.3.25 の A のように照明器具自体の光の広がり（配光）よりも**遮光高**が高い場合は、遮光高によって光の広がりが遮られるため、光のグラデーションはあまり伸びず、カットオフラインがくっきり出る心配があります。カットオフラインをどこに定めるのか、そこまで届く光の広がり（配光）が得られる器具はどれか、そして**器具の配光に合わせて遮光**

　高や器具の納まりを検討することが重要です。
　また傾斜天井でコーブ照明を行う場合は、照明器具を設置する側にも配慮が必要です。図 2.3.26 で傾斜天井の場合の注意点を解説します。

A. 傾斜天井の低い側から照明する場合

B. 傾斜天井の高い側から照明する場合

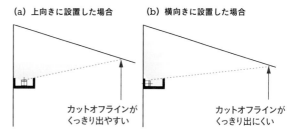

図2.3.26　傾斜大井の場合のコーブ照明の注意点

　傾斜天井の場合、図 2.3.26 の A のように低い側から照らすと美しい光のグラデーションが得られます。一方、B のように傾斜天井の高い側から天井面を照らすとカットオフラインが出やすくなります。このような場合は、（b）のように器具を横向きに設置（p.64 ／図 2.3.33B）したり、光を横方向に飛ばしやすい**斜光配光**の器具を使用したり、天井との距離を十分にとるなど、カットオフラインが強く出すぎないように配慮します。

●建築化照明用ボックスの仕上げ

　照明器具を内蔵させる造作の仕上げにも注意が必要です。図 2.3.27 のように横向きに取り付ける場合、造作内で反射が起こるため、赤い線の**反射光が出る面**は、白い仕上げにするよう指定します。例えば木材などで建築化照明用ボックスを作成する際、見えないからといってそのままにしてしまうと、反射率が落ちるだけでなく、**反射光で照らされる面**に木材の色を反射してしまい、直射光とは異なる光色が混ざる心配があります。さらに**反射光で照らされる面**（緑線）で注意すべきは、仕上げの質感（反射特

性）です。光沢が強いと隠しているはずの器具が映り込んでしまうため、マットな仕上げにすることが重要です。また建築化照明用の造作部分は、天井の仕上げと同じにすることで**建築と一体化**（青線）させることができます。

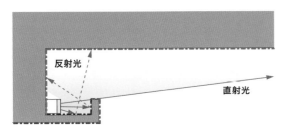

------- 反射光が出る面の仕上げ
------- 反射光で照らされる面
------- 建築と一体化させる仕上げ

図2.3.27　建築化照明用ボックス内の仕上げの注意点

● 配光の使い分け

　建築化照明における LED 化は、配光の使い分けという新たな選択肢をもたらしました。建築化照明用器具では**拡散配光**が主流ですが、どのような場合に**斜光配光**または**集光配光**を使用すればよいのでしょうか？ 図 2.3.28 に斜光配光用器具を使用した場合の 3D 照明計算による検討事例を紹介します。

建築の特徴は、傾斜天井で天井が高く、リビングとダイニングが一体となった広々とした空間でした。よって傾斜天井の低い窓側から**コーブ照明**を行い、天井面を照らしてより開放感を高めることを考えました。

　斜光配光をコーブ照明で使用する場合、拡散配光よりも光のグラデーションをより広範囲に広げることができます。図 2.3.28 は同じ配光でも A の上向きと B の横向きに設置した場合の照明効果を比較検討した例です。その結果、B の納まりで施工した竣工写真が図 2.3.29 です。明度の高い内装との相乗効果もあり、天井を照らすコーブ照明によって開放的な雰囲気となっています。

図2.3.29　斜光配光を使用した建築化照明の事例
建築設計：オーワークス　撮影：松浦文生

A. 上向きに設置した場合

壁や直上の天井が最も明るくなる

B. 横向きに設置した場合

壁が明るくなりすぎない

照明計算ソフト　DIALux evo9.2　保守率 0.8)
反射率：天井／壁　70%　床　60%

照度分布ゲージ

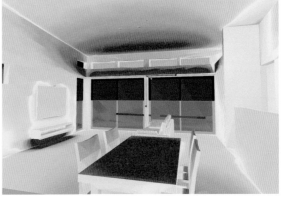

図2.3.28　斜光配光の建築化照明用器具の使い方

最初はAのように上向きに設置することを考えましたが、ハイサイドライトのある壁面とその上部のみがかなり明るくなってしまいました。よって器具をより横方向に出る**斜光配光**の器具に変更して、器具の向きもBのように横向きに変更して3D照明計算を行ってみたところ、Aよりも極端に明るくなる部分はなくなり、天井面をより広範囲に照明できるようになりました。このように3D照明計算によって、器具の選定だけでなく、器具の向きについても検証することができます。

斜光配光用器具のなかには、**遮光タイプ**もあり、図2.3.30に器具の設置例を紹介します。

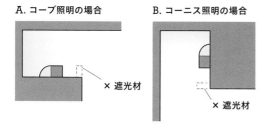

A. コーブ照明の場合　**B. コーニス照明の場合**

図2.3.30　斜光配光型遮光付き照明器具の設置例

遮光材を設置しなくても器具の発光部が見えにくいことが特徴です。建築化照明の造作費を減らすことができます。ただし反射光が主体となるため、建築化照明用ボックス内の仕上げによって、明るさにも影響が出ることに注意が必要です。

集光配光の場合は、拡散配光よりもさらに光を伸ばすことができ、また器具と正対する面をより明るくすることができます。図2.3.31にコーニス照明の場合でAの拡散配光とBの集光配光で3D照明計算を行った場合を比較してみます。Bの集光配光の方が壁の下方まで明るくなり、また床面の照度も高いことがわかります。

● **器具の設置間隔**

建築化照明では、器具同士を**連結して設置する**ことがポイントです。特にコーブ照明の場合、照明器具を設置した上部の壁面が見えやすいため、器具の間隔が空きすぎるとその壁面部分に影が生じやすくなります。

LED化によって、建築化照明用器具自体の小型化が進み、そのための造作もコンパクト化しています。ただし、器具は納まっても配線材がきれいに納まらない場合もあり、器具の寸法だけでなく、**配線材の収納**にも配慮が必要です。

メーカーによっては器具同士を突き付けで連結可能なコネクタもあります。図2.3.32に器具同士の連結例を紹介します。(a)の専用の配線材を使用する場合、メーカーによっては配線材の長さの種類があるので、器具の納まりに応じて長さを選定します。また100V用の器具の場合、1回路で連結可能な長さの最大値が示されている場合があります。それ以上の長さで連結する場合は、回路の区切りの部分で器具間隔が空きすぎないように注意します。

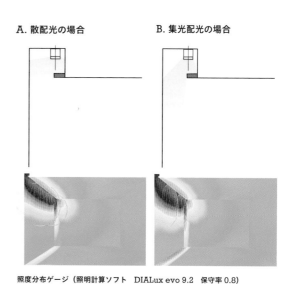

A. 散配光の場合　　**B. 集光配光の場合**

照度分布ゲージ（照明計算ソフト　DIALux evo 9.2　保守率 0.8）

0.1　0.2　0.5　1　2　3　5　10　20　30　50　100　3001000　15000　1x

間口：2.7m　奥行：3.6m　天井高：2.5m
反射率　天井：70%　壁：50%　床：20%

図2.3.31　拡散と集光配光によるコーニス照明の比較

(a)専用の配線材（渡りコード）で連結する場合　　**直結ピン**　　**渡りコード**

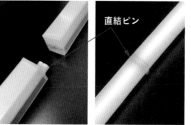

(b)直結コネクタ（直結ピン）で連結する場合　　**直結ピン**

図2.3.32　LED建築化照明用器具の連結例
写真提供：株式会社GLORY

③多様な活用例

図2.3.33に建築化照明の事例と器具の設置概略図を紹介します。用途に応じて照明器具の形状や設置する向き、配光なども使い分けています。

A. カーテンボックス兼用コーブ照明

カーテンボックス上部に薄型の建築化照明用器具を設置した事例。傾斜天井の低い側から連続して照明することで、天井面に美しい光のグラデーションが得られる

B. 勾配天井の高い側からのコーブ照明

ローボルト器具で遮光高さを最小限にし、また窓側が明るくなりすぎないように器具を横向きに取り付け、さらに光が横方向に伸びるように工夫

C. コーブ照明にユニバーサルダウンライトを内蔵

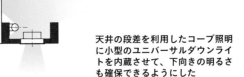

天井の段差を利用したコーブ照明に小型のユニバーサルダウンライトを内蔵させて、下向きの明るさも確保できるようにした

図2.3.33　建築化照明と納まりの事例

A) 建築設計・写真提供：SAI/ 株式会社 MASAOKA
B/E) 建築設計：今村幹建築設計事務所　撮影：大川孔三
C) 建築設計：オーワークス　撮影：松浦文生
D) 建築設計：ランドアートラボ＋プランズプラス　撮影：大川孔三
F) 内装設計／写真提供：今村幹建築設計事務所
G) 建築設計：里山建築研究所

2.3　建築照明

D. デザインウォールを強調するコーニス照明

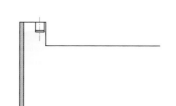

デザインウォールを強調するようにコーニス照明を行った事例。器具を下向きに取り付けると、光のグラデーションが美しく伸びる

E. 出窓壁面を強調するコーニス照明

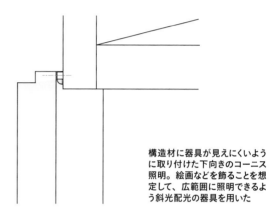

構造材に器具が見えにくいように取り付けた下向きのコーニス照明。絵画などを飾ることを想定して、広範囲に照明できるよう斜光配光の器具を用いた

F. 鏡と一体化させたコープ照明

鏡

鏡を取り付けた壁との段差の上部に薄いテープライトを内蔵させた事例。遮光高を意識させないようローボルトタイプで電源装置は別置きにしている

G. 梁の間を利用たバランス照明

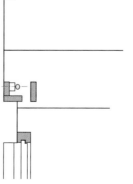

壁に横向きに器具を取り付けてバランス照明を行った事例。梁と同様の木材を遮光材とし、空間の一体感を演出した

埋め込み照明

埋め込み照明はその名前のとおり、器具本体が壁や床に埋め込まれる器具を指します。壁の場合は、壁の下部に埋め込んで足元を照明する**フットライト**や、壁の上部に埋め込んで天井を照明する**シーリングウォッシャー**があります。照明メーカーのカタログでは、壁に設置する器具として、ブラケットライトの分類で掲載されている場合もあります。

床の場合は、**地中(床)埋設型器具**や英語名の分類として**バリードライト**（Buried Light）とも呼ばれています。最近では屋内用のバリエーションもありますが、一般的には屋外照明器具として、建物のファサードや樹木などのライトアップに使用される場合が多いです。

①壁への設置ポイント

図2.3.34に壁埋め込み照明の種類を紹介します。**面発光型**は足元を照らす効果だけでなく、段差があることを視認させるアイキャッチ効果として用いられる場合もあります。

下面照射型は、より足元を照らすように設計されたフットライトで、屋内外の廊下や階段などで使用する場合が多いです。屋外用の場合は、周囲が暗い場所に設置されることが想定されるため、ルーバー付で眩しさを抑えるよう配慮された機種もあります。またルーバーがあることで、カバーが破損しにくいなどの効果もあります。

天井照射型は、シーリングウォッシャーと呼ばれ、天井面を柔らかく照明する効果を得ることができます。建築化照明のコーブ照明のように連続した光のグラデーションを得ることはできませんが、ポイント的な間接照明効果を得ることができます。

●壁埋め込み照明の配置ポイント

フットライトと**シーリングウォッシャー**の設置高さの考え方を図2.3.35に示します。廊下や室内における取り付け高さは、下面照射型の(a)で300mm程度、面発光型の(b)では250mm程度を目安とします。面発光型の方が足元を照らす効果が弱いため、低い高さに取り付けます。また巾木の高さにも配慮して、器具の大きさと設置高さの検討を行うことも重要です。

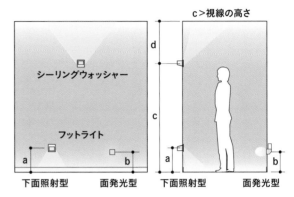

図2.3.35　フットライトとシーリングウォッシャーの設置高さの考え方

シーリングウォッシャーの取り付け高さ(c)は、光源部が見えにくいこととメンテナンスにも配慮して1.7～2m程度で検討します。ただし天井に近すぎると間接照明としての柔らかな光の効果が得られないため、(d)は500mm程度を目安とします。

フットライトは、足元を明るくする効果があるため、床の段差や階段などでよく使用されます。図2.3.36に階段における設置高さの考え方を示します。取り付け高さは、図2.3.35の(a)と(b)と同程度を目安にしますが、蹴上と踏面の垂直ラインと器具の中心を合わせると複数の踏面を照明しやすくなります。器具同士の設置間隔は等間隔の方が明るさのリズムをつくりやすくなります。ただし壁体内の構造材を避けられるよう(p.193／図5.1.07)、平面図だけでなく、断面図でも確認します。

面発光型（屋内外）	下面照射型（屋内外）	ルーバー付下面照射型（屋外）	シーリングウォッシャー天井照射型（屋内）

図2.3.34　壁埋め込み照明の種類　　写真提供：パナソニック株式会社

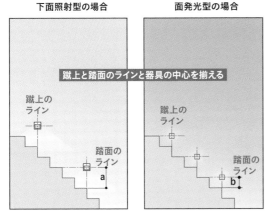

下面照射型の場合　　　面発光型の場合

蹴上と踏面のラインと器具の中心を揃える

蹴上の
ライン

踏面の
ライン
a

蹴上の
ライン

踏面の
ライン
b

図2.3.36　階段におけるフットライトの設置高さの考え方

②床への設置ポイント

　床埋め込み照明は、建築の屋内外の床面に設置して、柱や壁面を下から照明するのに使用します。屋外では地中に埋設して樹木のライトアップ用に使用されます。自然光などの多くの光は、上方から降り注ぐことが一般的なため、下から照明する効果は、ドラマチックな印象を与えることができます。

　屋外の床や地中に埋設する器具は、踏まれる前提ですが、設置される場所や機種によって**耐荷重の制約**があります。一般的には歩行者用の軽荷重（1tまで）タイプと車両用の重荷重（3t）タイプがありますが、停車する場合は不可のタイプもあるので、使用環境の確認も必要です。

　図2.3.37に床埋め込み照明の種類を紹介します。**対象物への照射用**としては、ダウンライトと同様に**ベースライト型とユニバーサル型**があります。

　ベースライト型は配光が比較的広く、壁などを照らす場合に用いられます。照射方向を調整できるユニバーサル型は、柱をより強調したい場合や樹木のライトアップなどで使用されます。

　器具の形状としては、丸型だけでなく、角型やライン型などもあります。ライン型には壁際の床に連結して内蔵させることで、壁面の間接照明効果が得られる機種もあります。

　その他に面発光型があり、アクセント効果や誘導効果を意図したインディケータとして使用される場合が多いです。屋外用では図2.3.38のように配線が不要な**ソーラー型**もあります。

図2.3.38　ソーラー型床埋設照明器具
写真提供：株式会社タカショー

●埋め込みの注意点

　埋め込み照明を設置する際の注意点は、設置場所の構造や仕上げを事前に確認することです。特にコンクリートの場合、コンクリートの打設前に捨てボックスと呼ばれる枠と配管を事前に施工する（p.194／図5.1.08）必要があります。施工スケジュールに合わせて照明器具の設置がスムーズに行えるよう器具発注などにも配慮します。

(a) ベースライト型

屋内用/断熱施工対応	屋外用

(b) 屋外用ユニバーサル型

地中埋設	コンクリート埋設

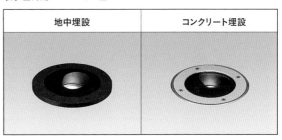

図2.3.37　床埋め込み照明の種類

(a)ベースライト型　写真提供：コイズミ照明株式会社　　(b)屋外用ユニバーサル型　写真提供：株式会社遠藤照明

また地中に床埋め込み照明を使用する場合、豪雨になると泥水を被る可能性が多く、大変汚れやすくなります。ガラス面が汚れてしまうと照明効果も発揮できなくなるため、維持管理の状況に応じた器具選定が重要です。

外壁または室内の床に埋め込み照明を使用する場合は、**断熱施工対応**かどうかの確認も必要です。

外断熱の場合天井部分だけでなく、床や外壁部分にも断熱材が入るからです。図2.3.06（p.50）では、ダウンライトの断熱施工対応に関して解説しましたが、床および壁埋め込み照明においてもマット敷工法またはブローイング工法でも使用可能な器具かどうか、照明手法の検討および器具選定の前に必ず確認しておきます。

③多様な使用例

ア）は図2.4.16のエ（p.78）に入る前の廊下の事例です。落ち着いた雰囲気の会議室に入るアプローチとして、やや暗さに慣れるためにフットライトで誘導効果が得られるようにしています。

イ）は屋内階段の事例で、2階の吹き抜けからのコーブ照明によって天井は明るくなるものの段差を認識させやすくすること、また常夜灯としても使用できるようにフットライトを設置しています。

ウ）は屋外階段に設置したフットライトの事例で、等間隔に設置することで、明るさのリズムが得られるようにしています。

エ）はカウンターの側面にフットライトを設置した事例です。面発光タイプにすることで、床面だけでなく、アクセント照明として奥行きを強調する効果が得られるようにしています。

ア　誘導する

イ　段差の視認性を高める（屋内）

ウ　段差の視認性を高める（屋外）

エ　奥行きを強調する

図2.3.39　埋め込み照明の事例

ア）建築設計：UDS株式会社
イ）建築設計：栄激建築／エイスケンチク／ACETECTURE
ウ）建築設計：TKO-M. architects　撮影：アーキッシュギャラリー東京支店
エ）内装設計／写真提供：kusukusu Inc.

2.3　建築照明

Column 2

LEDが可能にする一体型照明

LEDの普及によって、図1.3.06（p.31）で紹介した照明器具の分類にとどまらない、一体型照明のバリエーションが増えています。ただし取り付けに関しては、建築設計や施工方法にも関連するため、照明器具の選定前には建築設計者と一層のコンセンサスが欠かせません。

システムライト

LEDによるコンパクト化は、照明器具にとどまらない空間照明化のバリエーションとして普及しはじめています。

図2.3.40にシステムライトの一例を紹介します。写真上の黒い部分は埋め込み形ライティングダクトとなっていて、専用の連結モジュールを使用することで、天井や壁の出隅と入隅も3次元に接続することが可能です。専用器具のバリエーションも豊富で、面発光するライン照明やスポットライト、ブラケットライトやペンダントライトなどもあります。

図2.3.40　システム照明の例　　写真提供：日本フロス株式会社

建材と一体化した照明

建材や家具などに照明を内蔵させる製品展開も増えています。図2.3.41は手摺にLEDテープライトを内蔵させた製品です。

図2.3.41　LED照明付手摺の例　　写真提供：ナカ工業株式会社

これまで、サッシに照明器具を取り付けるという概念はありませんでしたが、LED照明付サッシも開発されました。図2.3.42はサッシのデザインを生かした直接・間接照明配光の事例ですが、その他にも面発光やスポットライトなどの器具のバリエーションも豊富にあります。

図2.3.42　LED照明付サッシ
写真提供：不二サッシ株式会社＋株式会社遠藤照明

ただしいずれの製品も電圧がローボルトのため、専用の電源装置を別置することと、メーカー指定の器具しか使えないという条件があります。

2.4 装飾照明

 装飾照明の分類別特徴

建築と一体化するように設置される建築照明に対して、その存在感をアピールする照明器具が装飾照明です。装飾照明としては、壁に設置するブラケットライト、天井に設置するペンダントライトやシャンデリア、シーリングライト、置き型で使用するスタンドライトなどがあります。

空間を装飾するアクセント照明として使用する場合もありますが、器具のデザインだけでなく、配光によっては全般照明、局部照明として使用することもできます。

ブラケットライト

ブラケットライトは、壁に設置する照明器具で、ウォールライトとも呼ばれています。ブラケットライトのなかには壁のコーナー部に取り付け可能な**コーナーブラケットライト**と呼ばれる器具もあります。階段の踊り場などで使用される場合が多く、影になりやすい入隅を強調する照明効果が得られます。

ブラケットライトの特徴として、素材や形状の組み合わせによるデザインと配光のバリエーションが豊富なこと、他の照明器具と組み合わせやすいことが挙げられます。補助照明として用いられる場合が多いですが、建築化照明のコーブ照明（間接照明形配光）やバランス照明（直接・間接照明形配光）と同等の照明効果が得られる機種もあり、光束量が多い場合は、全般照明としても使用可能です。

本書では装飾照明として分類しましたが、器具自体が光らない配光で、形状も小型の場合は、器具の存在を感じさせない建築照明的な効果を得ることもできます。

①選定のポイント
●配光による器具選定

図2.4.01に配光別のブラケットライトの一例を紹介します。このように全ての配光分類に対応できることもブラケットライトの特徴です。直接照明形配光の場合は、壁面を照らしたり、下にある家具やオブジェを照らしたりなど、ダウンライトやスポットライトに近い照明効果を得ることもできます。

半直接照明形配光や全般拡散照明形配光、半間接照明形配光の場合は、乳白のアクリルやガラスカバーで覆われているため、周囲に柔らかい光が広がります。器具自体が発光すると視線に入りやすく、アイキャッチ効果もあるため、アクセント照明として用いることもできます。

また半直接照明形配光や全般拡散照明形配光の場合は、洗面の鏡の照明として用いられることが多いです。図2.4.02に事例を示します。柔らかい光の拡散光で鏡の上部または両サイドから照明すると陰影が出にくく、ひげそりやお化粧がしやすくなります。鏡の上部または鏡の両サイドに設置することで、直接・間接照明形配光の場合は、壁だけでなく、床と天井も同時に照明することができます。1台の器具で全般照明と局部照明の補助照明として使用することができます。

間接照明形配光の場合、吹き抜け空間などでは光束量が多い器具を使用すれば、全般照明としても使用可能です。

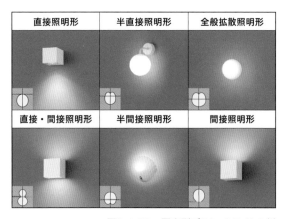

図2.4.01　配光別ブラケットライトの例
写真提供：パナソニック株式会社

このようにブラケットライトを選定する際には、器具のデザインだけでなく、**配光**による照明効果にも配慮することが重要です。

図2.4.02　全般拡散配光による鏡の照明

内装設計／写真提供：kusukusu Inc.

● 器具の形状と出幅

　トイレや廊下などの狭い空間の場合は、器具の出幅が圧迫感を与える心配があります。このような場合は、図2.4.03のように出幅の小さい器具を選ぶことがポイントです。

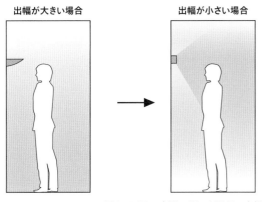

図2.4.03　空間の間口と器具の出幅

● 光源部の見え方

　狭い空間ほど、照明器具との距離が近いため、**グレア**を与えないように配慮された器具を選定することが重要です。特に直接照明形配光または直接・間接照明形配光、

間接照明配光のブラケットライトは、見上げや見下ろしの視点がある吹き抜けや階段などで使用する場合、光源部が見えやすくなるので注意が必要です。図2.4.04に光源部の見え方に配慮されたブラケットライトを紹介します。カタログの写真だけでなく、上下面は開放されているのか、カバーやルーバーは設置されているのか、メーカーのHPで器具の仕様図を確認します。

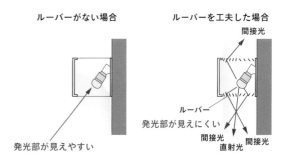

図2.4.04　光源部の見え方に配慮されたブラケットライト

（右図はパナソニック株式会社カタログ図から改変）

● 視点による器具デザインの見え方

　ブラケットライトの多くは、器具デザインとしても照明効果としても、正面から見た場合に最も美しく見えるようデザインされています。廊下などで使用する場合、側面から見る視点も多く、横からどのように見えるのかも選定のポイントです。

② 設置のポイント

● 設置高さ

　壁に設置されるブラケットライトは、設置高さが低すぎると頭がぶつかる心配があります。図2.4.05に空間ごとの配光別取り付け高さのポイントを示します。設置高さを指定することは、照明効果を生かすうえでも器具選定同様に重要なプロセスです。また行為に応じて視点の高さも変わるため、行為や空間の特性をよく考慮しながら設置高さを検討します。

　寝室の枕元における設置高さ(a)は、1～1.7ｍ程度を目安にします。ヘッドボードに取り付けて寝ながら照射方向を調整できる器具の場合は、低い方が使い勝手が良くなります。リビングやダイニングなどの座った視点が多い場合の設置高さ(b)は、1.6～1.9ｍ程度を目安にします。

　また全般拡散照明形配光の場合は、器具の周囲に広がる光のグラデーションがきれいに見えることが大切です。よって壁や天井までの距離(c)は、近すぎないように500ｍｍ程度は離して設置するとよいでしょう。また間接照明形配光や直接・間接照明形配光の場合も天井面との距離(c)

に注意が必要です。一般的には300mm以上は確保しますが、カタログに**近接限度**の距離が示されている場合は、その寸法以上となるように検討します。照明効果の観点でも天井に近すぎると柔らかな光が広がらず、間接照明効果が得られにくいため、天井高が低い場合は間接照明形配光ではない器具の方がよいでしょう。

移動する空間における設置高さ(d)は、1.7～2mを目安にします。また形状が角型で扉の近くに設置する場合は、建具と器具の上端のラインと合わせると空間としての一体感を出しやすいです。この場合も天井との距離にも配慮が必要です。

吹き抜け空間における設置高さ(e)は、メンテナンスにも配慮して、2～2.5mを目安にします。さらに見下ろしの視点がある場合は、光源部の眩しさが**グレア**とならないように注意します。

● 複数セットによる設置

図2.4.06に複数セットのブラケットライトの設置例を紹介します。ブラケットライトを設置する場合、壁の長さに対して均等に配置することが多いのですが、器具によっては連結設置可能なタイプもあります。また小型でシンプルな形状であれば、複数セットで配置すると照明効果だけでなくデザイン性も高まります。

図2.4.06のア)は直接・間接照明形配光の既製品のブラケットライトを連結して設置することで、建築化照明のバラ

ア　既製品を連結配置した事例

イ　2個ずつをセットに配置した事例

図2.4.06　複数セット配置の事例

設計：株式会社ザ・トーカイ一級建築士事務所　施工：株式会社ザ・トーカイ
イ)建築設計：今村幹建築設計事務所＋東出明建築設計事務所　撮影：金子俊男

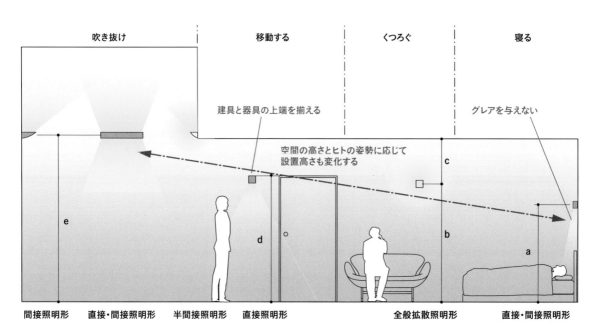

図2.4.05　空間ごとの配光別の取り付け高さの検討のポイント

ンス照明を行った事例です。デイサービスを行う施設で、明るい雰囲気が求められました。よって机上面の明るさも得ながら、勾配天井を明るく照らすことで、吹き抜けの開放感を高めるようにしています。建築化照明として製作することも可能ですが、照明器具以外の造作や施工費もかかるため、コストダウンに配慮して、既製品のブラケットライトを使用しました。

イ)は中庭に面する外廊下の事例です。長い廊下を移動する場合、単調な印象になりがちですが、2個セットのブラケット配置によって、明るさのリズムをつくることができます。2個セットだとベンチが置かれたスペースの照射範囲も広げることができ、滞留しやすい雰囲気がつくれました。

ア　ファサードを見せる

イ　奥行きを強調する

ウ　屋内外の一体感を高める

③多様な活用例

図2.4.07のア)は外玄関とデッキ用の照明として直接・間接照明形配光のブラケットライトを設置した事例です。直接・間接照明形配光にすることで、床面の明るさを得ながら、ファサードのライトアップ効果も得られるようにしています。

イ)はライン状の光源自体が柔らかく光る全般拡散照明形配光のブラケットライトを、アクセント照明として使用したレストランの事例です。ブラケットライトが光ることで視線が壁に誘導され、空間の大きさを認識しやすくします。

ウ)は屋内の柱の側面と屋外の角柱の上部に取り付けたブラケットライトライトは、同じ器具を使用しています。屋内外で同じブラケットを使用し、屋内外の一体感だけでなく、屋内への視線誘導効果を高めた事例です。行灯のような光が屋内外をつなげるように誘導する全般拡散照明形配光による照明設計です(p.57／図2.3.21ア)。

図2.4.07　ブラケットライトの使用例

ア)建築設計：水石浩太建築設計室　撮影：ToLoLo studio
イ)内装設計／写真提供：kusukusu Inc.
ウ)英照院　建築・構造設計：DXE　撮影：大川孔三

スタンドライト

スタンドライトとは、コンセントなどで使用できる置き型の照明器具です。床に置くタイプを**フロアスタンド**または**フロアライト**、テーブルなどの家具上に置くタイプを**テーブルスタンド**または**テーブルライト**といいます。また勉強や仕事用で机の上に置くタイプは、**タスクライト**または**デスクライト**（p.157／図4.1.45）といって、3つに大別することができます。

スタンドライトはコンセントで使用できるため、必要な時に必要な場所を照らすことができますが、照明計画の際にスタンドライトの併用が望ましい場合は、コードに足をかけたりしないよう、コンセントの配置にも留意します。

図2.4.08はデンマークの住宅のリビングの事例です。一部屋に3台のスタンドライトが設置され、家族の居場所や行為ごとに使い分けているように見えました。

図2.4.08　デンマークの住宅におけるスタンドライトの使用例

①選定のポイント

スタンドライトは、器具のデザインだけでなく、配光の種類も豊富であることが特徴です。図2.4.09には配光別にフロアスタンドの例、図2.4.10には配光別のテーブルスタンドの例を紹介します。

間接照明形配光のテーブルスタンドは既製品が少ないものの可動式のシェードの場合、直接照明形配光または間接照明形配光に変えられる器具もあります。

直接照明形配光のフロアまたはテーブルスタンドは、作業面の明るさを得られやすく、勉強や読書などの行為に適しています。作業面の明るさがより必要なタスクライトの場合は、直接照明形配光タイプが主流となっています。ただし直接照明形配光のみのスタンドライトだけでは、天井面が暗く見えてしまうため、間接照明形配光の照明器具と組

み合わせると集中力を高める雰囲気をつくることができます。

アームが可動するタイプは、照射エリアや高さなどの調節がしやすいことが特徴です。軽い読書などの行為にも適し、落ち着いた雰囲気を演出することができます。

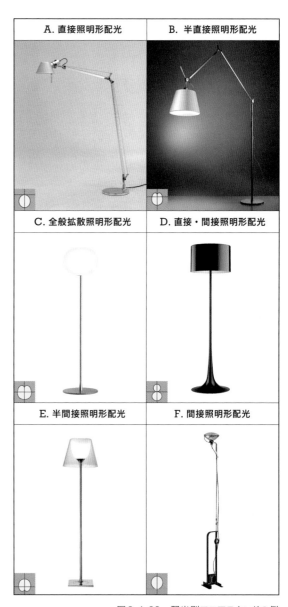

図2.4.09　配光別フロアスタンドの例

A/B写真提供：アルテミデ・ジャパン　　C-F写真提供：日本フロス株式会社

②多様な演出効果

全般拡散照明形配光のフロアまたはテーブルスタンドは、柔らかく光る発光感によって、アクセント照明として使用することができます。高さが低いタイプは、床やテーブルを明るくすることができ、明るさの重心が下がり、よりくつろいだ雰囲気を演出できます。

直接・間接照明形配光のフロアまたはテーブルスタンドは、器具自体は光らないものの、1台で直接照明による手元の明るさと間接照明による雰囲気的な明るさの両方の照明効果を得ることができます。

半間接照明形配光のフロアまたはテーブルスタンドは、手元よりも上方に光がより出るため、間接照明の効果を得ながらも器具自体が光る照明の存在感によって、アクセント照明としての効果が得られます。

日本ならではの照明器具としては、江戸時代に普及した行灯は、和風スタンドといってよいでしょう。特に床座の和室は姿勢も低くなるため、床に置くスタンドライトの光は、よりくつろいだ雰囲気を高めることができます。

図2.4.11に屋外テラスにおけるスタンドライトの使用例を紹介します。全般拡散照明形配光の屋外用を床に置くことで、より落ち着いた雰囲気を演出しています。低い位置に置くと視界に照明器具の光が入りにくく、庭のライトアップも楽しめます。

スタンドライトもLEDによる小型化が進み、充電式やコードレスタイプとバリエーションも豊富です。コードレスタイプは、半屋外のアウトドアリビングやグランピングなどでも活用されています。

図2.4.10　配光別テーブルスタンドの例
(a)写真提供：アルテミデ・ジャパン株式会社
(b)写真提供：株式会社YAMAGAWA
(c)-(e)写真提供：日本フロス株式会社

(a) 直接照明形配光
(b) 半直接照明形配光
(c) 全般拡散照明形配光
(d) 直接・間接照明形配光
(e) 半間接照明形配光

間接照明形配光のフロアスタンドは、天井面からの反射光によって空間全体が柔らかな光で包み込まれる効果があります。当然、天井面の反射率が高いほど、より明るい雰囲気にすることができます。ただし天井が低い空間では、その低さを強調してしまうため、圧迫感を与えないか注意が必要です。

図2.4.11　屋外でのスタンドライトの使用例
建築設計：今村幹建築設計事務所＋東出明建築設計事務所

ペンダントライト（シャンデリア）

天井から吊り下げる照明器具を**ペンダントライト**、または単にペンダントと呼びます。照明器具のなかでもデザイン重視で選定される場合が多いですが、ブラケットライトと同様に形状だけでなく、素材によっても**配光**が変わるため、光の出方を確認して器具選定を行うことが重要です。

また図1.3.16（p.36）で紹介したように天井高さや用途に応じて、配光別の吊り下げ高さへの配慮も必要です。器具によっては、吊り下げ高さの調節範囲が示されているので、既製品のままでちょうどよい高さに吊り下げられるかどうかも事前にチェックします。吊り下げ高さの調整機能がないペンダントライトの場合は、事前にコード長さをカットまたは延長することも検討します。この場合は有料となるため、照明器具費にあらかじめ算入しておく必要があるからです。

シャンデリアもペンダントライトの一種といえます。シャンデリア球と呼ばれる小型の電球が多灯で使用され、クリスタルなどがきらきらと光る大きな存在感により、高級感をもたらす吊り下げ器具です。シャンデリア球のLED化も進化して、従来の白熱電球に近い効果も得られるようになっています。

①選定のポイント

照明器具のなかでも器具自体のデザインが重要視されますが、配光によって得られる照明効果は異なります。図2.4.12に配光別ペンダントライトの例を紹介します。

直接照明形配光のペンダントライトは、器具の存在感はそれほど主張することなく、直下の明るさが得られやすいことが特徴です。器具形状が大きく、下面にカバーがない場合は、器具内の光源部が見えやすいため、**グレアを与え**ないよう設置高さに注意します（p.36／図1.3.16）。

半直接照明形配光のペンダントライトは、器具自体が光る効果と同時に直下の明るさを得ることもできます。テーブルの明るさだけでなく、そこに座るヒトも柔らかい光で照らされるため、住宅の食卓やレストランなどでの使用に適しています。また直接照明形配光と同様、光源部が見えやすいデザインの場合は、**グレアを与えない設置高さの検討**が重要です。

全般拡散照明形配光のペンダントライトは、柔らかく光る器具の存在感が得られ、見上げる視点でもグレアを与える心配がありません。複数セットで吊り下げたり、発光感を生かした配列自体をデザインしたりと装飾的効果が大きいのも特徴です。

直接・間接照明形配光のペンダントライトは、図2.4.12に示すようにライン型の形状が多く、バリエーションはそれほど多くありません。LED化によって器具の形状もよりコンパクト化しています。オフィスなどでは、1台で**タスク・アンビエント照明**の効果を得ることができます。

半間接照明形配光のペンダントライトは、既製品の選択肢は少ないですが、グレアを与える心配も少なく、落ち着いた雰囲気を演出しやすいです。

間接照明形配光のみのペンダントライトは、既製品の選択肢はかなり少ないです。直接・間接照明形配光の器具で、上下の光を個別に点滅可能な器具などもあり、上部だけ点灯させて間接照明配光のペンダントライトとして使用することができます。

②設置のポイント
●取り付け方法の種類

ペンダントライトは、図2.4.13で紹介する3種類がおもな取り付け方法です。直付けの**フランジ式**が一般的ですが、ライティングレールに取り付ける**プラグ式**と2種類の取

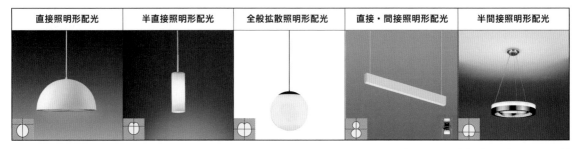

直接照明形配光	半直接照明形配光	全般拡散照明形配光	直接・間接照明形配光	半間接照明形配光

図2.4.12　配光別ペンダントライトの例
写真提供：株式会社遠藤照明

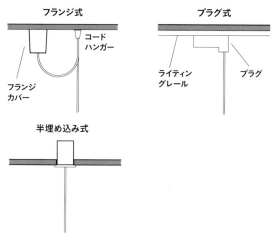

図2.4.13 ペンダントライトの取り付け方法

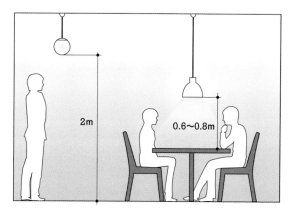

図2.4.14 ペンダントライトの設置高さの目安

り付け方法を選択できる場合もあります。またメーカーによっては、**埋め込み式**タイプの既製品や、オプションで埋め込み式へ変更することも可能です。

フランジ式の場合は、**直結線**の場合（電気工事要）と**引掛けシーリング**（電気工事不要）を利用する場合の2種類の取り付け方があります。大型で重量があるペンダントライトまたはシャンデリアは、設置する天井部分の下地材などの補強が必要になる場合もあるので、取り付け方法も器具選定時に確認することが重要です。

引掛けシーリングは、天井に設置されたコンセントのようなもので、おもにシーリングライトまたはペンダントライトの取り付けに用いられます。引掛けシーリングの種類（pp.191-192）とライティングレール（pp.194-195）に関しては、5章で詳しく解説します。

● 設置高さの目安

ペンダントライトは、下からの視点でグレアを与えにくい器具デザインを選定すること、設置高さを検討することが重要です（p.36／図1.3.16）。図2.4.14にペンダントライトの設置高さの目安を紹介します。ヒトが通る場所においては、邪魔にならない高さとして、器具の下端で2m程度、テーブル上にペンダントライトを吊り下げる場合は、視線を遮らない高さとして、テーブル上から0.6～0.8m程度で検討します。

● 複数配置の目安

ペンダントライトは、複数で配置すると装飾効果を高めることができます。ダイニングテーブル上で使用する場合は、テーブルの大きさに合わせて器具の大きさや明るさ、台数を検討します。テーブルが長い場合は、複数設置の方がテーブル全体を明るくすることができ、にぎやかな雰囲気が創出されます。図2.4.15にテーブルの大きさ別に明るさと台数の目安を紹介します。

4人掛けの場合（テーブルサイズ　800×1200～1400 mm）

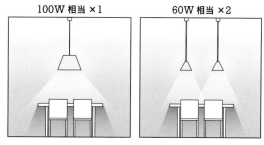

6人掛けの場合（テーブルサイズ　800×1600～2000 mm）

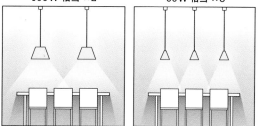

図2.4.15　テーブル上のペンダントライトの明るさと台数の目安

③多様な活用例

図 2.4.16 にペンダントライトの使用例を紹介します。

ア　建築照明用器具の使い分けとデザインの統一

イ　ランダム複数配置によるシャンデリア効果

ウ　全般拡散照明形配光による存在感の強調

エ　タスク・アンビエント照明

ア　建築照明用器具の使い分けとデザインの統一

　ダイニングからリビングにかけてライティングレールを設置して、リビングではスポットライト、ダイニングではスポットライトと同じ形状のペンダントライトを使用することで、空間としての一体感を高めるようにしました。

イ　ランダム複数配置によるシャンデリア効果

　電球自体の存在感を生かした全般拡散照明形配光のペンダントを高さ違いで吊り下げた食卓の事例です。吊り下げ高さを変化させることで、食卓だけでなく、勾配天井も適度に明るくする効果が得られ、さらにペンダントライトの発光感によって、食卓を囲むにぎやかな雰囲気が得られるようにしました。

ウ　全般拡散照明形配光によるリズムの演出

　お寺の位牌堂で、全般拡散照明形配光のペンダントライトを御霊に見立てて、吊り下げた事例です。小屋組みの構造の変化に合わせて、ペンダントライトの配置と吊り下げ高さを調整し、空間の一体感を演出しています。

エ　タスク・アンビエント照明

　和風の会議室の事例です。特注で直接・間接照明形配光のペンダントライトを製作し、1 台でタスク・アンビエント照明の効果が得られるようにしました。さらに壁面の建築化照明によって奥行き感を高め、全般照明配光のフロアスタンド（p.208 ／図 5.2.09）によってくつろいだ雰囲気を演出しています。

図 2.4.16　ペンダントライトの使用例

ア）建築設計 / 写真提供：SAI/ 株式会社 MASAOKA
イ）建築設計：水石浩太建築設計室　撮影：ToLoLo studio
ウ）英照院　建築・構造設計：DXE　撮影：大川功三
エ）内装設計：UDS 株式会社　撮影：金子俊男

シーリングライト

シーリングライトは、天井に直に取り付ける照明器具で、畳数ごとに明るさを選択できるタイプが主流です。リモコンが付属している機種も多く、エンドユーザーが使用しやすい照明器具といえます。ただし本書では住まいのあかりを工夫するノウハウをまとめているため、一室一灯タイプのシーリングライトの選定は、あまりお勧めできません。しかし、打ち放しコンクリートや天井に埋め込む懐がとれない場合、ダウンライトの代わりとして、**小型シーリングライト**や**シーリングダウン**を使用する場合もあります。

①選定のポイント

●配光の選択

シーリングライトの多くは、天井面も少し明るくなる半直接照明形配光が主流ですが、LED のコンパクト化によって、上下で点滅を切り替えられるタイプや間接照明形配光の機種も開発されています。

●光色の選択

シーリングライトでは、単色光の調光よりも図 1.1.13（p.17）で紹介した**調色・調光機能**タイプがデザインバリエーションも豊富です。シーリングライトを図 2.4.17、図 2.4.18 に小型シーリングライトとシーリングダウンの例を紹介します。

②設置のポイント

シーリングライトの取り付け方法は、あらかじめ天井に設置された**引掛けシーリング**（p.191）を用いるか、電気工事で設置するかの 2 通りが一般的です。シーリングライトは引掛シーリングに対応できるタイプが主流ですが、日本特有の取り付け方法のため、輸入品などでは使用できない場合があるので、注意が必要です。

図 2.4.19 に小型のシーリングライトの使用例を紹介します。ルーバー天井内に半直接照明形配光の小型のシーリングライトを等間隔で設置することで、ルーバー上部とルーバー側面も照らしながら床面の明るさも確保しています。あえてルーバー上部も明るくすることで、解放感も演出しています。

図 2.4.19　シーリングライトの事例
建築設計：佐川旭建築研究所　撮影：大川孔三

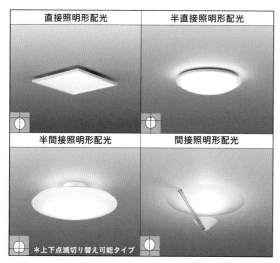

図 2.4.17　シーリングライトの例
写真提供：大光電機株式会社

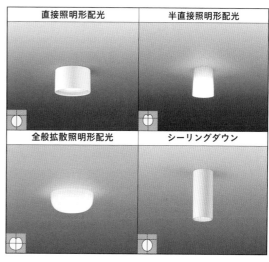

図 2.4.18　小型シーリングライトの例
写真提供：大光電機株式会社

2.5 エクステリアライト

エクステリアライトの分類と特徴

　夜のみ使用されるエクステリアライトは、昼間とは異なる見え方を演出することができ、照明効果の見せ場をつくりやすいといえます。また住宅においてもアウトドアリビングや中庭など、屋内と屋外をつなぐスペースを活用する間取りが増えています。
　一方で夜の暗さに目が順応しているとグレアもより感じやすくなるため、グレアに配慮したエクステリアライトの選定と使用方法が重要となります。

多様なエクステリアライト

　屋外で使用する照明器具を**エクステリアライト**といい、照明メーカーのカタログでは、**屋外用照明器具**または**アウトドアライト**としても分類されます。

　エクステリアライトは、**防塵性**と**耐水性**に応じた設置条件（p.47／図2.2.04、図2.2.05）によって、器具の選定を行います。エクステリアライトの種類としては、ダウンライトやスポットライトなど、屋内用の分類のほとんどに対して、屋外用の器具があります。選択肢はそれほど多くないものの軒下で使用できるペンダントライトやスタンドライトなどもあります。図2.5.01にエクステリアライトのおもな設置環境と種類を紹介します。

①器具の種類

　図2.5.01で示した器具の種類ごとに照明計画のポイントを解説します。

●ダウンライト

　エクステリアにおけるダウンライトは、外玄関や勝手口などの軒下に取り付けられます。一般には屋内用と屋外用に分けられますが、照明メーカーによっては、屋内用と**防雨型**または**防雨・防湿型**が兼用のタイプもあります。またダウンライトのコーンやトリムがシルバーや黒でグレアレスタイプなど、種類も豊富です。

　図2.5.02にガラスで仕切られた脱衣室兼洗面室と浴室で同じ防湿型のダウンライトを使用した事例を紹介します。同じ照明器具を使用することで、一体感のある空間の広がりがつくれました。

図2.5.01　エクステリアライトのおもな種類

図2.5.02　洗面室と浴室で防湿型のダウンライトを使用した例
建築設計：水石浩太建築設計室　撮影：ToLoLo studio

● スポットライト

　エクステリアで使用するスポットライトは、直付けで設置する**フランジ式**と地中に差し込んで使用する**スパイク式**が一般的です。直付けのフランジ式の場合は、店舗のサインなどを照らす**アーム式**もあります（p.54／図2.3.16）。

　エクステリア用のスポットライトの特徴は、屋内用と同様に明るさ（光束）だけでなく、光の広がり（**配光**）や光色（**色温度**）の選択肢が豊富にあることです。スパイク式スポットライトは、図1.1.04（p.11）や図4.2.15（p.173）で紹介した樹木のライトアップでも使用しています。照射対照の成長に応じて、設置位置を変更しやすいことも特徴です。樹木の照明手法に関しては、図4.2.12および図4.2.13（p.172）で詳しく解説します。

　樹木のライトアップといいますが、図2.5.01に示すようにポールの上部や建物の外壁に取り付けて、**ライトダウン**を行う方法もあります。図2.5.03に集合住宅の中庭のシンボルツリーをライトダウンした事例を紹介します。樹木を

上部から下向きに照明すると地上の明るさだけでなく、木漏れ日のような葉影を地上に映す照明効果も得られます。

● 壁埋め込み照明（フットライト）

　フットライトも階段や段差の視認性を高める目的で、屋外で使用されることが多い照明器具です。アプローチ通路のような空間においては、連続的に設置することで、誘導効果を高めることができます（p.68／図2.3.39 ウ）。

● 地中（床）埋設型器具

　図2.3.37（p.67）でも紹介した地中（床）埋設型器具もエクステリアで使用されることが多い照明器具です。柱や外壁などを下からライトアップする効果は、昼間はつくれない夜景ならではの照明効果をもたらすことができます。また鉛直面を明るく見せる効果は、奥行きを認知できる安心感も与えます。

● ブラケットライト

　ブラケットライトは、図2.4.01（p.70）でも紹介したように配光のバリエーションが豊富です。壁面に横向きに設置するだけでなく、軒下に下向きに設置したり、床に上向きに設置したり、取り付け方向兼用のタイプもあります。塀などに取り付け可能なブラケットライトは**門灯**として分類され、上向きに設置可能なタイプもあります。

　なお取り付け方向は、カタログに記載されている方向を守る必要があります。特に床に上向きに取り付ける場合は、結線などの電気的部分が浸水しやすいため、注意が必要です。図2.5.04に全般拡散照明形配光のブラケットライトの使用例を紹介します。

　ア）のように外壁に設置する場合は、周辺を明るくするだけでなく、ファサードの装飾効果も得られます。にぎやかな雰囲気を演出しやすく、ウェルカムライトとして用いることも可能です。

　イ）は全般拡散照明形配光のブラケットライトをテラスの床に上向きに設置した事例です。テラスを明るくすることで、室内から窓の外が見えやすくなります。また等間隔に設置することで、ルーバー越しの漏れ光が外観もいろどるため、ライトアップ効果も得られました。

図2.5.03　樹木のライトダウンの事例

ア　壁面に横向きに設置した事例

イ　デッキに上向きに設置した事例

図2.5.04　全般拡散照明形配光のブラケットライトの使用例

ア）建築設計：今村幹建築設計事務所＋東出明建築設計事務所　撮影：金子俊男
イ）建築設計：TKO-M. architects　撮影：アーキッシュギャラリー　東京支店

● 低ポール灯

　低ポール灯は、1m前後の高さで、**ガーデンライト**や**庭園灯**または**ボラード**とも呼ばれます。置き型やスパイク式で設置可能な小型のタイプもあり、キャブタイヤケーブル付きの場合は、屋外用のコンセントで使用することができます。

　庭園内の通路または低木の照明用として使用する場合が多く、配光のバリエーションも豊富です。図2.5.05に配光別の低ポールの例を紹介します。植栽を照明する場合の配光の使い分けは、図4.2.14（p.173）に紹介しています。発光する半直接照明形や全般拡散照明形配光の灯具では、グレアとならないように配慮します。

● ポール灯

　住宅で使用されるポール灯は、2〜3m程度の高さで、庭園内の通路などを照明するのに用いられます。ポールの高さが高いほど、広範囲に照明できますが、全般拡散照明形配光で上方に出る光が多いと、空を照らしてしまい、
ひかりがい
光害となる心配があります。図2.5.01で示した中ポール

灯のイメージは、ポールに2灯または3灯のスポットライトが取り付けられていて、照射方向を変えることで、ライトダウンとライトアップを同時に行うことができます。また高木などがある場合は、ポールの存在感もそれほど目立つことなく、照射対照だけを明るく浮かび上がらせることができます。

② 設置の注意点

● 設置条件の確認

　エクステリアライトは、屋外に設置されるため、雨や湿気の影響を受けやすく、適切な器具選定と設置場所の検討が必要です。エクステリアライトを使用する際は、カタログ写真だけでなく、仕様図や取り扱い説明書も確認しながら選定することが重要です。

● 光害への配慮

　光害とは、照明の設置方法や配光が不適切で、配慮が不十分なために景観や周辺環境に及ぼす様々な影響をいいます。よって外構の照明計画においては、光害を起こさないよう照射対照以外を過剰に明るくしないことが肝要です。

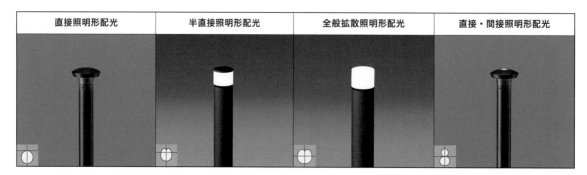

| 直接照明形配光 | 半直接照明形配光 | 全般拡散照明形配光 | 直接・間接照明形配光 |

図2.5.05　配光別の低ポール灯の例

写真提供：パナソニック株式会社

●センサーの導入

　住宅内に人がいない場合、外構が暗いままでは、帰宅時に寂しい気持ちになりかねません。また玄関までのアプローチを歩きやすく、そして玄関扉を開ける際に鍵穴をわかりやすくするためにも照明が必要です。このような場合にセンサーを用いて、外構照明を自動で制御させると使い勝手も良好です。

　センサーには、**照度センサーと人感センサー**の2種類があります。設置方法としては、照明器具とセンサーが一体化しているタイプと別置きタイプがあります。センサーの種類や使用方法については、5章のpp.201-202で詳しく解説しています。

③多様な活用例

　住宅におけるエクステリアライトの事例を図2.5.06に紹介します。ア)〜オ)は全て同じ住宅の外構照明の事例です。設計当初から室内だけでなく外構も合わせて照明計画を行いました。

ア　リビングから庭を見る

ア・イ　リビングから楽しむ庭の照明

　全般拡散照明形配光のブラケットライトを角柱の上部に取り付けて、低ポール灯として使用しています。室内から見ると縁台においた行灯のようにも見えます。さらに、スパイク式のスポットライトを併用して樹木のライトアップを行い、あたかも低ポール灯によって樹木が照らされているように演出しています。スパイク式スポットライトは、室内側から見えにくいように設置することで、低ポール灯の存在感をより生かすことができました。

ウ　ウェルカムライトの演出

　内側からの暖かな漏れ光と適度な樹木のライトアップ効果は、帰宅時のウェルカムライトになり、外観全体を演出することができました。

エ　浴室から楽しむ庭の照明

　全般拡散照明形配光の低ポール灯の存在感を生かしながら、外壁に取り付けたスポットライトを併用して窓から見える樹木を照明した事例です。室内にも樹木のライトアップ効果が得られました。

オ　2階からのライトダウン

　2階の軒下にスポットライトを取り付けて、樹木をライトダウンした事例です。この階下には玄関やダイニングがあり、ダイニングからも樹木が照らされていることを感じられます。

図2.5.06　住宅におけるエクステリアライトの使用例

建築設計：里山建築研究所
造園設計：高田造園設計事務所
撮影：中川敦玲

イ　縁側

ウ　外玄関

エ　浴室

オ　2階の軒下

2章

照明計画で空間体験を増幅させる

照明効果が一目でわかる！
3Dで照明計算

3.1　照明計算の基礎知識

視覚的な明るさを確認する

照明計画においては、被照面の明るさは照度を用いて評価されがちです（p.29 ／図1.3.03、図1.3.04）。これは、作業などの行為に必要な明るさを得ることが、照明計画の第一の目的でもあるからです。作業面の明るさを確認するだけであれば、机上の照度計算だけでも良いのですが、照明効果の良し悪しを判断するには、空間全体から得られる視覚的な明るさを確認することが重要です。よって本節では、照明器具の配光データの活用方法と照度計算の基礎知識を踏まえた上で、誰でも使用可能なフリーの3D照明計算ソフトの利用方法をご紹介します。

配光の捉え方

　2章では照明器具のデザインだけでなく、**配光の形状（照明器具からの光の出方）**に配慮して器具選定を行うポイントを解説しました。照明器具からどの方向にどのぐらい光が出ているか（各方向の**光度値**）を表したものを**配光曲線図**といいます。図3.1.01に実際の照明器具の配光曲線図の例を紹介します。同心円のラインは光度値を示し、その目盛りの間隔は器具ごとに変わります。また①のように光の広がりと光度値がどの断面でも同じ場合は、配光曲線は1本の曲線で示されます。②と③のように断面によって配光の形状が異なる場合は、同じ座標上に異なる曲線を重ねて表現します。

　配光曲線上で、0度方向の光度値を**中心光度**、最も数字が高い光度値を**最大光度**といいます。①のベースダウンライトの例では、中心光度と最大光度は等しくなり、640cd（カンデラ）であることが読み取れます。

　②は直接照明形配光のブラケットの例ですが、壁に平行なB断面においては左右対称に光が広がることが読み取れ、壁に垂直なA断面においては、真下ではなく19度前方で1000cdの最大光度が出ていることがわかります。

　③のように細長い天井直付け器具の場合も、長手方向と短手方向では配光曲線の形状が変わります。一般にA断面の方が光はより広がり、器具より上部の天井面も明るくなることを配光曲線から読み取ることができます。また③の配光曲線の右下にあるcd/klm（カンデラ／キロルーメン）は、1000lmあたりの光度値を示しています。この表記がある場合には、例えば器具の光束値が3200lmの場合、配光曲線から読み取った数字に3.2を掛けた数字が実際の光度値となります。

①光の広がりと強さがA断面とB断面で同じ場合
（ベースダウンライトの例）

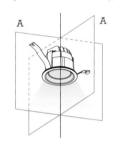
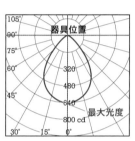

②光の広がりと強さがA断面とB断面で違う場合
（ブラケットの例）

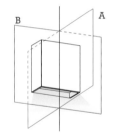
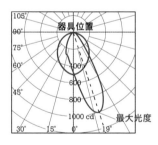

③光の広がりと強さがA断面とB断面で違う場合
（直付け器具の例）

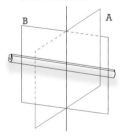
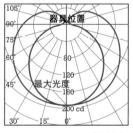

(cd/klm)

図3.1.01　配光曲線の例と捉え方

被照点の明るさを知るには？

照明器具から放たれたある方向の光の強さは**光度**、その光があたった**被照点**に入る光の量が**照度**となります（p.10／図1.1.01）。配光曲線から光度値を読み取ることができれば、光があたった被照点の照度を計算することができます。その計算方法を**逐点法**といい、図3.1.02にその考え方を示します。(O)点から直下方向に放たれた光：I(cd/カンデラ)が、h(m)離れた(P)点にあたった照度：E_h1(lx/ルクス)と(O)点から鉛直角θ方向に放たれた光：I_θ(cd)による(Q)点の照度：E_h2(lx)を求める方法です。

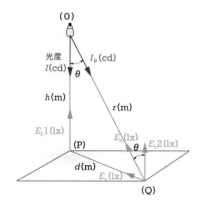

図3.1.02　逐点法の考え方

光度：Iが直下方向の(P)点に入射する場合の水平面照度：E_h1は、光度：Iを距離：hの2乗で割ると求めることができます。これを**距離の逆2乗の法則**といいます。よって直下方向の場合、法線照度は水平面照度と等しくなります。

$$E_h1 = \frac{I}{h^2} \quad \cdots\cdots\cdots\cdots\cdots\cdots\cdots\cdots\cdots [1]$$

I：光度(cd)

h：光源から被照点までの距離(m)

(Q)点に示すように照度値は、光を受ける方向によって異なります。机上などの水平面が受ける照度を**水平面照度**：E_h(lx)、水平面に垂直な照度を**鉛直面照度**：E_v(lx)、入射光に垂直な面が受ける照度を**法線照度**：E_n(lx)といいます。一般に照明基準総則(JIS Z9110：2010　追補2011)で示されている照度の目安は水平面照度ですが、ひげそりや化粧を行う洗面においては、顔の高さの鉛直面照度が目安となっています。

次に(O)点からθの角度を持つ光度：I_θが(Q)点に入射する場合の法線照度：E_nと水平面照度：E_h2、鉛直面照度：Evは、三角関数を用いて次式で算出することができます。

E_n：法線照度　　$E_n = \dfrac{I_\theta}{r^2}$

E_h2：水平面照度　$E_h2 = \cos\theta\,\dfrac{I_\theta}{r^2}$

E_v：鉛直面照度　$E_v = \sin\theta\,\dfrac{I_\theta}{r^2}$

I_θ：光度(cd)

r：光源から被照点までの距離(m)

また式[1]より1mの照度の値は、光度の値と等しくなることがわかります。

配光データの活用方法

照明メーカーが提供する配光特性を示すデータの総称を**配光データ**といいます。照明メーカーによっては、前述の**配光曲線図**ではなく、光の広がりと照度を読み取りやすくした**直射水平面照度図**を提供している場合もあります（p.45／図2.2.02 B）。

特に建築照明用器具を選定する場合、これらの配光データをいかに読み取るかが重要となります。3D照明計算を行う際にも配光データを比較することで、おおよその器具を選定する必要があります。

図3.1.03に同じダウンライトの配光曲線図と直射水平面照度図を紹介します。光度値で構成される配光曲線図には、**1/2ビーム(光度)角**、照度値で構成される直射水平面照度図には、**1/2照度角**が示されています。1/2ビーム角と1/2照度角は、照射対象に応じて使い分けられます。

1/2ビーム角の光の広がりは、集光の度合いを示し、見た目の照射範囲に近いといわれています。そのため**局部照明**として用いるダウンライトやスポットライトなどでは、照射対象の大きさに応じて、1/2ビーム角の光の広がりを参考に器具選定を行います。

1/2照度角の光の広がりは、**全般照度**として均一な明るさを得たい場合に用います。図2.2.02 B(p.45)で紹介したように光が拡散するベースダウンライトなどの器具では、直射水平面照度図に1/2ビーム角だけでなく1/2照度角とその広がりが示されています。

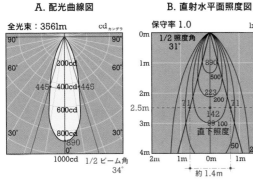

A. 配光曲線図

全光束：3561m   cd カンデラ

90° | 90°
60° | 200cd | 60°
445 — 400cd — 445
600cd
30° | 800cd | 30°
890
0°
1000cd   1/2ビーム角 34°

B. 直射水平面照度図

保守率 1.0   lx ルクス

0m
1/2 照度角 31°
1m | 890 | 500
2m | 223 | 200
2.5m | 71 | 142 | 71
3m | 99 100 | 直下照度
4m | 50 | 20
2m | 1m | 0m | 1m | 2m
約1.4m

図3.1.03　配光曲線図と直射水平面照度図の例

図3.1.03 Aの配光曲線図は、1本の線で描かれているため、どの断面でも光度値は等しく、中心光度は最大光度であることがわかります。またBの直射水平面照度図では、1m直下の照度は890lxのため、式[1]より最大光度は890cdと読み取ることができます。

以下に1/2ビーム角の広がりと1/2照度角の活用方法を解説します。

①1/2ビーム角の光の広がり

図3.1.03 Aの配光曲線図の最大光度は890cdのため、1/2の光度値は445cdとなります。器具の中心と配光曲線上の445cdの点をそれぞれ結んだ2本の線がつくる角度を1/2ビーム角といい、約34度であることがわかります。

図3.1.04に1/2ビーム角がθで、照明器具からの距離がrmの場合、1/2ビーム角の光の広がりLmを算出する方法を示します。

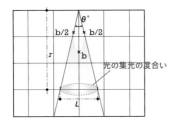

図3.1.04　1/2ビーム角の光の広がり

$$L = \tan\frac{\theta}{2} \times 2r \cdots\cdots\cdots\cdots\cdots[2]$$

L：1/2ビーム角の光の広がり(m)

θ：1/2ビーム角(°)

r：照明器具(光源)からの距離(m)

図3.1.03 Aの配光曲線図の場合、2.5m直下におけ

る1/2ビーム角の光の広がりは、式[2]より、以下の通り、約1.53mと求めることができます。よって天井高が2.5mで1灯のみで照らした場合、床面の光の広がりの直径は、約1.53m程度に見えることがわかります。

$$L = \tan\frac{34°}{2} \times 2 \times 2.5 ≒ 1.53\text{m}$$

②1/2照度角の光の広がり

図3.1.03 Bの直射水平面照度図において、直下照度の1/2となる左右の照度値と器具を結んだ2本の線がつくる角度が1/2照度角となります。

図3.1.03では2.5m直下の照度は、式[1]より、以下の通り約142lxと計算することができます。よって1/2照度角のラインの交点は、71lxとなります。さらに71lxとなる光の広がりは横軸において約1.4mであると読み取ることができます。よって天井高が2.5mの場合、1.4m間隔に設置すると142lx程度の均一な明るさを得ることができます。

$$E_\mathrm{h}1 = \frac{890}{2.5^2} = 142.4$$

平均照度の計算方法

図1.3.04(p.29)の住宅における行為と推奨照度の目安として紹介した**全般照度**は、**逐点法**で算出する被照点の照度ではなく、**基準面**の**平均照度**を示します。基準面は必ずしも床面ではなく、視作業を行う場合は机上面として、床上0.7〜0.8m、和室の場合は座業面として、床上0.4mなど、行為に応じて設定します。平均照度を計算する方法を**光束法**といい、式[3]を用います。

$$\text{平均照度} \quad E = \frac{F \times N \times U \times M}{A} \cdots\cdots\cdots\cdots[3]$$

$$\text{所要個数} \quad N = \frac{A \times E}{F \times U \times M} \cdots\cdots\cdots\cdots[4]$$

E：平均照度(lx)

F：器具(光源)光束(lm)

A：床面積(m²)

N：器具(光源)の個数

U：照明率(固有照明率：u)

M：保守率

照明器具が持っている光の量である光束(F)に器具の

個数（N）と照明率（U）、保守率をかけて、室の面積で割ると平均照度を計算することができます。また式[4]のように目安とする平均照度を確保するのに必要な器具の個数を算出する方法としても用いることが可能です。

①室指数の考え方

直射水平面照度図では、1灯の器具による被照点の照度を把握することができますが、図3.1.05のように実際には直射光（❶）だけでなく、床や壁、天井などで反射を繰り返した反射光（❷）も加わります。このように作業面に入射する光束の和がどの程度あるかを示す割合を**照明率**といいます。

照明率は、室の間口や奥行、光源と作業面との距離によって異なります。よってこの3つ（間口、奥行、光源と作業面との距離）の関係を表したものを**室指数：K（Room Index）**といい、式[5]で算出することができます。一般に天井が低い場合や間口と奥行が広い場合は室指数が大きく、天井が高い場合や間口と奥行が狭い場合は室指数が小さくなります。図3.1.05に示すのは室指数の求め方です。

$$K = \frac{X \times Y}{H(X+Y)} \cdots\cdots\cdots\cdots\cdots[5]$$

X：間口（m）

Y：奥行き（m）

H：照明器具から作業面までの高さ（m）

反射率
天井：70%　壁：50%　床：10%

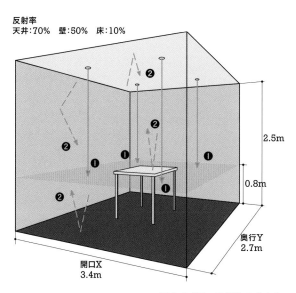

2.5m

0.8m

奥行Y
2.7m

開口X
3.4m

図3.1.05　室指数の求め方

照明器具から作業面までの高さ：H（m）は、床面の明るさを確認したい場合は2.5m、視作業面の場合は、2.5m

$-0.8\,\mathrm{m}=1.7\,\mathrm{m}$となります。平均照度を算出する基準面をどの高さに設定するかによって、室指数は変わります。

$$2.5\,\mathrm{m}の場合\ K1 = \frac{3.4 \times 2.7}{2.5 \times (3.4+2.7)} ≒ 0.6$$

$$1.7\,\mathrm{m}の場合\ K2 = \frac{3.4 \times 2.7}{(2.5-0.8) \times (3.4+2.7)} ≒ 0.89$$

②照明率の考え方

照明率には2種類あり、**照明率：U**と**固有照明率：u**で表現され、作業面に入射する全光束が、光源光束または器具光束に対する割合なのかの違いです。従来光源の場合は、光源と器具では、メーカーが異なる場合も多く、器具の違いによって**器具効率**が変わることもありました。器具から光源の光束がどの程度出ているかの割合を器具効率といい、照明率（U）を器具効率で割った値が固有照明率（u）となります。

$$照明率（U）= \frac{作業面に入射する全光束（lm）}{光源光束（lm）}$$

$$固有照明率（u）= \frac{作業面に入射する全光束（lm）}{器具光束（lm）}$$

$$器具効率 = \frac{器具光束（lm）}{光源光束（lm）}$$

$$固有照明率\,u = \frac{照明率\,U}{器具効率}$$

LED照明の普及によって、光源と器具が一体化された照明器具が主流となった昨今は、LED電球の場合もメーカー指定による適合電球が示され、器具効率を加味した固有照明率表が用いられる場合が多いようです。

図3.1.06に、図3.1.03で配光データを示したダウンライトの固有照明率表を示します。縦軸の室指数と横軸の内装材の反射率の組み合わせが交差するマスの固有照明率の数字を読み取ります。

天井		70%			50%		
壁		70%	50%	30%	70%	50%	30%
床		10%			10%		
室指数 K	0.60	0.85	0.80	0.76	0.84	0.79	0.75
	0.80	0.90	0.85	0.81	0.89	0.84	0.81
	1.00	0.95	0.90	0.86	0.93	0.89	0.86
	1.25	0.98	0.94	0.91	0.96	0.92	0.90
	1.50	1.00	0.96	0.94	0.98	0.95	0.93
	2.00	1.03	1.01	0.98	1.01	0.99	0.97

図3.1.06　固有照明率表の例

例えば図3.1.05の空間の反射率は天井で70％、壁50％、床10％のため、室指数が0.6の場合、横軸の反射率の組み合わせが交差するマスの固有照明は0.80となります。また室指数が0.89の場合は、室指数0.8と1.0の間となるため、約0.87と推定することもできます。室指数の数字や反射率の組み合わせはメーカーによっても異なるため、近い数字で推定します。

③保守率の考え方

照明器具は初期が最も明るく、その後徐々に明るさは低下します。経年変化による光源自体の劣化やほこりなどの汚れによる劣化をあらかじめ見込んでおく係数を**保守率**（M）といい、以下の式で算出することができます。

M：保守率$= M_1 \times M_d$

M_1：光源の設計光束維持率

M_d：照明器具の設計光束維持率

従来光源の場合、白熱電球は**光束維持率**が比較的高く、蛍光ランプや高圧ナトリウムランプは、光束維持率が低かったため、使用する光源によって保守率はかなり差がありました。

なお一般にLED照明の寿命は、従来光源のようにすぐに不点になるわけでなく、点灯時間とともに徐々に光束が減少します。LED照明器具の定格寿命は、4万時間または6万時間が主流となっています。例えば1日の点灯時間を10時間で想定すると4万時間の場合で約10年、6万時間の場合で約15年程度は使用可能ということになります。

このLED照明の**定格寿命**は、JIS C 8105-3：2011「照明器具— 第3部：性能要求事項通則」より、"LEDモジュールが点灯しなくなるまでの総点灯時間又は全光束が、点灯初期に測定した値の70％に下がるまでの総点灯時間のいずれか短い時間"と定義されています。よってLED照明の場合、光源の設計光束維持率（M_1）を70％と設定し、器具の設計光束維持率（M_d）が加味された点灯経過時間ごとの保守率（M）の目安が作成されています[8]。図3.1.07に定格寿命4万時間と6万時間別の保守率を紹介します。縦軸に照明器具の種類、横軸に点灯経過時間と周囲環境を組み合わせて、交差するマスの数字を**保守率**として読み取ります。

ここで図3.1.05の空間において、図3.1.03と図3.1.06の配光データの特性を持つダウンライトを4台設置した場合の床上0.8mを基準面とする平均照度を式[3]を用いて計算してみます。定格寿命は4万時間で、周囲環境は「良い」の設定の場合、ダウンライトは下面開放形器具のため、図3.1.07より保守率は0.67で設定します。

F：器具光束　356lm　（図3.1.03(a)配光曲線より）

A：床面積　3.4m×2.7m　（図3.1.05より）

N：器具の個数　4個　（図3.1.05より）

u：固有照明率　0.87　（図3.1.06より）

M：保守率　0.67　（図3.1.07より）

$$E = \frac{356 \times 4 \times 0.87 \times 0.67}{3.4 \times 2.7} \fallingdotseq 90.4 \text{lx}$$

上記計算結果より、床上0.8mにおける平均照度は約90lxと求めることができました。

LED光源の定格寿命＝40,000時間の場合
＜屋内 / 屋外＞

点灯経過時間 / 周囲環境 / 照明器具の種類	10,000時間			20,000時間			40,000時間		
	良い	普通	悪い	良い	普通	悪い	良い	普通	悪い
露出形	0.91	0.88	0.83	0.83	0.81	0.77	0.69	0.67	0.63
下面開放形（下面粗いルーバ）	0.88	0.83	0.74	0.81	0.77	0.68	0.67	0.63	0.56
簡易密閉形（下面カバー付）	0.83	0.79	0.74	0.77	0.72	0.68	0.63	0.60	0.56
完全密閉形（パッキン付）	0.91	0.88	0.83	0.83	0.81	0.77	0.69	0.67	0.63

※清掃間隔1年の場合
※周囲環境の目安
　良い：じんあいの発生が少なく、常に室内の空気が清浄に保たれている場所。
　普通：一般に使用される施設、場所。水蒸気、じんあい、煙などがそれほど多く発生しない場所。住宅一般。
　悪い：水蒸気、じんあい、煙などを大量に発生する場所。

LED光源の定格寿命＝60,000時間の場合
＜屋内 / 屋外＞

点灯経過時間 / 周囲環境 / 照明器具の種類	10,000時間			20,000時間			40,000時間			60,000時間		
	良い	普通	悪い	良い	普通	悪い	良い	普通	悪い	良い	普通	悪い
露出形	0.93	0.90	0.86	0.88	0.86	0.81	0.78	0.76	0.72	0.69	0.67	0.63
下面開放形（下面粗いルーバ）	0.90	0.86	0.76	0.86	0.81	0.72	0.76	0.72	0.64	0.67	0.63	0.56
簡易密閉形（下面カバー付）	0.86	0.81	0.76	0.81	0.77	0.72	0.72	0.68	0.64	0.63	0.60	0.56
完全密閉形（パッキン付）	0.93	0.90	0.86	0.88	0.86	0.81	0.78	0.76	0.72	0.69	0.67	0.63

※清掃間隔1年の場合

図3.1.07　LED照明器具の保守率 M

---

[8]　照明学会技術指針「照明設計の保守率と保守計画 第3版 −LED対応増補版−」 JIEG-001(2013)

なおLED照明は長寿命のため、保守率を低く見込むと明るくなりすぎる心配があるので、調光機能を併用するなど、適正な明るさに調整できるようにしておくことも重要です。

照度の測定方法

p.41では空間の明るさ感の捉え方として図2.1.02で照度計と図2.1.03で輝度画像の測定例を紹介しましたが、ここでは照度の測定方法について解説します。

①照度計の使い方

図3.1.08のような照度を測る計測器を**照度計**といいます。白い部分が受光部で、キャップをした状態で0(ゼロ)補正を行い、キャップを外して照度を測定します。被照射面に対する受光部の角度によって、**水平面照度、鉛直面照度、法線照度**を測定することができます。照度計の性能は、JIS C1609-1:2006で規定され、一般形精密級、一般形AA級、一般形A級、特殊形照度測定器の4つに分類されています。価格の差もありますが、照明設計業務で使用する場合は、一般形に準拠している照度計を使用することが望ましいです。

0補正(キャリブレーション) 測定時

受光部

図3.1.08　照度計の例

照度の計測は被照点ごとのため、全般照度としての平均照度を測定する場合は、図3.1.09に示す測定方法を用います。この測定方法は、JIS C 7612:1985、「照度測定方法」に規定されている方法です。

一般的にはAの4点法による平均照度算出法を用いる場合が多いのですが、一室一灯照明方式の場合は、4点法に中央の1カ所を加えた5点法によって測定します。測定範囲が広い場合は、Bの多数の単位区域が連続するときの平均照度の算出法によって測定を行います。室のコーナーの隅点、壁際の辺点は、壁からの反射を加味した平均照度の計算式となっています。

②照度測定の注意点

測定点の位置については、照明対象施設の使用目的によって測定範囲を決めます。図3.1.09Bのように測定範囲をおよそ等しい大きさの面積に分割して、分割線の交点を測定点にします。

なお**測定面の高さ**は、室内に机や作業台などの作業対象面がある場合は、その上面または上面から5cm以内の仮想面とします。特に指定のない場合は、床上80±5cm、和室の場合は畳上40±5cm、廊下、屋外の場合は、床面または地面上15cm以下とします。

測定時の注意点として、測定者が受光部に対して影を落とさないようにすることが重要です。受光部を分離できる照度計やホールド機能(測定値固定表示)がある場合は、測定者による影響を軽減することが可能です。

さらに測定者の衣類が白っぽい場合、その衣類からの反射光が加わる可能性もあるので、黒っぽい衣類を着用するなどの配慮も必要です。

A. 4点法による平均照度算出法

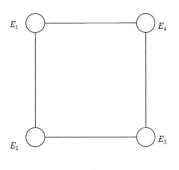

$$E = \frac{1}{4} \Sigma Ei$$

B. 多数の単位区域が連続するときの平均照度の算出法

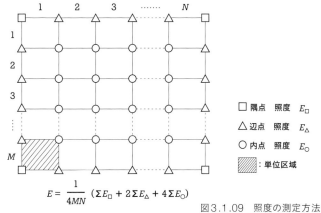

□ 隅点　照度　$E_\square$
△ 辺点　照度　$E_\triangle$
○ 内点　照度　$E_\bigcirc$
▨：単位区域

$$E = \frac{1}{4MN}(\Sigma E_\square + 2\Sigma E_\triangle + 4\Sigma E_\bigcirc)$$

図3.1.09　照度の測定方法

3.2 3Dの検証でわかる照明効果

 ## 3D照明計算ソフトの活用方法

　照明効果の良し悪しは、照度の数値で評価できるものではなく、空間全体での明るさのバランスや視覚的な見え方を確認することが重要です。また実際の照明器具の配光データも世界共通の電子フォーマット化が進み、3DCGや3D照明計算ソフトなどに取り込むことで、よりリアルな照明効果を表現できるようになっています。

　よって本節では、照度や輝度などの明るさの確認だけでなく、より照明効果のイメージを共有できる3D照明計算ソフトの使用方法を紹介します。

3D照明計算とは

　本書内の図では、**3D照明計算ソフト**を使用した結果をたくさん紹介しています。使用したソフトは、**DIALux evo**です。ドイツのDIAL社が開発した照明設計アプリケーションソフトです。欧州の照明メーカーが主流ですが、世界中の照明メーカーが照明器具の**プラグイン**を提供しています。プラグインとは、DIALux evoで使用可能な照明メーカーの配光データのことで、カタログの役割も持ち、このプラグインのデータは、アプリケーションソフトを開く際に常に新しい更新データをダウンロードすることができます。またプラグインの場合、DIALux evo に照明器具のデータをダイレクトに取り込むことができます。なお照明メーカーによっては、器具のリアルな形状も再現することが可能です。

　3D照明計算ソフトを使用する最大のメリットとは、建築材料の色や反射率を設定できることです。空間としての"明るさ感"は、内装材の**反射率**の影響が大きいため、その反射率の効果を加味しながら照明計算を行えることは、より的確な照明計画を行う上で重要なプロセスとなります。

配光データの取り込み

　3D照明計算ソフトを使用する場合、前述のプラグインの他にも配光データを取り込む方法があります。国内の照明メーカーでプラグインを提供している企業はまだ少ないため、国内照明メーカーの場合は、各社のホームページから照明器具の品番を入力すると配光データの電子フォーマットである**IESファイル**をダウンロードできます。

●IESファイルとは

　照明計画で使用する照明器具の**配光データ**を3D照明計算ソフトに取り込む際に使用するのが、**IESファイル形式**です。IESファイルは、図3.1.01（p.86）で紹介した照明器具の**配光曲線**（フォトメトリックデータ）の3次元情報をテキストデータとして取り扱えるようにしたファイル形式で、北米照明学会（IESNA：Illuminating Engineering Society of North America）によって定められた規格です。世界中の多くの照明メーカーが、配光データを提供する際に使用しているファイル形式です。

●ULDファイルとは

　IESファイルは配光データの3次元情報のため、配光データ自体の形状は取り込めるものの、器具の形状は円筒形や直方体などごく簡単な形状しか作成することができません。

　一方**ULDファイル形式**は、器具形状の情報も含まれたデータです。ヨーロッパの照明メーカーは、IESファイルとULDファイルの両方を提供する場合も少なくありません。

照度計算の検証

　前節では**逐点法**を用いた被照点における照度の計算方法および**光束法**を用いた基準面における平均照度の計算方法を紹介しました。**3D照明計算ソフト**を用いると、点の照度も、基準面における平均照度も、一度に計算することができます。

　図3.1.05の空間において、図3.1.03の配光データを持つダウンライト（D1）を4台設置した場合、光束法で計算した平均照度は約90lxでした（p.90）。図3.2.01に同じ

計算条件で、DIALux evoを使用して3D照明計算を行った結果を示します。

光束法で計算する場合、室指数によって室の大きさや反射率を加味することはできますが、机などの家具の反射率の影響は反映させることができません。よって図3.2.01では、机の反射率をAの10％とBの80％の場合で比較を行ってみました。

光束法と同様に計算面をH＝0.8m高さで設定して、**水平面照度分布図**と**3D輝度分布図**を比較してみます。水平面照度分布図とは、同一照度となる点を結んだ**等照度曲線**を平面上に表した図です。

ダウンライト（D1）の真下が明るく、机の反射率にかかわらず、床から0.8mの高さでは、200lx程度の照度が出ていることがわかります。平均照度も反射率にかかわらず100lx弱の照度となり、光束法の計算値よりも少し明るい結果となりました。水平面の平均照度だけであれば、光束法でも計算はできます。しかし、3D輝度分布図を比較してみると机上面の反射率が高い方が壁面や天井面も明るくなり、視覚的な明るさの違いは、光束法による照度計算では確認できないことがわかります。

照明器具の明るさだけでなく、インテリアとの組み合わせによって照明効果が変わることは、照明計画の難しさでもあり、面白さでもあります。3D照明計算ソフトの活用は、より実際的な照明計画を行うための第一歩です。

A. 机の反射率：10％の場合

水平面照度分布図（H＝0.8m）

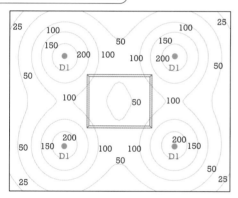

平均照度：97.3lx　最小照度：17.3lx　最大照度：2171lx

3D 輝度分布図

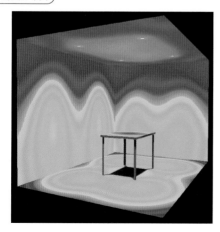

・計算条件　反射率　天井：70%　壁：50%　床：10%
　　　　　　保守率　67%

B. 机の反射率：80％の場合

水平面照度分布図（H＝0.8m）

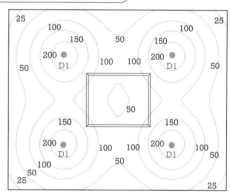

平均照度：98.8x　最小照度：18.3lx　最大照度：2191lx

3D 輝度分布図

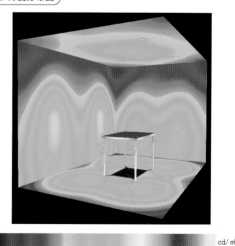

0.1　0.2 0.3 0.5　1　2　3　5　10 1000 15000　cd/㎡

図3.2.01　DIALux evoを使用した3D照明計算ソフトによる照度計算結果

DIALux evo でできること

図3.2.02に3D照明計算の流れを示します。まずp.96の手順で①の建築または土木構造物のモデリングを行います。すでに作成された3Dデータがある場合は、3Dデータを読み込んで、②の照明の設定から行うことも可能です。

本書では照明効果を的確に予測できるように3D照明計算の事例を掲載していますので、実際のDIALux evoの使用マニュアルを図3.2.02の流れに合わせて、解説します。

なおDIALux evoは2021年6月時点のバージョンです。アップデートされるとここで紹介している操作方法と異なる点も出てくるかと思いますが、ご了承ください。

DIALux evoを起動すると、下図の画面が現れます。最初に「新しいプロジェクトの作成」から、作成方法を選択します。「野外と建物の設計」では、まずシミュレーション対象となる敷地や建物の外形、各フロアから、部屋へと作成していきますが、「部屋の設計」では、部屋からフロア、建物の外形へと作成していきます。作成開始時のアプローチに違いがあるのみで、両者の機能に違いはありません。DIALuxでは、野外やフロアごとの作成はできないため、DIALux経験者には後者のほうが馴染み易いかもしれません。

❶ 構造物（建物・土木構造物）のモデリング

⬇

❷ 照明の設定

⬇

❸ 計算オブジェクトの設定

⬇

❹ 計算結果の書き出し

⬇

❺ ドキュメントの作成

図3.2.02　3D照明計算の流れ

他のアプリケーションで作成されたデータを利用する場合には、「プランまたはIFCの読み込み」を選択します。直方体のようなシンプルな形状の一部屋のシミュレーションを行う場合は、「簡単な屋内設計」を選択します。

一度作成すると「既存のプロジェクトの編集」からファイル名で選択することもできます。

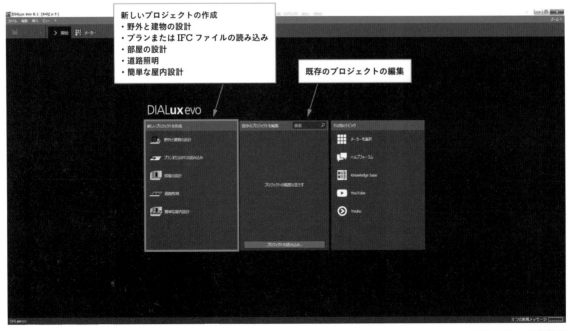

新しいプロジェクトの作成
・野外と建物の設計
・プランまたはIFCファイルの読み込み
・部屋の設計
・道路照明
・簡単な屋内設計

既存のプロジェクトの編集

図3.2.03　起動画面

操作画面の説明

操作画面の構成を説明します。DIALux evoでは、まず上段横にあるモード選択バーに着目してください。❶構造❷照明❸計算オブジェクト❹書き出しと、モードごとに左端縦のツールバーの内容が連動し、とそれにともなうアクティビティが変化します。おもな画面操作の要素について図3.2.04に示し、次頁以降で操作項目ごとに解説していきます。

モード選択バー

ビュー選択バー（CADウィンドウに表示する内容）
左側では、「敷地」「建物」「フロア」「各部屋」から選択可能
右側では、「3D」「平面」「立面（4方向）」から選択可能

画面操作・ズームやメジャー・座標体系のリセット

計算開始・計算結果・計算の設定など

計算結果を一覧を表示する

表示オプションを設定する

CADウィンドウ
この画面上でクリック・ドラッグなどをすることで、建物・オブジェクト・照明などのモデリング・設定などが可能

ツールバー

アクティビティ
ツールバーで選択したツールやCADウィンドウで選択した対象物に応じ、詳細を設定するエリア
例えば窓の大きさや照明器具の位置などもここで設定する

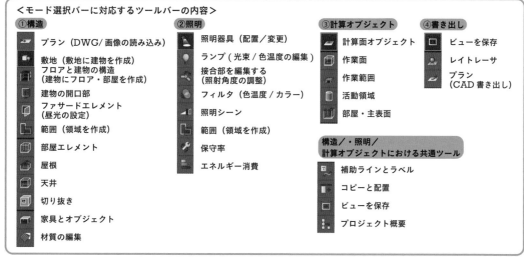

＜モード選択バーに対応するツールバーの内容＞

①構造
- プラン（DWG/画像の読み込み）
- 敷地（敷地に建物を作成）
- フロアと建物の構造（建物にフロア・部屋を作成）
- 建物の開口部
- ファサードエレメント（昼光の設定）
- 範囲（領域を作成）
- 部屋エレメント
- 屋根
- 天井
- 切り抜き
- 家具とオブジェクト
- 材質の編集

②照明
- 照明器具（配置/変更）
- ランプ（光束/色温度の編集）
- 接合部を編集する（照射角度の調整）
- フィルタ（色温度/カラー）
- 照明シーン
- 範囲（領域を作成）
- 保守率
- エネルギー消費

③計算オブジェクト
- 計算面オブジェクト
- 作業面
- 作業範囲
- 活動領域
- 部屋・主表面

④書き出し
- ビューを保存
- レイトレーサ
- プラン（CAD書き出し）

構造/・照明/計算オブジェクトにおける共通ツール
- 補助ラインとラベル
- コピーと配置
- ビューを保存
- プロジェクト概要

図3.2.04　操作画面の説明

3章

照明効果が一目でわかる！3Dで照明計算

95

❶構造物（建物・土木構造物）のモデリング

まず「構造」では、建物や建物周辺の外構、各種オブジェクト（家具や樹木など）、道路や橋などの土木構造物など、シミュレーションの対象となる空間を3Dで作成します。各部材表面の色（**反射率**）やテクスチャー（**反射特性**）などもここで設定します。

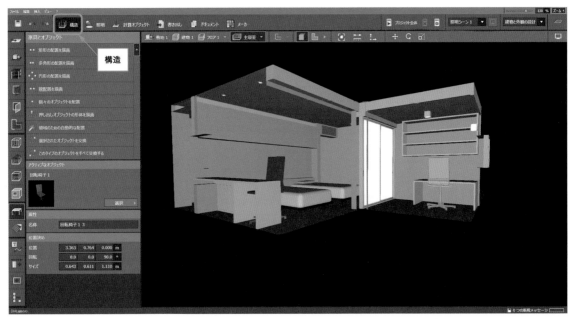

図3.2.05　構造物のモデリング

❷照明の設定

シミュレーション空間内に照明器具を配置します。図中の黄色い形状は、各器具の**配光データ**を示しています。光源の**光束値**や**色温度**などもここで詳細に設定できます。

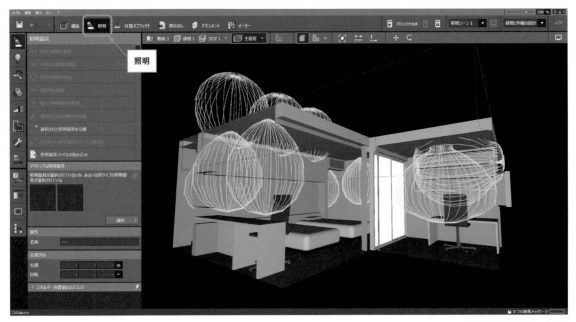

図3.2.06　照明の設定

❸計算オブジェクトの設定

計算結果を算出するための任意の点や面を設定できます。また算出する項目として、水平面照度、鉛直面照度、UGR（屋内統一グレア評価値／Unified Glare Rating）などの設定も行えます。部屋やオブジェクトの表面では、照度・輝度が自動的に計算されます。別の計算面も複数設定でき、照度分布図を等照度曲線として書き出すことも可能です。

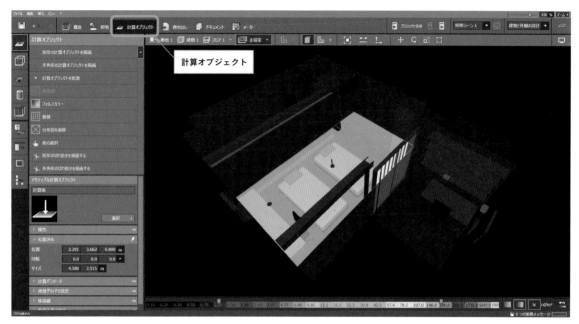

図3.2.07　計算オブジェクトの設定

❹計算結果の書き出し

シミュレーション結果を図として書き出したり、CADデータで書き出したりできます。また、レイトレーシング（屈折や反射効果の処理）の起動によって、ガラスや鏡面などへの映り込みなどを反映したレンダリングイメージを作成することも可能です。

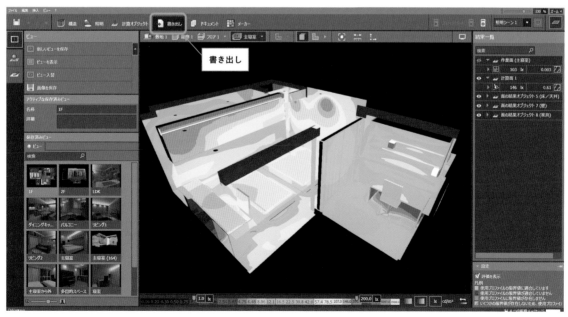

図3.2.08　計算結果の書き出し

❺ドキュメントの作成

　シミュレーションの内容や結果をまとめ、報告書として書き出すことができます。報告書に掲載する項目についての設定も可能です。

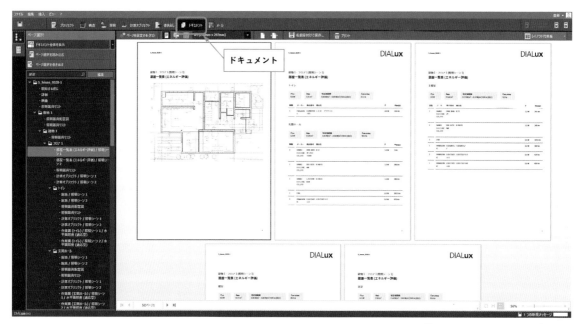

図3.2.09　ドキュメントの書き出し

操作方法 │ ❶構造物（建物・土木構造物）のモデリング

│STEP 1│ 1 プラン（平面図）の読み込み

　開始画面（p.94／図3.2.03）の〈プランまたはIFCファイルの読み込み〉から、作成したい平面図のCADデータを選択します。読み込み可能な図面形式は、jpegなどの画像データ、dxfやdwg形式のCADデータです。

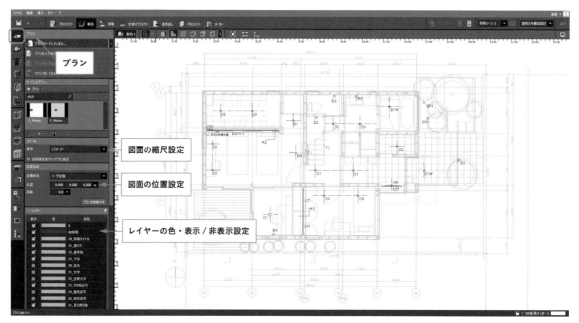

図3.2.10　プランの読み込み

図面の読み込みは必須ではありませんが、図面があると作成しやすくなります。複数階の建物であれば、各階の平面図を同じ位置になるように配置します。CADデータ上でレイヤーが分かれている場合は、レイヤーごとに線の色を指定することも可能で、使い勝手に応じて適宜色を使い分けることもできます。

STEP 1 ▶ 2　床エレメントの描画（敷地地面の作成）

　最初に、計画する建物や構造物が設置される敷地（地面）を作成します。概形だけ作成しておいて後で微調整することも可能です。

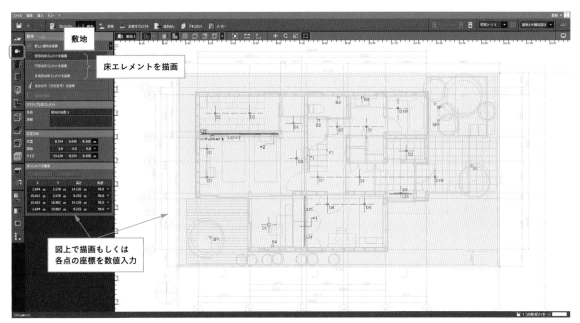

図3.2.11　敷地の作成

STEP 1 ▶ 3　建物1層目外壁の作成

　建物の1層目（1階）のアウトライン（外壁）を作成します。ここでも、概形だけ作成しておけば、後で微調整が可能です。

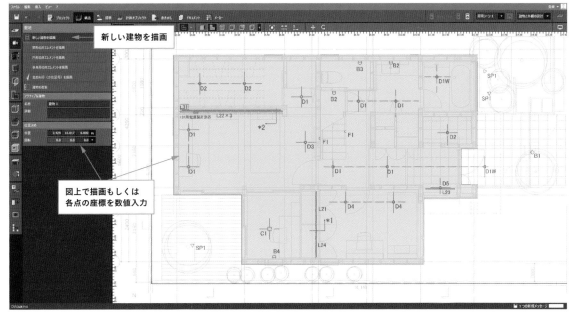

図3.2.12　外壁の作成

STEP 1 4 フロア高さ・床厚の設定、フロアの追加

作成した1層目の躯体天井高（フロア高さ）・床厚を設定します。2層目以降がある場合には、新しいフロアを追加もしくはフロアを複製し、同じ作業を繰り返します。

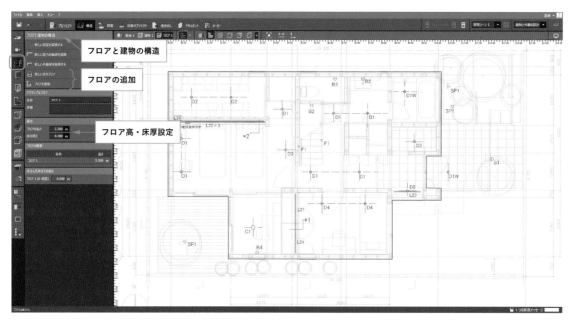

図3.2.13　フロアの作成

STEP 1 5 部屋の作成

作成したフロア内に、各部屋を作成していきます。部屋の輪郭は読み込んだデータの内側のラインで、点をドラッグしながら作成していきます。もしくは点の座標値を数字で入力することもできます。

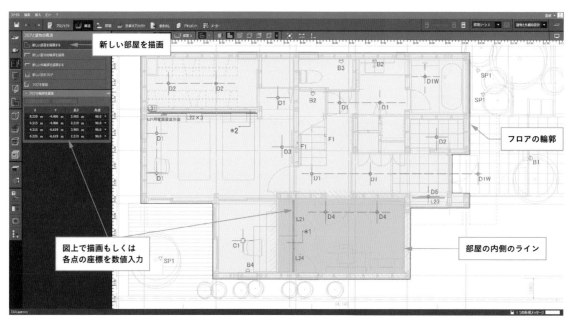

図3.2.14　部屋の作成

STEP 2 ﹣1 開口部の作成

各部屋の壁にドアや窓などの開口部を設置していきます。各開口部の大きさや床からの高さを設定します。

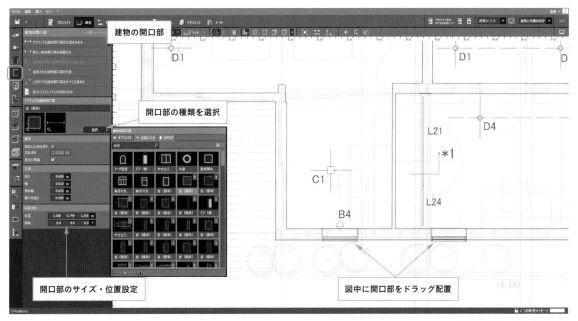

図3.2.15 開口部の作成

STEP 2 ﹣2 部屋エレメント(スロープ、柱、梁、段)の作成

室内のスロープ、柱、梁、段などの構造物を設置します。

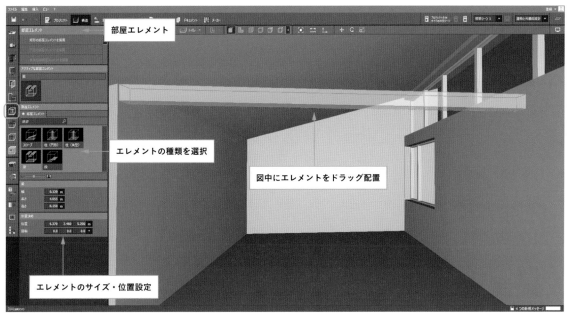

図3.2.16 部屋エレメントの作成

STEP 3 1 屋根の作成

屋根形状を指定します。デフォルトでは陸屋根（平らな屋根）ですが、必要に応じて屋根形状・厚み・各種角度なども設定します。勾配天井も作成可能です。

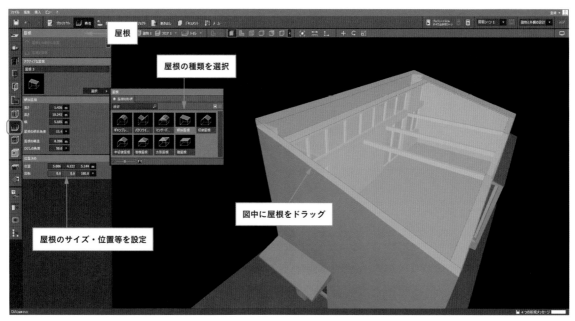

図3.2.17　屋根の作成

STEP 3 2 天井の作成

各部屋の天井を作成します。天井高や天井の厚みは数値入力で設定します。

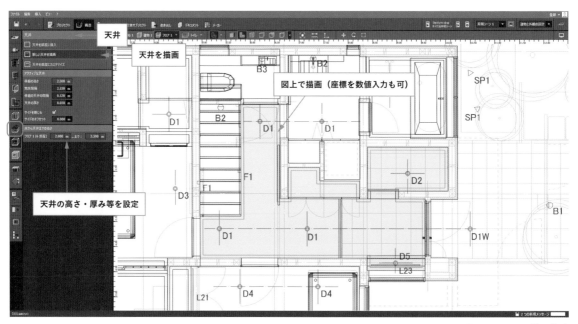

図3.2.18　天井の作成

STEP 3 3 切り抜きの作成

複数階で階段を作成する場合には、上階の床スラブに穴を開ける必要があります。このように、建物の構造に穴を開ける場合には〈切り抜き〉ツールを使います。床だけでなく天井や壁、スロープ、柱、梁、段などに開口や凹みを設けたい場合も同様です。

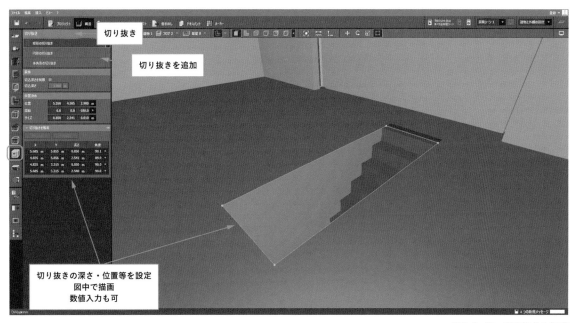

図3.2.19　切り抜きの作成

STEP 4 1 家具、オブジェクトの挿入

室内に家具や各種オブジェクトを配置します。直方体や球のような立体のほか、カタログにあるテンプレートのオブジェクトを配置することも可能です。家具メーカーなどが提供している3DSファイルを取り込むこともできます（ファイル>読み込み>3DSファイル）。

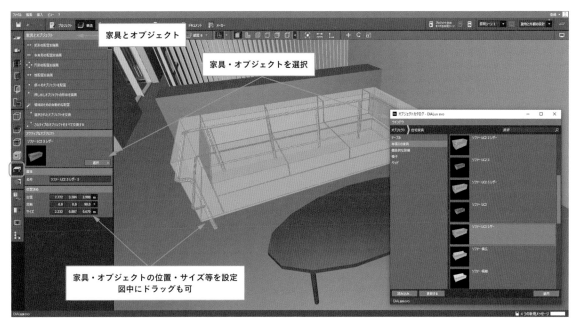

図3.2.20　家具・オブジェクトの挿入

3章

照明効果が一目でわかる！ 3Dで照明計算

色・テクスチャーの設定

　壁・床・天井などの構造物もしくは配置したオブジェクトの表面の色（反射率）、テクスチャー（反射特性）を設定します。色やテクスチャーについては、新たに作成することも、カタログから選択することも可能です。

図3.2.21　色・テクスチャーの設定

❷照明の設定

STEP 1 ❶　カタログから照明器具データの取り込み

　照明の設定を行うには、モード選択バーの『照明』に切り替えます。照明器具をモデリングで作成した仮想空間内に設置していく前に、照明器具のデータを取り込む必要があります。プラグイン（p.92）を用意しているメーカーなら、カタログから照明器具データを取り込むことができます。

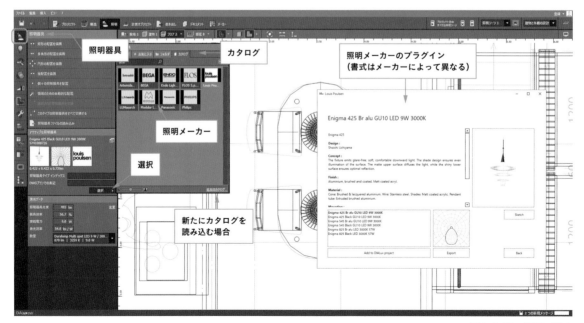

図3.2.22　照明の設定

　各照明メーカーが公開しているIESファイル（配光データ）を取り込んで、器具を配置することも可能です。保存されている
フォルダからIESファイルを読み込むことができるほか、直接IESファイルをクリックアンドドラッグで読み込むことができます。IES
ファイルを利用する場合は、器具や発光部のサイズなどを設定する必要があります。

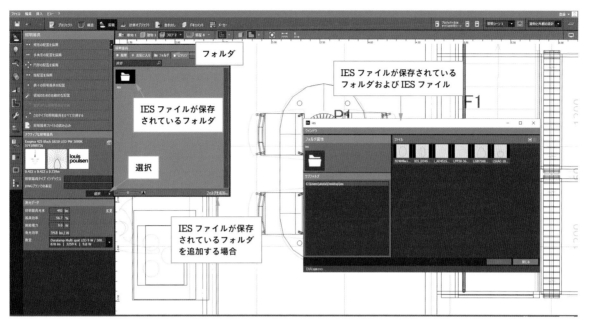

図3.2.23　IESファイルの取り込み方

　照明器具を配置していきます。CADウィンドウ内でクリック&ドラッグすること、簡単に位置調整ができます。もちろん、数値
入力によって位置を決めることも可能です。

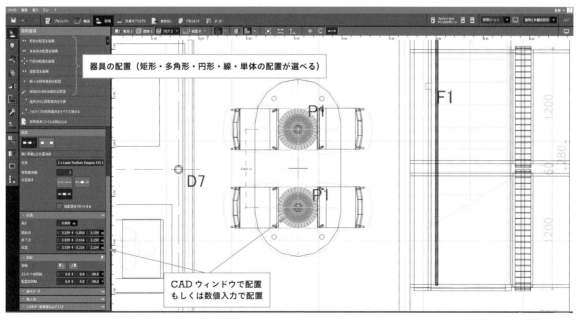

図3.2.24　器具の配置

　照明器具を変更する場合は、すでに配置した照明器具を他の器具に交換して再計算を行います。交換後の照明器具を選択する際には、事前にIESファイルを取り込んでおく必要があります（図3.2.23）。

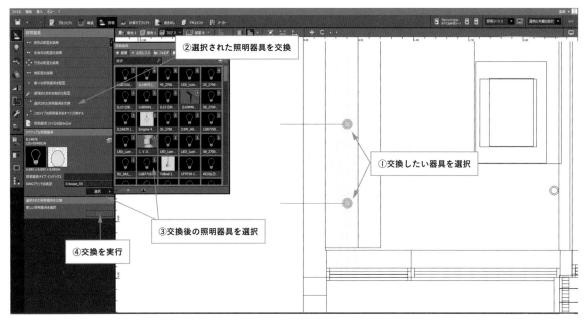

図3.2.25　器具の交換

　配置した照明器具を選択してから、ツールバーの〈ランプ〉をクリックすると、ランプの仕様を変更することができます。デフォルトで設定されていますが、後からランプの種類や光束、色温度などを変更することも可能です。

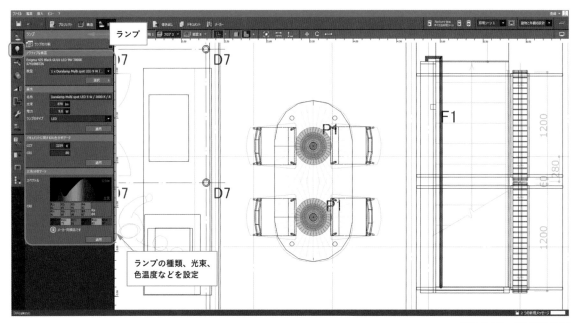

図3.2.26　ランプの設定

　同時に制御したい照明器具を〈照明グループ〉として登録し、グループごとに点滅、調光の設定を行います。昼光についても空の具合（昼光なし／晴れた空／中間値空／曇り空）、日時、場所を設定できます。上記の設定を『照明シーン』として登録し、複数のシーンを比較することもできます。

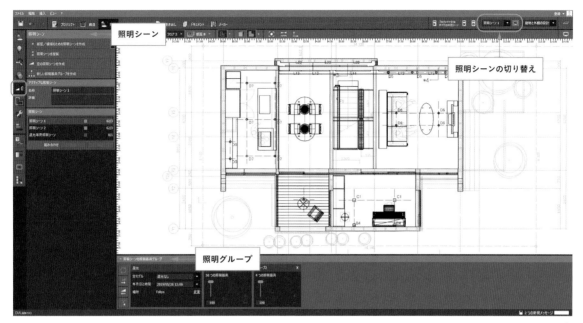

図3.2.27　照明シーンの設定

❸計算オブジェクトの設定

　計算オブジェクトでは、部屋の各面の照度や輝度、作業面（デフォルト設定では0.8 m高）の水平面照度（平均・最大・最小など）や照度分布図などが自動的に計算されます。あえて計算範囲を指定したい場合は、追加することも可能です。ここまで設定できれば、後は計算をスタートさせます。

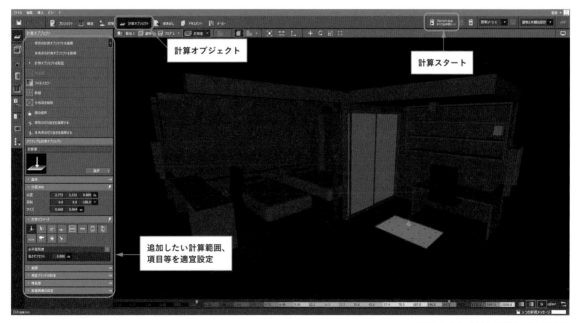

図3.2.28　計算オブジェクトの設定

❹計算結果の書き出し

STEP 1 結果一覧の表示

計算終了後に画面右上の〈結果一覧〉をクリックすると、画面右側に結果一覧が表示されます。

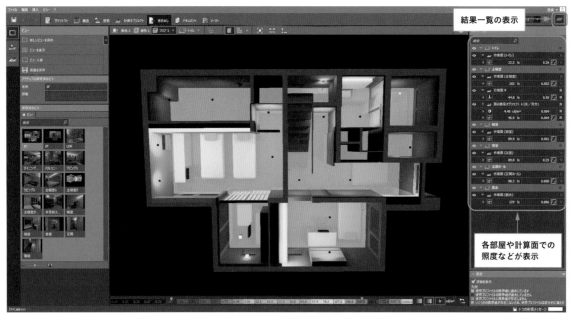

図3.2.29　計算結果の表示

STEP 2 画像（イメージ）の保存

CADウィンドウの視点を保存できるほか、計算した結果を画像（イメージ）として保存できます。表示オプションで〈フォルスカラーを表示する〉を選択すると、右図のように照度や輝度分布イメージも保存できます。

図3.2.30　画像の保存

STEP 3 レイトレース

レイトレースを行うと計算結果のイメージをより精密に表現しなおすことができます。金属の光沢やガラス面への映り込みなども再現できます。

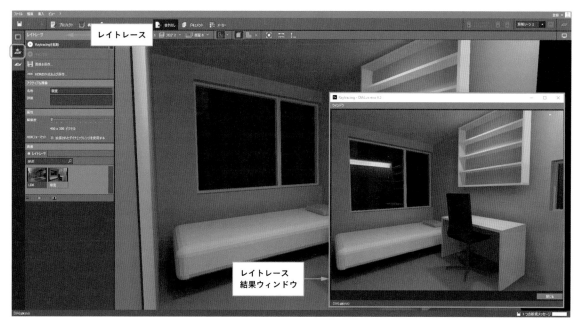

図3.2.31 レイトレース

STEP 4 プランの書き出し

シミュレーションした空間および照明器具の平面図（配灯図）を、CADデータ（DWG、DXF、DXB）で書き出すことができます。また計算結果の一覧表や、等照度曲線による照度分布図などを書き出すこともできます。

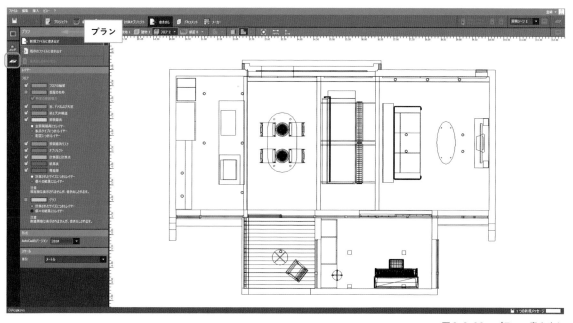

図3.2.32 プランの書き出し

3章

照明効果が一目でわかる！ 3Dで照明計算

109

❺ドキュメントの作成

ドキュメントの作成では、シミュレーション全般に関わる結果を出力することができます。出力したい内容も詳細に選択できます。おもな出力内容は、照明器具リスト、照明器具配置図、計算結果(設定した計算面ごと)などです。PDFファイルや印刷物として出力が可能です。

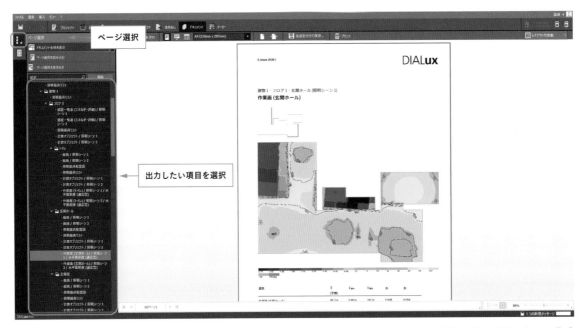

図3.2.33　ドキュメントの作成

照明器具リスト　　　　　　　　　　配灯図　　　　　　　　　　　計算面の照度分布図（等照度曲線）

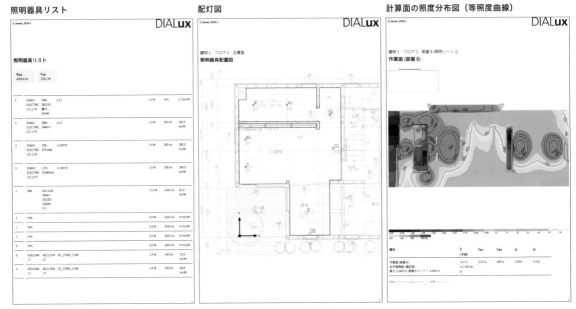

図3.2.34　出力結果例

照明計算結果と竣工後の比較

図3.2.35にDIALux evoを使用して、住宅の照明設計を行った事例を紹介します。上段が実際の竣工写真で、中段が照明効果のイメージ、下段が3D照度分布図を示しています。

AのリビングとBの寝室は同じ住宅で、1つのファイルにフロア別、部屋別に作成しています。おおむね想定通りの照明効果を得ることができました。このように3D照明計算を行いながら設計すると、内装の仕上げが変更となった場合や、照明手法や器具変更を行う際にも的確な変更提案が可能となります。

実際の竣工写真　　　　　　　　　　　A. リビング　　　　　　　　　　　　　　　　　　　　B. 寝室

3D照明計算による照明効果のイメージ

3D照度分布図

lx
0.1　0.2 0.3　0.5　　1　　2　　3　　5　　10　20 30 50　100　3001000　15000

3D照明計算ソフト DIALux evo9.2　保守率：0.8
反射率　天井：23%（左）70%（右）壁：50%　床：23%（左）30%（右）

図3.2.35　DIALux　evoを使用した住宅の照明設計例

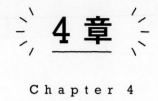

暮らし方を生かす
シーン別照明のテクニック

4.1 暮らしを支えるあかり

行為別に考える照明計画のポイント

在宅ワークなどで働き方も変化していくなか、住宅にはヒトが行う全ての行為があるといっても過言ではありません。住宅がオフィスになり、レストランやカフェにもなり、バーやホテルの雰囲気を味わうこともできたなら、暮らしの楽しみ方も変わるかもしれません。

本節では住宅照明の基本的なアプローチの方法として、行為別に暮らしを支えるあかりのテクニックを紹介します。1章から3章までの内容を活かしながら、より具体的な照明計画を行えるよう実際の器具の配光データを用いた3D照明計算を用いて、行為別の照明計画の考え方や照明パターン例も紹介します。照明パターンでは、配光の組み合わせ例と3D照度分布図によって、明るさのバランスについても把握できるようにします。

SCENE 1. 出迎える

商業施設などのエントランスでは、**ウェルカムライト**というコンセプトを提案することがあります。エントランスは、その施設の顔ともいえるエリアで、その施設の印象を左右します。出入り口としての明るさを得るだけでなく、その施設の印象を高め、さらに歓迎する雰囲気を演出することが重要です。

図4.1.01は玄関までのアプローチ照明例です。樹木のライトアップと足元照明を兼用した低ポール灯で、安全に玄関まで誘導できるようにしています。軒の目立たない位置にスポットライトも配し、外壁の素材感を強調しながら、暖かな雰囲気を高める演出をしています。

図4.1.01　玄関までのアプローチの照明例
建築設計：ランドアートラボ＋プランズプラス　撮影：大川孔三

出迎えるまたは帰宅する行為における内玄関の照明計画では、以下の4つのポイントを中心に解説し、それらを踏まえた4つの照明パターンを図4.1.03に示します。

①ほっとさせる
②飾る
③身支度ができる
④造作との調和

①ほっとさせる

帰宅時に暖かな光色の窓明かりが見えるだけでも安心した気持ちになります。ほっとする空間には、暖かな光の雰囲気づくりが重要です。ポイントは、電球色の**低色温度**を使用することです。さらに天井面を照らす建築化照明を加えると空間全体が暖かな光に包まれ（図4.1.03パターン1、4）、ほっとする雰囲気をつくりやすくなります。安全の観点では、上がり框上部に直接照明形配光のダウンライトを取り付けると、適度な陰影がつき、段差の視認性を高めることができます。また、家人と来客者の両方に光があたるので（図4.1.03パターン1、2、4）、お互いの顔も認識しやすくなります。

②飾る

内玄関では、下駄箱の上に花やアートなどを飾ることがあります。アクセント照明としての効果もありますが、ウェルカムライトとしての**アイキャッチ効果**も得られやすくなります。飾るものの照射対象に応じて照明手法や配光を選択しますが、全般照明よりも明るくする（図4.1.03パターン2）ことで、より目立たせることがポイントです。飾り棚用の局部照度は、住宅における行為と推奨照度の内玄関より、全般照度の2〜3倍ぐらいを目安とします（p.29／図1.3.04）。

③身支度ができる

内玄関は、身支度の最終確認の場所でもあります。ベンチがある場合(図4.1.03 パターン1)は、ベンチの上部に直接照明形配光のダウンライトを設置して、ベンチ全体と足元を照明すると靴の脱ぎ履きも行いやすくなります。姿見で身支度を確認する場合(図4.1.03　パターン3)は、鏡とヒトの間に直接照明形配光の照明器具を設置して、ヒトに光があたるように照射角度を振ることがポイントです。パターン3の例では、ユニバーサルダウンライトでヒトの方向を照らすように照射方向を変えています。住宅における行為と推奨照度より、鏡を見る場合の局部照度は、300〜750lxぐらいを目安とします(p.29／図1.3.04)。

④造作との調和

高い収納がある場合が多い内玄関では、上下の空間に建築化照明(図4.1.03 パターン4)を行う方法もあります。

遮光材を収納扉で兼用できるので、建築化照明の造作をつくるよりも施工費が抑えられます。足元照明はホテルのような高級感も得られます。

●足元照明の注意点

足元を照らす建築化照明の注意点は、床材の**光沢**です。光沢があると光を反射しやすく、照らされている効果があまり得られず、さらに隠した器具が映り込みやすくなります。このような場合、図4.1.02のAのように下向きではなく、Bの横向きに器具を取り付けることで、**映り込み**を回避することができます。注意点は、**カットオフライン**(p.61／図2.3.25)の確認です。(a)のように器具の遮光が浅い場合は、反対側の壁も照らしてしまうため、(b)のように床面の端にカットオフラインを合わせるようにします。

A. 下向きに取り付けた場合

B. 横向きに取り付けた場合

(a) 遮光が浅い場合

(b) 遮光が深い場合

光沢があると器具が映り込みやすい

カットオフラインが壁に出てしまう

カットオフラインを床の端部に合わせる

照明効果のイメージ

3D 照度分布図

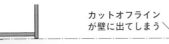

lx 3D 照明計算ソフト DIALux evo9.2　保守率：0.8　反射率　天井：84%
壁：57%　床(廊下側)：51%　玄関タタキ：5%(光沢あり)

0.1　0.2　0.3　0.5　1　2　3　5　10　20　30　50　100　3001000　15000

図4.1.02　足元用間接照明器具の設置位置の比較

SCENE 1 ▶ 出迎える

パターン1：暖かく迎える光

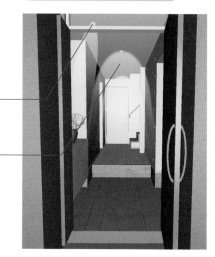

パターン2：気分を高める光

照明の考え方

天井面を明るくする建築化照明によって、明るく、親しみやすい雰囲気に

局部照度が得られる集光形ユニバーサルダウンライトによって、装飾を目立たせる

上がり框上部に拡散光形ダウンライトを設置して、訪問者と家人の両方の顔を照らしやすくする

ベンチの上部を明るくする拡散光形の棚下灯があると、靴の脱ぎ履きもしやすい

照明効果のイメージ

3D照度分布図

天井面へ視線を誘導しやすく、全体的に明るい印象が得られる

装飾の花を最も明るくすることで、もてなす雰囲気が高まる

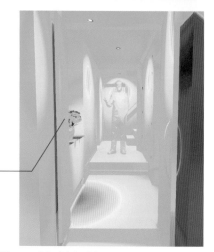

lx
0.1 0.2 0.3 0.5 1 2 3 5 10 20 30 50 100 3001000 15000

3D照明計算ソフト DIALux evo9.2　保守率：0.8
反射率 天井：84%　壁：57%　床（廊下側）：51%　（土間側）：22%

パターン3：身支度を整える光

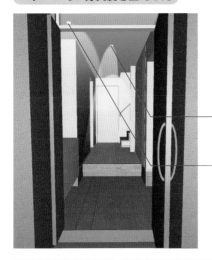

パターン4：明るく開放的な光

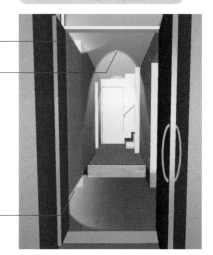

照明の考え方

天井面を照らす建築化照明に
よって、明るい雰囲気に

上がり框上部の拡散光形ダ
ウンライトで出迎える家人
の顔を照らす

集光形のユニバーサルダウン
ライトをヒトの方向に角度を
振ることで、立ち姿の鉛直面
を明るくする

拡散光形ダウンライトなら、
下駄箱上とタタキの床面の
両方の明るさが得られる

薄型のテープライトで、足
元を照らすとホテルのよう
な雰囲気に

照明効果のイメージ

3D照度分布図

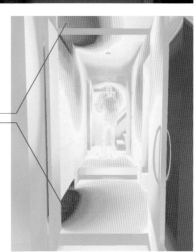

天井面と足元が明るくなる
と、全体的に明るい印象が
得られやすくなる

ヒトの鉛直面が最も明るく
見えるため、鏡を見ながら
身支度を整えやすい

3D照明計算ソフト DIALux evo9.2　保守率：0.8
反射率 天井：84%　壁：57%　床（廊下側）：51%　（土間側）：22%

lx
0.1　0.2 0.3　0.5　1　2　3　5　10　20 30 50　100　3001000 15000

図4.1.03　出迎える場合の照明パターン例

SCENE 2. 移動する

住宅の移動空間は、移動する行為だけでなく、各部屋をつなぐ役割もあります。家族が集まり、多様な行為が行われるリビングもあれば、体を休める寝室もあります。また単に移動するという行為だけでなく、壁面にアートを飾ったり、本棚を設置したり、細長い空間を生かした機能を持たせる場合もあります。

図4.1.04に移動する空間の照明事例を紹介します。ア）は玄関から続く廊下の事例で、圧迫感を与えないようにダウンライトで奥に誘導しています。イ）は収納上にライン型の照明器具を載せて天井面を照らす建築化照明を行っています。天井面が明るく見えるだけでなく、その反射光で本棚の鉛直面も明るくなる効果が得られます。

ア ダウンライトの例

イ 家具内蔵照明の例

ウ スポットライトの例

エ ペンダントライトの例

図4.1.04 移動する空間の照明例

ア）建築設計/写真提供：SAI（株）MASAOKA
イ）建築設計：佐川旭建築研究所
ウ）建築設計：オーワークス 撮影：松浦文生

ウ）は打ち放しコンクリートの集合住宅の廊下です。ライティングレール＋スポットライトで、フレキシブルに照明できるようにしています。エ）はデンマークの住宅で、壁面のアートを照らす位置にペンダントライトを吊り下げています。廊下の壁側に取り付けることで、歩行の邪魔にもなりにくく、住宅ならではの暖かい雰囲気の中にミニギャラリーをつくる心地よさが生まれています。

移動する行為における照明計画のポイントは、以下の4つです。図4.1.06に移動する行為のための照明パターンを紹介し、4つのポイントごとに照明計画の考え方を解説します。

①導く
②動線を遮らない
③深夜の覚醒を防ぐ
④飾る

①導く

まず移動する行為における照明の役割は、目的の場所へ導けるかどうかです。図4.1.06のパターン1は、拡散光形ダウンライトを一定間隔で設置する方法です。床面が均一に照らされるため、空間全体を認識しやすくなります。一般的な照明手法で、機能的な明るさが得られやすく、コストも抑えられます。

一方パターン2は、ユニバーサルダウンライトで部屋の扉前を照明する手法です。あえて明るさのコントラストをつけることで、部屋の入り口を認識しやすくしています。パターン1と比較すると器具の種類や配置、光の広がり、さらに光のあて方を変えるだけで、同じ空間でも雰囲気がかなり変わることがわかります。

パターン3は壁面に**間接照明形配光**の小型のブラケットを等間隔に設置した例です。床面ではなく、視線に入りやすい天井面に明るさのコントラストをつけることで、奥に誘導する効果を狙っています。間接照明形配光のブラケットは、発光面が見えないため、眩しさを与える心配もありません。しかし天井面を照らして反射光で明るさを得る照明手法のため、天井高が低い場合や天井の色が暗い場合は、かえって圧迫感を生じさせる心配があります。その場合は直接照明や半直接照明、全般拡散照明形配光のブラケットの方がよいでしょう。

パターン4は建築化照明の**コーニス照明**で壁全体を照明する例です。廊下の長さを強調することで動線方向を

認識しやすくします。パターン4の場合は、薄型のポスターや写真などを飾るとギャラリーのような空間にも変化させることができます。

②動線を遮らない

移動が目的の廊下は基本的に間口が狭いため、照明器具自体が邪魔にならないことが前提です。図4.1.04のエ)のようにペンダントライトを下げる場合も、形状が小形であることや揺れて壁にあたっても割れない素材であることが重要です。

一般には図4.1.06のパターン1や2の天井埋め込み形のダウンライトや壁埋め込み形のフットライト、パターン4の**コーニス照明**も歩行の邪魔にならない照明手法です。パターン3のように壁面に直付けでブラケットを設置する場合は、歩行や扉の開閉の邪魔にならないことが重要です。以下に廊下にブラケットライトを設置する際の注意点をまとめます。

- ・出幅は大きすぎないか
- ・側面から見ても美しい形状かどうか
- ・設置位置と扉との関係は良好か

ブラケットライト選定時の注意点は、壁からの出幅と側面の見え方です。狭い空間において出幅が大きい器具は、圧迫感を与える心配があります。よって図2.4.03（p.71）でも解説した通り、出幅が小さい形状のブラケットライトを選定します。また移動する視点においては、ブラケットライトを側面から見る場合が多いため、側面から見て美しいかどうかも器具選定時のポイントとなります。カタログ写真は正面側から撮影されているため、HPに掲載されている**仕様図**（p.46／図2.2.03）の確認も重要です。

また廊下には扉が設置されるため、扉の開閉の邪魔にならないようドアノブ側に設置します。さらに角型の形状の場合は、扉の上端と器具の上端の高さを揃える（p.72／図2.4.05）など、展開図における器具の納まりにも配慮することが重要です。

③深夜の覚醒を防ぐ

図1.3.04（p.29）の住宅における行為と推奨照度の目安の廊下・階段では、**全般照度**（30〜75lx）だけでなく、**深夜の照度**（2lx）の目安も示されています。特に加齢にともない眠りが浅くなると、深夜にもトイレへ行くことが想定されます。深夜の移動は室内照明をつけないので、目は暗

順応しています。よって覚醒を抑制するには最小限の明るさにすることが重要です。**下面照射型**フットライト（p.66／図2.3.34）は、発光部の眩しさを抑え、足元だけを照らすことができます。

フットライトには人感センサーや照度センサー付きのタイプもあります。照度センサーの場合は、暗くなると点灯するので常夜灯として使用できます。図4.1.05にフットライトによる深夜の照明例を紹介します。扉の近くに取り付けると足元の床面だけでなく、扉や対面する壁の下半分程度は見えるようになり、目的の場所まで誘導しやすくなります。

3D 照度分布図

3D 照明計算ソフト DIALux evo9.2　保守率：0.8
反射率　天井：84%　壁：57%　床：51%

図4.1.05 深夜に移動する行為における照明例

④飾る

図4.1.04で紹介したイ)とエ)の事例では、移動する行為だけでなく、立ち止まって滞留する楽しさも加わっています。廊下のように壁が長い空間では、図4.1.06のパターン4のように壁面にアートを飾る場合も想定されます。照明手法としてコーニス照明を用いる場合、照明器具は壁面アートよりも外側から照明する（p.170／図4.2.09）ことが重要です。アートを楽しむ照明については、p.170で詳しく解説します。

パターン１：安全で落ち着いた光　　　　　　　パターン２：扉前の演出光

照明の考え方

拡散光形ダウンライトを等間隔に配置すると均等な明るさを得ることができる

集光形ユニバーサルダウンライトで扉の鉛直面と扉前の床面を照らしている

照明効果のイメージ

3D照度分布図

扉の存在感がわかりやすくなり、ホテルのようなドラマチックな印象となる

ほぼ均一な明るさが得られている

| 0.1 | 0.2 | 0.3 | 0.5 | 1 | 2 | 3 | 5 | 10 | 20 | 30 | 50 | 100 | 300 | 1000 | 15000 | lx |

3D照明計算ソフト DIALux evo9.2　保守率：0.8
反射率　天井：84%　壁：57%　床：51%

　　　　　　　　　　　　　　　　　　　　　　　4.1　暮らしを支えるあかり

パターン3：スポットで導く光

間接照明形配光の
ブラケットによっ
て、グレアを与え
る心配がなく、適
度なメリハリのあ
る空間となる

パターン4：ミニギャラリーとしての光

建築化照明用のラ
イン型器具によっ
て、壁を面的に照
らしている。誘導
効果が得られるだ
けでなく、アート
鑑賞用の照明にも
なる

照明効果のイメージ

3D照度分布図

天井面が等間隔に
明るく見えること
で、視線を奥に誘
導する効果がある

壁面照らすこと
で、アートなど
を飾って楽しめ
る

0.1　0.2 0.3　0.5　1　2　3　5　10　20 30 50　100　3001000 15000 **lx**

3D照明計算ソフト DIALux evo9.2　保守率：0.8
反射率　天井：84%　壁：57%　床：51%

図4.1.06移動する場合の照明パターン例

SCENE 3. 昇降する

厚生労働省の「人口動態調査」によると、高齢者の不慮の事故による死亡者数は、「転倒・転落」、「誤嚥等の不慮の窒息」、「不慮の溺死及び溺水」の順に多いそうです。さらにこれらの死亡者数は、「交通事故」を上回り、増加傾向にあります。住宅の中で特に気をつけたいのが階段です。転倒・転落の危険もあり、照明計画も十分な検討が必要です。

階段の昇降は移動の一種です。照明計画のポイントは移動する行為と同様、**導きやすいこと**、照明器具の存在が**邪魔にならない**ことです。また深夜トイレに行く動線に階段の昇降が含まれる場合は、**覚醒の抑制**についても配慮が必要です。図4.1.07が階段の事例です。いずれもメンテナンス性に配慮し、上下階の照明に加えて、ア)とイ)は手摺内蔵照明、ウ)はフットライト、エ)はブラケットライトを加えています。段差の途中に昇降者自身の影が出にくいよう配慮するのもポイントです。

「移動する」のポイントも踏まえて、以下の3つのポイントを加え、図4.1.10に階段を昇降する行為の照明パターン例を紹介します。階段の特性を理解しやすいよう、階段を下りる想定でヒトを配置して、見上げと見下ろしの視点ごとに比較を行ってみました。3つのポイントごとに各照明パターンの考え方を解説します。

①高所のメンテナンス
②段差の視認性
③グレアを与えない

①高所のメンテナンス

照明器具のメンテナンスには、ランプ交換だけでなく清掃も含まれます。LED化によってランプ交換の頻度は減っていますが、照明計算上の“**保守率**”では、清掃間隔の前提を1年としています（p.90／図3.1.07）。また段差や吹き抜けがある階段では、メンテナンスしやすい位置に照明器具を取り付けることが重要です。階段の段板は幅も狭く、

ア 手摺内蔵照明

イ 手摺内蔵照明　　**ウ フットライト**　　**エ ブラケットライト**

図4.1.07 階段の照明事例

ア・エ)建築設計：オーワークス　撮影：松浦文生
イ)建築設計：ランドアートラボ＋プランズプラス　撮影：大川孔三
ウ)建築設計：今村幹建築設計事務所　撮影：大川孔三

ア)とイ)では木製の造作手摺にローボルトのLEDライン照明を内蔵させて、手摺下の壁面と踏面を連続的に照明しています。段差を認識しやすく、昇降しやすくなります。照明内蔵型の手摺製品もあります（p.69／図2.3.41）。

どちらも上下階で天井面を照らす建築化照明を併用していますが、昇降する視点においても器具が見えないように納まりを工夫しています。

ウ)はフットライトによって、段差に明暗のリズムを加えることで、段差を認識しやすいように配慮した事例です。

エ)は直接・間接照明形配光のブラケットライトの2台をあえて同じ高さに取り付けることで、階段のデザインと一体感を高めるようにしています。

両手を上げてメンテナンスを行う行為は、転倒・転落のリスクが高まります。天井に照明器具を設置する場合は、段差の途中ではなく、水平な場所でメンテナンスが行えるように配慮します。

一般にはパターン1のようにダウンライトなどの直接照明形配光の器具を上下階の天井部分に設置して、階段全体を広範囲にカバーできるようにします。パターン1をベースとして、パターン2では手が届きやすい高さにブラケットライトを取り付け、パターン4では梯子をかけやすい位置に取り付けています。パターン3のフットライトを等間隔に設置する方法も低位置でメンテナンスが行え便利です。

②段差の視認性

階段は水平面の踏面と垂直面の蹴上で構成されているため、段差による影が生じやすくなります。さらに照明手法や配置によっては、段差に昇降者自身の影が落ちてしまう心配があります。図4.1.10で比較してみるとパターン1のように上下階だけの照明では、昇降者の背後から光があたり、自分の影で段差が見えにくくなることがわかります。よって段差の途中にも照明器具を追加することが重要です。

パターン2は、直接・間接照明形配光のブラケットライトを2カ所に取り付けた例です。下向きの光によって昇降者の影を弱め、上向きの光によって階段上部の吹き抜けの開放感を高めることができます。この場合、**邪魔にならないように出幅が小さい器具を選定することが重要です**（p.71／図2.4.03）。パターン3は下面照射型のフットライトを取り付けた例で、局部的な明るさで昇降者の影はそれほど気にならなくなっています。パターン4は、ブラケットライトを吹き抜けの側面に取り付けた例で、上りの視点では見えませんが、下りの視点では真正面に見えます。全般拡散照明形配光のブラケットライトは、吹き抜けの開放感も高めながら、足元の明るさにも寄与します。

③グレアを与えない

階段では上りと下りで移動する視点が変わるため、それぞれの視点でグレアを与えないように注意が必要です。ブラケットライトの場合は、上下にカバーやルーバーなどが適切に設置されているかどうか（p.71／図2.4.04）も器具選定時のポイントとなります。さらに図4.1.07のア）のように建築化照明を行う場合は、見下ろしの視点で照明器具が見えにくいよう器具の納まりを検討します。図4.1.08に見下ろしの視点に配慮した設置例を紹介します。器具の大き

さに合わせて、建築化照明用ボックスの奥行き(a)や遮光高さ(b)の検討を行います。

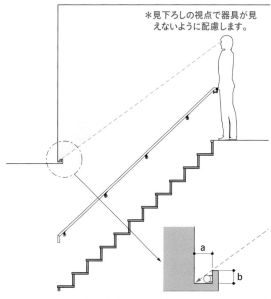

＊見下ろしの視点で器具が見えないように配慮します。

図4.1.08 階段における建築化照明の注意点

● 深夜の昇降

覚醒を抑制するには、移動で考えたのと同様に足元だけを照らすことがポイントです。図4.1.07のイ）の照明計画における手摺内蔵照明のみ点灯させた場合の3D照明計算の結果を図4.1.09に示します。階段の段差だけでなく、対面の壁面も少し明るくなり、足元に集中して階段を上ることができます。

3D照度分布図

3D照明計算ソフト DIALux evo 9.2　保守率：0.8
反射率　天井：84%　壁：57%　床：51%

図4.1.09 階段における深夜の照明例

パターン1：始点終点を照らす光

照明の考え方

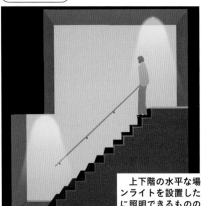

上下階の水平な場所に拡散光形ダウンライトを設置した基本の例。広範囲に照明できるものの、背後からの光によって段差に影ができやすい

パターン2：開放感が高まる光

照明の考え方

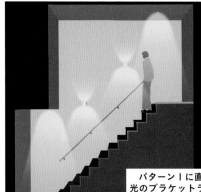

パターン1に直接・間接照明形配光のブラケットライトを加えた例。吹き抜けの開放感も高めながら、段差の影を弱めることができる

照明効果のイメージ　　見下ろし　　見上げ

照明効果のイメージ　　見下ろし　　見上げ

3D 照度分布図　　見下ろし　　見上げ

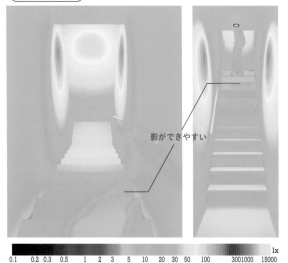

影ができやすい

3D 照度分布図　　見下ろし　　見上げ

3D 照明計算ソフト DIALux evo 9.2　保守率：0.8
反射率　天井：84%　壁：57%　床：51%

lx
0.1　0.2 0.3　0.5　1　2　3　5　10　20 30 50　100　300 1000　15000

パターン3：昇降リズムをつくる光

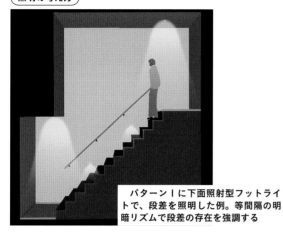

パターン1に下面照射型フットライトで、段差を照明した例。等間隔の明暗リズムで段差の存在を強調する

照明効果のイメージ　　　　　見下ろし　　　　見上げ

3D 照明分布図　　　　　　　見下ろし　　　　見上げ

パターン4：影を弱める拡散光

照明の考え方

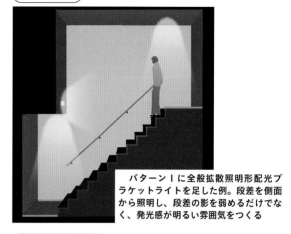

パターン1に全般拡散照明形配光ブラケットライトを足した例。段差を側面から照明し、段差の影を弱めるだけでなく、発光感が明るい雰囲気をつくる

照明効果のイメージ　　　　　見下ろし　　　　見上げ

3D 照明分布図　　　　　　　見下ろし　　　　見上げ

```
                                                              lx
0.1  0.2 0.3  0.5   1   2   3   5  10  20 30 50  100  3001000 15000
```

3D 照明計算ソフト DIALux evo 9.2　保守率：0.8
反射率　天井：84%　壁：57%　床：51%

図4.1.10　階段を昇降する場合の照明パターン例

SCENE 4. 調理する

調理する行為は、包丁や火を扱うため、作業を行いやすい十分な照度が求められます。また食材の良し悪しを確認しやすいよう演色性にも配慮が必要です。調理する行為における照明計画のポイントは以下の4つです。

①手暗がりをつくらない
②作業しやすい明るさ
③演色性と食材

①手暗がりをつくらない

まず手暗がりをつくらないことは、調理する行為における最低限の配慮として、図4.1.11の図で解説します。一般的にはAのように作業エリアの上部に直接照明形配光のダウンライトなどを設置します。Bのように作業エリアの上部に吊戸棚が設置される場合は、家具の配置も考慮した上で、両サイドへ同等に光が届くよう、動線の中央に照明器具を配置します。ただしこの場合は、作業を行うヒトの背後から光があたるため、手暗がりが生じて、結果的に②の作業しやすい明るさを確保できないことになりかねません。よってCのように棚下灯またはDのように手元灯を設置することが重要です。Dの半直接照明形配光のシーリングライトの場合は、光が空間全体に広がり、影も強く出すぎず、作業性はよいのですが、扉と干渉しない器具の大きさや高さに注意します。なお初期の平面図では吊戸棚が記載されていない場合もあるため、上部に設置される棚や吊戸棚の有無を確認することも照明計画の重要プロセスです。

●手元灯選定時の注意点

シンクや作業エリアの上部に吊戸棚が設置される場合は、図4.1.11のCやDのようにキッチン用手元灯を併用して手暗がりをつくらないようにします。図4.1.12にキッチン用手元灯の例を紹介します。キッチン用手元灯は、吊戸棚下に設置される場合が多いため、広範囲に照射可能な拡散配光が主流です。また視線に近いため、グレアとならないような器具デザインの選定、設置方法の検討を行うことが重要です。(a)や(b)の細長い形状が一般的で、長さに応じた明るさのバリエーションもあります。また器具自体にセンサーやスイッチが内蔵され、手元で点滅を制御できるタイプもあります。

取り付け方法は、棚下や壁に取り付ける場合の2種類、またはどちらも可能なタイプもあります。

(a)と(b)の違いは配光で、(a)は直接照明形配光で発光面が下面だけのため、器具自体の存在感はそれほど感

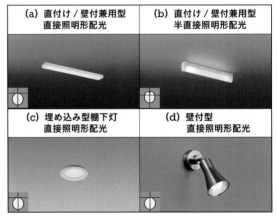

図4.1.12　キッチン用手元灯の例
写真提供: コイズミ照明株式会社

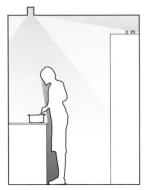

A. 全般：建築化照明
　 局部：ダウンライト

B. 全般：直付け器具

×手元灯がないと作業面に暗がりができる

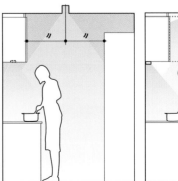

C. 全般：ダウンライト
　 局部：棚下灯(埋込型)

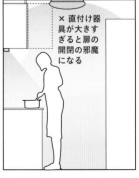

D. 全般：シーリングライト
　 局部：手元灯

×直付け器具が大きすぎると扉の開閉の邪魔になる

図4.1.11　調理する行為における照明の注意点

じられません。(b)は半直接照明形配光のため、直付けの場合は棚板面、壁付の場合は壁も明るくなり、器具の存在感があります。(d)のスポットライトタイプは、灯具部分を動かすことで、照射範囲を調整することができます。(c)の埋め込み型の**棚下灯**は、**ディスプレイ灯**とも呼ばれ、店舗の陳列棚を照明する場合にもよく用いられます。システムキッチンの場合は、キッチンメーカーのオプションで選択できる場合もあります。

　一般的なダウンライトは、電源装置を天井裏に設置しますが(p.48／図2.3.01)、棚下灯の場合は**電源装置内蔵型**と**別置型**があります。また1つの電源装置で複数台の棚下灯が設置可能なタイプ(p.49／図2.3.04)もあります。棚下灯と電源装置を接続する専用配線ケーブルがある場合は、その長さで電源装置の置き場所を検討します。

②作業しやすい明るさ

　図1.3.04(p.29)に示すキッチンの局部照度の目安は200〜500lxで、特に細かい作業が想定されるシンクやコンロのエリアでは十分な明るさが必要です。一般にレンジフード内の照明はキッチンメーカーのオプションで選択しますが、光色や明るさについては確認が必要です。

③演色性と食材

　図1.2.07(p.24)ではLEDの波長制御の技術を紹介しましたが、スーパーマーケットでも使用されていることをご存知でしょうか？

　例えば精肉用の場合は、赤系の波長を高めたり、鮮魚

用では、青系の波長が多い高色温度を使用したり、揚げ物などのお惣菜は、温かさを強調する低色温度で照明するなど、購買意欲を高める照明が用いられています。

　新鮮な食材を購入してもキッチンの照明の演色性が低くては、おいしそうに見える料理をつくることはできません。食材そのものの色を強調するには、演色性が高い方がよい(p.15／図1.1.11)といえます。ただし**演色性**は同一色温度、同照度で比較した場合の優位性を示すため、**高演色**であることを生かすには十分な明るさも必要です。JISの照明基準総則(JIS Z9110：2010)の住宅では、**平均演色評価数 Ra(p.14)**は、80以上が推奨されています。

●光と味覚の関係

　調理する行為に対しては、光による味覚への影響があります。味覚には5つの基本味として、「甘味」「酸味」「苦味」「塩味」「うま味」があります。これらの味覚は、人間が生存していく上で不可欠です。既往研究[*9]では、**高色温度**で**高照度**ほど、苦味と酸味が過敏になり、低色温度の方が食物の消化を助ける唾液の分泌量は多くなることが明らかとなっています。苦味は毒物、酸味は腐敗物質に対するシグナルでもあり、調理する行為においては**高色温度**で**高照度**の方がよいといえます。一方、食べる行為では、リラックスした雰囲気をつくりやすい**低色温度**の方が、消化の観点でもよいといえます。

　図4.1.13にオープンキッチンにおける**調色・調光**照明器具の行為別の使い分けを紹介します。

A. 調理＋勉強する行為のための光	B. 食べる行為のための光
昼光色・高照度	電球色・高照度または調光

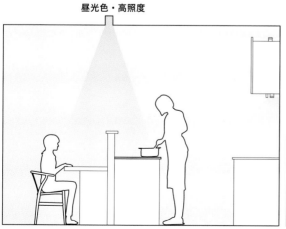

図4.1.13　オープンキッチンにおける色温度と調光の使い分け例

＊9　勝浦哲夫「感じ方の色色−光の味覚、時間感覚に及ぼす影響」『照明学会誌』第91巻第10号、2007年、pp.651-654

住宅内で高色温度＋高照度が適している行為は、"調理する"と"勉強・仕事をする"行為（p.157）です。Aのように調理と子供の勉強が同時行われる場合は、高色温度で高照度光にすると味覚の過敏性を高めたり、覚醒効果が得られたりします。一方、調理が一段落した後の食べる行為が主体の場合は、Bのように消化を助ける電球色が効果的です。このようにキッチンとダイニングカウンターが一体となっている場合や対面している場合、カウンター上部では**調色・調光照明**または**光色切り替え照明**を使用すると"調理する"と"勉強する"の両方の行為を照明でサポートすることができます。

図4.1.14に"調理する"行為の事例を紹介します。4つの事例ともに作業エリアの明るさを**直接照明形配光**の照明器具で確保しています。ア）はシンクの上部に棚が設置され、天井からの照明だけでは、手暗がりが生じるため、棚の厚みに納まる棚下灯を設置した事例です。イ）は2灯用の角型ユニバーサルダウンライトでレンジフードを避けて照射方向を調整できるようにした事例です。ウ）は吹き抜け部分に取り付けた建築化照明用造作に照射角度が調整できる棚下灯を設置しています。建築化照明用の器具を横向きに取り付けることで、光をより遠くへ飛ばす効果と同時に棚下灯を内蔵させるスペースを確保（p.64／図2.3.33 C）しています。エ）は階段の吹き抜け部に視線が通るように、ダウンライトで手元の局部照度を確保した事例です。

図4.1.15は天井に埋め込みができない場合の事例です。いずれも木造の構造を生かした内装で、ダウンライトは使用できない条件でした。このような内装の場合は、構造材を利用した建築化照明を行うことも可能です。

ア　吊り棚に薄型の棚下灯を設置した事例

イ　2灯用のユニバーサルダウンライトの設置例

ウ　建築化照明に棚下灯を組み込んだ事例

エ　ダウンライトの設置例

図4.1.14　調理する行為における照明例

ア）建築設計：TKO-M.architects　撮影：ToLoLo studio
イ）建築設計：ランドアートラボ＋プランズプラス　撮影：大川孔三
ウ・エ）建築設計：オーワークス　撮影：松浦文生

ア　梁の側面にライン型器具を取り付けた事例

イ　梁にスポットライトを取り付けた事例

ア　器具設置概略図

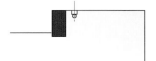

イ　器具設置概略図

図4.1.15　構造材を利用したキッチンの事例

ア)建築設計：里山建築研究所　　イ)建築設計／写真提供：水石浩太建築設計室

　ア)は建築の構造材を利用して建築化照明のように演出した事例です。ちょうどキッチンカウンターの上部に梁があったため、その内側に細管の蛍光灯を設置して、キッチンとダイニング一体の空間として全般照度にも寄与しながら、キッチンで作業する際の局部照度が得られるようにしています。ダイニング側から見てもキッチンの明るさが十分であることがわかります。

　イ)は屋根裏の構造材を表しにするように改修した事例で、梁の下端にライティングレールを取り付けて、スポットライトでキッチン用の局部照度が得られるようにしています。さらに梁の上部には薄型のLEDライン照明を取り付けた建築化照明によって、白く塗装した勾配天井からの間接光が全般照度に寄与するように計画しています。

　図4.1.16にオープンキッチンを想定した照明パターン例を2つ紹介します。パターン1はキッチンのカウンターを大きくして、ダイニング側から座れるようにした場合です。簡単な食事をとったり、食後にお酒をのんだり、照明手法の組み合わせと調光によって様々な雰囲気を楽しむことができます。

カウンターでバーのような雰囲気を楽しめる照明手法を組み合わせています。キッチンとダイニングの天井高さの違いを利用してコーブ照明を行っています。調理がメインの場合は、手元の明るさをしっかりとって、全体に明るい雰囲気を楽しみながら調理することができます。キッチンエリア以外の明るさを落として、さらにカウンター下の鉛直面を照らす建築化照明を加えると、よりバーカウンターのような雰囲気をつくることができます。

　パターン2はキッチンとダイニングの天井高さは同じですが、カウンターの高さが異なる場合です。ダイニングカウンター上部にはカフェのように小型のペンダントライトを下げることで、調理と食事のエリアを分ける役割と同時にアクセント効果も得られるようにしています。

　キッチンエリアでは、棚上部を利用したコーブ照明で天井面を明るくすることで、全般照度を確保して、さらに吊戸棚下の手元灯、キッチンカウンター上部のダウンライトの直接照明形配光で局部照度が得られるようにしています。

パターン1　バーカウンターの間接光

配光イメージと照明要素の組み合わせ

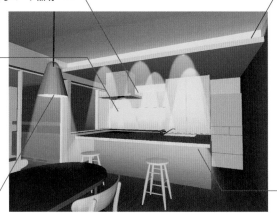

吊戸棚上部のテープライトによるコーブ照明

天井の段差を利用した建築化照明用器具によるコーブ照明 + ユニバーサルダウンライト

吊戸棚下のテープライトによる棚下照明

ペンダントライト

テープライトによるカウンター側面照明

夕食の調理中の場合

カウンター側面照明：OFF　他：100%

夕食後にカウンターでお酒を飲む場合

コーブ照明 / ペンダントライト：OFF　カウンター下照明：ON

3D 照度分布図

3D 照度分布図

0.1　0.2 0.3　0.5　1　2　3　5　10　20 30　50　100　3001000　15000 lx

3D 照明計算ソフト DIALux evo 9.2　保守率：0.8
反射率　天井：70%　壁：50%　床：26%

配光イメージと照明要素の組み合わせ

２灯用角型ダウンライト（拡散配光）

ダウンライト（中角配光）

収納棚の上部を利用した建築化照明

レンジフード内蔵照明

浅型ダウンライトによる棚下照明

ペンダントライト

カフェの雰囲気を楽しむ場合
２灯用角型ダウンライト照明：OFF　他：100％

調理中＋作業面の明るさを十分に確保する場合
全点灯

3D 照度分布図

3D 照度分布図

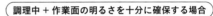

0.1　0.2　0.3　0.5　1　2　3　5　10　20　30　50　100　3001000　15000　lx

3D 照明計算ソフト DIALux evo 9.2　保守率：0.8
反射率　天井：70%　壁：50%　床：26%

図4.1.16　オープンキッチンの照明パターン例

SCENE 5. 食べる

日本料理は「目で味わう」、フランス料理は「鼻で味わう」、中国料理は「舌で味わう」というそうですが、"食べる"行為ではまず見ることが重要で、照明の役割は大きいものと思います。さらに料理そのものをどのように照らせばよいかというだけでなく、一緒に食事をとるヒトの顔の見え方、モデリング（p.12／図1.1.06）にも配慮が必要です。

レストランなどでは、料理をより強調しようとして、スポットライトだけで食卓面を照明することがありますが、指向性の強い光は、一緒に食事をとるヒトの顔に強い陰影をつけやすく、またグレアも与えかねません。

"食べる"行為に適切な照明は、おいしく食べて、消化するという健康の維持だけでなく、楽しい会話により1日の疲れをとり、家族のだんらんを促す役割も持っています。"食べる"行為における照明計画のポイントは、以下の4つです。

　①囲みたくなる食卓
　②消化を助ける光色
　③美味しさを照らす
　④集光はほどほどに

①囲みたくなる食卓

照明基準総則（JIS Z9110：2010追補2011）の住宅における食堂では、全般照度の範囲は30～75lx、食卓面の局部照度の範囲は200～500lxで、住宅の中でも全般照度と局部照度の差が大きいことが特徴です（p.29／図1.3.04）。卓上をより明るくすることで、食卓に視線を集め、食事に集中できる雰囲気をつくりやすくなります。また全般照明を調光してやや暗くし、局部照明との差を大きくするほど、食卓への集約感も高まります。

②消化を助ける光色

ゆっくり食べるには、落ち着いた雰囲気が得られやすい電球色がお勧めです。また前述の光と味覚の関係より、白色光よりも電球色の方が、唾液の分泌量が多くなり[9]、消化を助けることができます。

③美味しさを照らす

図4.1.17に同じ料理をア）の演色性が低いLEDとイ）の白熱ランプで照明した場合の比較例を紹介します。初期のLEDはこのように演色性が低い製品もありました。ここま

で演色性が低いのに味も値段も同じだとすると損した気分になりかねません。前述の照明基準総則では、住宅における演色性はRa80以上となっています。LEDの高演色化は進んでいて、一般的なLEDでもRa80以上がほとんどで、高演色タイプはRa90以上となります。

料理の色を良く見せるという観点では、演色性が高いほど、様々な料理の色が鮮やかに見えてよいといえます。ただし高演色形は明るさが落ちる場合もあるので、明るさのバランスにも配慮が必要です。

また同じ色温度でも一般型と高演色型で違う光色に見える場合があります。料理を照らす局部照明は高演色形の方がよいのですが、全般照明で一般型のLEDを使用する場合は、壁面や天井面を照らすなど、同じ場所を照明しないようにすると違和感が軽減されます。

ア　演色性の低いLEDの場合　イ　白熱ランプの場合

図4.1.17　演色性の比較例

④集光はほどほどに

図4.1.18にスポットライトで食卓を照らした事例を紹介します。指向性のある光は、グラスの輝きやお料理の湯気などを強調して、料理をおいしそうに見せることができます。

一方で食べる行為においては、局部照明によって食卓面をしっかりと照らしながら、会食している相手の顔に陰影が強く出すぎないよう、全般照明を組み合わせることが重要です。

図4.1.18　料理を浮かび上がらせる照明例

●食卓の配置バリエーション

　"食べる"行為においては、食卓の配置に合わせて照明手法を選択します。ただし照明設計時に家具の大きさや配置が確定していない場合もあり、計画時のタイミングに応じて、照明手法の検討を行います図4.1.19に食卓の配置の確定状況応じた照明手法の例を紹介します。

・食卓の配置が確定している場合

　食卓の配置が確定している場合は、食卓の真上にダウンライトやペンダントライトを設置する方法が一般的です。図4.1.19のAのようにダウンライトで食卓面を照らす場合は、食卓面の局部照度は得られやすいのですが、食事をするヒトの顔が暗く見えてしまうため、直接照明形配光以外の照明手法を組み合わせるとよいでしょう。Aのように天井を照らすコーブ照明を組み合わせると空間全体が明るい雰囲気となります。Bのペンダントライトの場合は、座った

・食卓の配置が確定している場合

A. ダウンライト + コーブ照明の場合

直接照明形配光のダウンライトの場合は、食卓上の局部照度は得られやすいですが、顔に陰影が出やすいので、直接照明形配光以外の照明手法を組み合わせる

B. ペンダントライト＋ダウンライトの場合

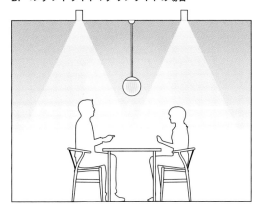

全般拡散照明形配光のペンダントライトは、空間全体がやわらかい光に包まれるものの食卓の局部照度は得られにくいため、直接照明形配光の器具などを組み合わせる

・食卓の配置が確定していない場合

C. ユニバーサルダウンライト＋ブラケットの場合

ユニバーサルダウンライトは、20〜30度程度、照射方向を変えられるため、多少の移動であれば対応可能。顔の陰影が強く出ないように直接照明形配光以外の照明手法などを組み合わせる

D. スポットライト (ライティングレール用) の場合

ライティングレール用のスポットライトは、レールが設置された範囲内で、器具の位置変更が可能。食卓用の局部照度は集光型、顔を照らす場合は散光型にするなど、照射対象に応じて光の広がりを組み合わせる

図4.1.19　食卓の配置の確定状況による照明例

視点で**グレア**にならない器具選定と吊り下げ高さ（p.77／図2.4.14）の検討が重要です。食卓面から0.7〜0.8m程度を目安に、身長なども考慮して調整します。さらに下から発光部が見えにくい形状やカバー付かどうかを確認することも重要です。Bのように全般拡散照明形配光のペンダントの場合は、食卓面の局部照度としての明るさは得られないため、直接照明形配光のダウンライトやスポットライトなどを併用するとよいでしょう。

・食卓の配置が確定していない場合

設計時に食卓の大きさや配置が確定していない場合は、おおよその位置を想定して、照明配置の検討を行います。CのユニバーサルダウンライトやDのスポットライトは、照射方向を変えられるため、家具の配置に合わせて調整することも可能です。ただしユニバーサルダウンライトの可動範囲は20〜30度程度のため、大幅な配置変更に対応することは難しいでしょう。ライティングレールに取り付けたスポットライトは、器具の位置変更だけでなく、スポットライト自体の照射方向も変えることができ、また数量の増減も行いやすいことが特徴です。さらにスポットライトは、光の広がりのバリエーションも豊富なため、食卓用の局部照明としては**集光型**、顔の陰影を和らげる全般照明としては**散光型**で、光の広がりを使い分けることも可能です。

● 配光別ペンダントライト選定のポイント

食卓でよく使用されるペンダントライトはデザインバリエーションも豊富で、空間のアクセントにもなります。図4.1.20に配光別のペンダントライトの照明効果を比較します。図1.3.07（p.32）で解説した6つの配光の中でも食卓の局部照度が得られやすいのは、Aの**直接照明形**、Bの**半直接照明形**、Cの**直接・間接照明形配光**です。

Aの直接照明形配光の場合は、器具自体は光らないため、天井面は暗く見えますが、食卓への集約感を高めることができます。Bの半直接照明形配光の場合は、器具自体が光ることで天井面も少し明るくなります。Cの直接・間接照明形配光の場合は、局部照明の効果だけでなく、上向きの光による天井からの間接照明の効果も得ることができます。

また明るさや配光だけでなく、食卓の形状や大きさに合わせたバランスも重要です。図2.4.15（p.77）のように複数のペンダントライトを下げると、食卓の長手方向の明るさを保ちつつ、にぎやかさも演出できます。

これらの食べる行為における照明計画のポイントを踏まえて、図4.1.21に3D照明計算を用いた照明パターン例を紹介します。

A. 直接照明形配光

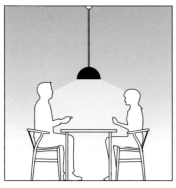

直接照明形配光のペンダントライトは、食卓面の明るさが得られやすく、食卓への集約感を高めることができる

B. 半直接照明形配光

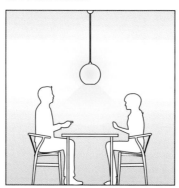

乳白シェードの半直接照明形配光のペンダントライトは、食卓面や顔を照らすだけでなく、天井面も少し明るくすることができる

C. 直接・間接照明形配光

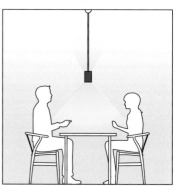

直接・間接照明形配光のペンダントライトは、食卓面の明るさを得るだけでなく、天井も明るくすることで、間接照明の効果も得られる

図4.1.20　配光別ペンダントライトの照明効果の比較

パターン1　アートと食を味わう光

局部照明としてペンダントライトを吊り下げると、食卓に視線を集めやすくなります。器具自体が光る**半直接形照明配光**のペンダントライトは、天井面の明るさ感を高めることも可能です。座った視点で眩しくない器具の選定と吊り下げ高さに配慮します。

全体照明としてウォールウォッシャーダウンライトを組み合わせると、壁面を照らすことによって部屋全体の"明るさ感"だけでなく、空間の広がり感も高めることができます。

局部照明：ペンダントライト（半直接照明形配光）＋全般照明：ウォールウォッシャーダウンライト

配光イメージと照明の考え方

壁面がアートウォールの場合やアートを飾る場合は、ウォールウォッシャーダウンライトで照らすと壁からの反射光も含めて部屋全体が明るくなる
絵画の場合はユニバーサルダウンライトで絵画のみを浮かび上がらせるとよりドラマチックな雰囲気となる

天井に埋め込まれる器具は存在感があまりないのでペンダントライトはアイキャッチになるものを。器具自体が柔らかく光り、下面からは直接光が得られる半直接照明形配光を組み合わせた例

照明効果のイメージ

3D 照明計算ソフト DIALux evo 9.2　保守率：0.8
反射率　天井：70%　壁：70%　床：20%　テーブル：22%

3D 照度分布図

															lx
0.1	0.2	0.3	0.5	1	2	3	5	10	20	30	50	100	300	1000	15000

図4.1.21　3D照明計算を用いた"食べる"行為における照明パターン例（pp.135-139）

パターン2　卓上の料理を演出する光

　食卓の配置に合わせて照射方向をある程度調整できるように、中角配光のユニバーサルダウンライトを局部照明として用いたパターンです。局部照明の存在感がないため、アイキャッチとなる全般拡散配光のブラケットライトを組み合わせた照明例です。

　ブラケットライトにより壁面だけでなく天井面や家具なども明るく照らすことで、視覚的な明るさ感も高めることができます。

局部照明：ユニバーサルダウンライト＋全般照明：ブラケットライト（全般拡散照明形配光）

配光イメージと照明の考え方

全般拡散照明形配光のブラケットライトは、器具自体の発光によってアイキャッチ効果が得られる。
明るすぎると食卓への集約感が損なわれるので、調光機能で明るさを調整できるようにする

ユニバーサルダウンライトは、光の広がりの種類も豊富なため、食卓の大きさに合わせて、光の広がりと配置を検討する。ただし集光しすぎると顔に陰影が強く出すぎるので注意

照明効果のイメージ

3D照度分布図

3D照明計算ソフト DIALux evo 9.2　保守率：0.8
反射率　天井：70%　壁：70%　床：20%　テーブル：22%

| 0.1 | 0.2 | 0.3 | 0.5 | 1 | 2 | 3 | 5 | 10 | 20 | 30 | 50 | 100 | 300 | 1000 | 15000 | lx |

ライティングレール用のスポットライトを使用すると器具を移動しやすく、食卓面を狙いやすくなります。この場合、光の広がりのバリエーションが豊富なスポットライトの特性を生かして、集光型と散光型を組み合わせて食卓面を照らすことで、食卓面だけでなく、顔も照らすことができます。

スポットライトのみでは顔に強い陰影がついてしまうので、

半間接照明形配光のフロアスタンドを併用することで、天井からの間接光もプラスされ、顔の見え方が柔らかくなります。

さらに飾り棚に置いた半直接照明形配光のテーブルスタンドとスポットライトで観葉植物を照らすことで装飾効果を高めています。

局部照明：スポットライト＋全般照明：スタンド（半間接照明形配光）

配光イメージと照明の考え方

集光型のスポットライトによって、壁のアートを照らすとレストランのような雰囲気に

半間接照明形配光のフロアスタンドは、天井面も明るくすることができる

集光型のスポットライトで観葉植物などを照らすと空間の広がりが増幅する

散光型のスポットライトで食卓面の局部照度を確保。顔に強い陰影が出すぎないように光の広がりに配慮する

シェードが柔らかく光る半直接照明形配光のテーブルスタンドは、飾り棚の装飾効果を高める

照明効果のイメージ

3D照明計算ソフト DIALux evo 9.2　保守率：0.8
反射率　天井：70%　壁：70%　床：20%　テーブル：22%

3D照度分布図

0.1　0.2 0.3　0.5　1　2　3　5　10　20 30 50　100　3001000 15000　lx

図4.1.21　（続き）

パターン4　集約感と開放感を両立させる光

　傾斜天井でコーブ照明を行う場合、天井仕上げの反射率が高ければ、より明るい雰囲気になり、木質仕上げで反射率が低ければ、空間の陰影を強調することができます。図2.3.26（p.61）で解説したとおり、低い方から照明する方が美しい光のグラデーションが出やすいですが、取り付けの向きや配光の選択によっても照明効果は高まります

（p.64／図2.3.33のB）。

　食卓の大きさや配置が確定している場合は、局部照明としてペンダントライトを併用することで、空間へのアクセント効果も得られます。傾斜天井対応可能なペンダントライトかどうかを事前に確認することも重要です（p.192／図5.1.04）。

局部照明：ペンダントライト＋全般照明：コーブ照明

> **配光イメージと照明の考え方**

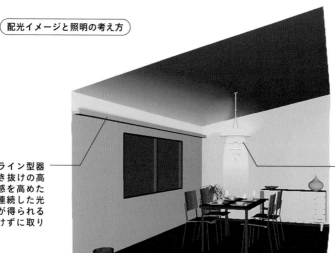

建築化照明用のライン型器具で傾斜天井の吹き抜けの高さを強調し、開放感を高めたコーブ照明の例。連続した光のグラデーションが得られるよう、器具間を空けずに取り付ける

半直接照明形配光のペンダントライトで食卓の局部照度を得ている。空間のアクセント効果も得られる

> **照明効果のイメージ**

3D 照明計算ソフト DIALux evo 9.2　保守率：0.8
反射率　天井：70%　壁：70%　床：20%　テーブル：22%

> **3D 照度分布図**

| 0.1 | 0.2 | 0.3 | 0.5 | 1 | 2 | 3 | 5 | 10 | 20 | 30 | 50 | 100 | 300 | 1000 | 15000 | lx |

パターン5　さりげない集約感をつくる光

　全般照明にカーテンボックスを兼ねる建築化照明を用い、天井の高さを強調することで、開放感を得ることができます。設計時に食卓の大きさや配置が確定していない場合は、局部照明に角度調整が可能なユニバーサルダウンライトを使うとよいでしょう。

　食卓面用のユニバーサルダウンライトは、顔に陰影が強く出すぎないように広角配光の器具を選定します。壁に絵画などが飾られる場合は、傾斜天井用のダウンライトで照らすと装飾効果が得られるだけでなく、空間の広がり感も得られます。

局部照明：ペンダントライト＋全般照明：コーブ照明

配光イメージと照明の考え方

ユニバーサルダウンライトを傾斜天井に使用すると、照射方向を真下に向けることができる

カーテンボックスを利用して、建築化照明用のライン型器具でバランス照明を行うと、傾斜天井の吹き抜けの開放感が高まる

傾斜天井用ダウンライトで壁のアートを照らす演出も

照明効果のイメージ

3D照明計算ソフト DIALux evo 9.2　保守率：0.8
反射率　天井：70%　壁：70%　床：20%　テーブル：22%

3D照度分布図

| 0.1 | 0.2 | 0.3 | 0.5 | 1 | 2 | 3 | 5 | 10 | 20 | 30 | 50 | 100 | 300 | 1000 | 15000 | lx |

図4.1.21　（続き）

4章

暮らし方を生かすシーン別照明のテクニック

139

パターン3のライティングレール+スポットライトの照明手法は、食卓の配置が確定していない場合だけでなく、来客などで人数が増えた場合にも対応可能です。図4.1.22にパターン3の応用例として6人掛けの食卓の場合の3D照明計算の結果を紹介します。図4.1.21のパターン3で観葉植物を照明していたスポットライトの照射方向を食卓に変更しています。食卓を照らすスポットライトの数量を増やすことで、食卓面を広範囲に照明できるようになります。

図4.1.23にダイニングの照明事例を紹介します。ア）は長い食卓全体をカバーできるように3連のペンダントライトを取り付けた事例です。ペンダントライトは直接照明形配光でシンプルな形状ながら、V字にコードを吊り下げることで、器具の存在感を高めています。

イ）はキッチンカウンターとダイニングテーブルが一体化した事例で、吊り棚もあるため、棚下灯とダウンライトで器具の存在感は出さずにテーブルの明るさを確保できるようにした事例です。

このように照明手法の組み合わせを変えるだけでも様々な雰囲気を演出することができます。また"食べる"行為においては、調光を導入すると全般照明と局部照明の差をシーンに合わせて調整しやすく、食卓への集約感も演出しやすくなります。

ア　ペンダントライトによる照明効果

イ　棚下灯とダウンライトによる照明効果

図4.1.23　ダイニングの照明事例

ア）建築設計：ランドアートラボ＋プランズプラス　撮影：大川孔三
イ）建築設計：TKO-M.architects　撮影：ToLoLo studio

パターン3応用例：6人掛けテーブルの光

照明効果のイメージ

3D照度分布図

図4.1.22　パターン3の6人掛けのテーブルの場合

SCENE 6. くつろぐ

"くつろぐ"行為が主体のリビングは、明るさの目安（p.29／図1.3.04）が、**全般照度では30〜75lx程度**ですが、行為別の**局部照度**の目安は以下の通りで、全般照度と局部照度の差が大きいことがわかります。この差を一室一灯で実現することはできず、くつろぐ行為こそ、**多灯分散照明**の考え方で照明計画を行うことが重要です。

- **だんらんや娯楽（軽い読書を含む）：150〜300lx**
- **読書：300〜750lx**
- **手芸や裁縫：750〜1500lx**

本格的な読書や手芸、裁縫などは、高照度が必要になり、反対に安眠を促す時は逆行します。また食事のように毎日行われる行為が決まっていないため、常設照明ではなく、ポータブルなスタンドライトが有効です。

ここでの"くつろぐ行為"は、"食べる行為"から"寝る行為"をつなぐ夕食以降の過ごし方を前提に解説します。よって常設照明としての"くつろぐ"行為における局部照度は、だんらんや娯楽を主体とした明るさを目安とします。暮らしを楽しむあかりへの応用については、4.2節（p.163）で解説します。基本的な"くつろぐ行為"は以下の4つがポイントです。

①**安眠へ導く光色**
②**重心を下げる**
③**グレアを与えない**
④**フレキシブルな居場所**

①安眠へ導く光色

夕食以降の"くつろぐ"行為における照明の役割は、ゆったりとした雰囲気を演出し、安眠へ移行することです。安眠には、メラトニンの分泌リズムを整える（p.16／図1.1.12）ことが重要です。自然光の色温度と明るさの変化に合わせ、しっかりと光を浴びる昼間に対して、夕食後は**低色温度**の**低照度光**ですごせるようにします。

②重心を下げる

図4.1.24にLDK一体型空間における光の重心の変化を示します。キッチンからダイニング、リビングに移動するに従って、ヒトの姿勢は低くなります。ここで表現している**明るさの重心**は、照明器具の高さではなく、照らされている場所の高さを示します。**姿勢が低くなるほど、照らされる場所の高さだけでなく、明るさも変化します。**明るさの重心を下げやすい照明手法は以下の通りです。

- **グレアレスタイプの器具を使用する**
- **壁の鉛直面を照明する**
- **フロアスタンドを置く**

いずれの照明手法も、天井面をあまり明るくしないことがポイントです。**グレアレスタイプの器具**は、器具自体の存在感を抑えて、テーブルなどの水平面を照らし、明るさの重心を下げることができます。また、p.142の図4.1.26の右図のように壁の鉛直面を照明すると視線を横方向に誘導させることができます。配光によってはスタンドライトなどで、明るさの重心を下げることも可能です。

③グレアを与えない

"くつろぐ"行為では、姿勢が低くなることから、上部の空

ヒトの姿勢の高さに応じて
明るさの重心も変化させる

図4.1.24　LDK一体型空間におけるヒトの姿勢と明るさの重心の変化

間も視界に入りやすくなります。

天井に設置された照明器具が**グレア**を与えないよう、直接照明形配光を用いる場合もグレアレスタイプを選定します。照明器具自体が見えない建築化照明はグレアを与える心配がなく、柔らかい間接光によってくつろいだ雰囲気をつくりやすいです。

④フレキシブルな居場所

"くつろぐ"行為は、会話やテレビ鑑賞、軽い読書など様々な行為が想定され、照明計画でも**明るさの可変性**が求められます。照明における可変性は配置の変更だけでなく、点滅や調光の組み合わせによる異なる照明シーンの演出なども含まれます。

読書や手芸、裁縫などは、手元だけの明るさが確保できればよいので、スタンドライトなどがお勧めです。一方、テレビ鑑賞や会話を楽しむ場合は、暗さを演出するほうが心地よい雰囲気をつくれます。

また、前述のグレアを与えないポイントにも関連しますが、調光機能付きならグレアを抑えやすくなります。照明手法ごとに調光スイッチをつけてもよいのですが、シーン記憶調光器を用いると多様な行為に応じたシーンを演出することができます。

図4.1.25に**シーン記憶調光器**の例を紹介します。回路ごとに好みの明るさや光色を組み合わせたシーンを作成することで、親機だけでなく、専用の子機やリモコンでもシーンを再生することが可能です。さらに無線LANで制御できる照明器具も増えていて、スマートフォンに専用のアプリケーションをダウンロードするだけで、照明の制御ができます。

図4.1.26に様々な"くつろぎ"の行為に対応できるように計画した事例を紹介します。2枚は、同じ空間を異なる視点から撮影した写真です。前述の通り多様なくつろぎの行為に対応するには、照明手法の組み合わせが重要です。外のデッキには充電式のテーブルスタンドを置いています。照明器具の構成は、天井埋め込みの2灯用角型ユニバーサルダウンライト、テレビの背面の壁を照らすコーニス照明、ソファ横のフロアスタンド、屋外のデッキにはブラケットライト、庭の樹木はスパイク式スポットライトでライトアップし、屋内外を一体化して演出できるようにしています。

天井をあえて明るく見せないことで、光の重心を低くし、落ち着いた雰囲気にしています。またこれらの照明器具は、シーン記憶調光器を用いて一体的に制御し、くつろぐ行為に合わせて点滅や調光で照明シーンを変化させることができます。

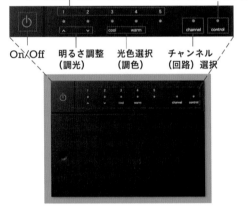

図4.1.25 シーン記憶調光器の例（4回路5シーン）
写真提供：コイズミ照明株式会社（説明は筆者追記）

図4.1.26 フレキシブルに対応可能なリビングの事例
建築設計：ランドアートラボ＋プランズプラス　撮影：大川孔三

SCENE 7. 顔を見る

"顔を見る"行為には、お化粧やひげを剃るという行為も含まれ、**十分な明るさ**が必要です。また明るさだけでなく、顔には凹凸があるため、光の強さとあて方による顔の**モデリング**(p.12／図1.1.6)に配慮することが重要です。さらに顔色を確認する健康チェックの観点からは、**演色性**への配慮も必要です。"顔を見る"行為における照明計画のポイントを以下の3点で解説します。

①顔色をチェックできる
②顔に陰影をつくらない
③肌の色をきれいに見せる

①顔色をチェックできる

図1.3.04(p.29)の住宅における行為と推奨照度では、洗面室の**全般照度**は75〜150lxですが、ひげそりやお化粧をする場合の**局部照度**の目安は、200〜500lxとなっています。この場合の局部照度は顔面の**鉛直面照度**であることに注意が必要です。

図4.2.27に、洗面の全般照度と局部照度の考え方を示します。矢印の方向は照度計の受光部の向き(p.91／図3.1.08)を示し、全般照度は、洗面台の高さで上向き、鉛直面照度は顔面の高さで鏡に向けて測定します。

図のように直接照明形配光のダウンライトで洗面台の明るさ(全般照度)を確保し、全般拡散照明形配光のブラケットライトで顔の鉛直面の明るさ(局部照度)が得られるように照らします。ダウンライトの位置は、Aの部屋の中央ではなく、Bのヒトが立つ位置よりも鏡側に設置して、洗面台に暗がりが生じないように注意します。

A. 暗がりができてしまう

B. 顔がはっきり見える

図4.1.27　洗面における全般照度と局部照度の考え方

②顔に陰影をつくらない

顔に陰影がつきやすいのは、上部から光があたるダウンライトやスポットライトの場合で、光の広がりが狭いほど、より陰影も強く出るので注意が必要です。顔に陰影がつきにくいのは、**全般拡散照明形配光**のブラケットライトで、顔の両側から照明する方法が一般的です。

LED照明の普及によって、鏡と照明が一体化した製品も開発されています。図4.1.28にミラーライトの製品を紹介します。リング状に発光している部分が、鏡に内蔵されたLED照明です。このミラーライトは可動型で、手前に引き寄せることで、より明るく、顔をクローズアップさせ確認できます。

図4.1.28　LEDを内蔵させた可動型のミラーライト
写真提供：オリンピア照明株式会社(Miior社)

③肌の色をきれいに見せる

肌の色の見え方を評価する場合、**特殊演色評価数**として、R13(西洋人の肌の色)とR15(日本人の肌の色)の指標(p.14)があります。また図1.2.05〜07(p.24)で解説したとおり、中波長(黄色系)を抑えて、長波長(赤色系)を高めた光を使用すると肌の色をきれいに見せることができます。照明メーカーでは高演色というだけでなく、肌の色がきれいに見えることをアピールした製品開発も行われています。LED照明の場合は、演色性を高めるために赤系の波長が多く含まれるようにしているので、R15の数値が高いLEDは、**平均演色評価数**のRaも高くなります。

図4.1.29に洗面の事例写真を紹介します。ア)は洗面とトイレ、奥のシャワールームが一体となっているため、鏡用のブラケットライトを局部照明として、ダウンライトを全般照明

143

ア　ブラケットライトの事例

イ　ライン照明の事例

ウ　建築化照明＋ダウンライトの事例

エ　建築化照明＋ダウンライトの事例

図4.1.29　洗面の事例写真

ア)建築設計：今村幹建築計画事務所＋東出明建築設計事務所　撮影：金子俊男
イ)建築設計：栄激建築／エイスケンチク／ACETECTURE
ウ)建築設計：オーワークス
エ)建築設計：ランドアートラボ＋プランズプラス　撮影：大川孔三

として組み合わせた事例です。イ)は鏡の両サイドにドットレスのライン照明を設置して、顔の両サイドから光があたるようにした事例です。グレアとならないように調光スイッチで明るさも調整できるようにしています。また鏡の高さをライン照明の長さと同じにすることで、洗面空間としての一体感も高まります。拡散配光のダウンライトは、脱衣などの行為でも使用できるように組み合わせています。ウ)は鏡と一体化した収納の上下で建築化照明を行った事例です。ダウンライトによる直射光も併用して、洗面台の明るさも十分に確保できるようにしています。エ)も収納付きの鏡と一体化させた建築化照明の事例です。天井を照明する建築化照明は全般照明として、拡散配光のダウンライトを局部照明として組み合わせています。

図4.1.30は、顔の見え方を検証するための3つの照明パターンの比較です。パターン1は図4.1.27のBの考え方で、顔の見やすさを優先した照明手法の組み合わせです。明るさの目安は、ダウンライトとブラケットライト、ともに

60W相当の照明器具の配光データを使用しています。

パターン2は収納付き鏡の場合で、ブラケットライトを使用しても下方光の光が遮られる場合です。よって2台の拡散配光のダウンライトで、顔の両側から光があたるように照明しています。

パターン3は、収納付き鏡を建築化照明の装置として利用した場合で、上下にLEDライン照明を設置して間接照明の効果が得られるようにし、直接照明として高演色形で拡散配光のダウンライトを組み合わせました。

3パターンの中で、顔全体を最も明るくできるのはパターン1です。明暗の差があまりなく、顔の**モデリング**も良好であることがわかります。パターン2の上方からの光のみの場合、目や鼻、あごの下がやや暗くなっています。パターン3はダウンライトの上方からの光によって生じる影を建築化照明による天井や洗面台からの反射光によって相殺しています。この場合の注意点は、天井や洗面台など仕上げの反射率が低いと暗くなってしまうこと、また色がついている場合は、反射光がその色の影響を受けることにも配慮が必要です。

パターン1：前から照らす光

ブラケットライト　　　ダウンライト
（全般拡散照明形配光）（拡散配光 / 高演色形）

ダウンライトで洗面台上の明るさを確保しながら、上部からの光による顔の陰影をなくすよう、鏡の両側からブラケットライトで照明

（3D 照度分布図）

パターン2：斜め上から照らす光

ダウンライト
（拡散配光 / 高演色形）

鏡の出幅でブラケットライトの下方向への光が遮られやすいため、2台のダウンライトで顔の両側から光をあてる

（3D 照度分布図）

パターン3：陰影を和らげる間接光

ライン照明　　　ダウンライト
（拡散配光）　（拡散配光 / 高演色形）

収納付き鏡の上下にライン照明を設置して、天井面と洗面台の両方を照らし、その間接光を利用して、ダウンライトによる顔の陰影を和らげる

（3D 照度分布図）

3D 照明計算ソフト DIALux evo 9.2　保守率：0.8
反射率　天井：70%　壁：50%　床：20%　洗面台：50%

| 0.1 | 0.2 0.3 | 0.5 | 1 | 2 | 3 | 5 | 10 | 20 30 | 50 | 100 | 300 1000 | 15000 | lx |

図4.1.30　洗面における照明効果の比較

SCENE 8. 入浴する

　入浴する行為は、1日の疲れをとる意味でもリラックスできる照明デザインが求められます。全般照度の目安は洗面室と同じで、75〜150 lxです（p.29／図1.3.04）。洗面室は、浴室と隣接して、脱衣室を兼ねる場合もあり、ガラスの間仕切りで、一体的な空間として設計されることがあります。このような場合は、"入浴する行為"の観点に加えて、"顔を見る行為"の照明デザインにも配慮することが必要です。"入浴する行為"における照明計画のポイントは以下の4つで、ポイントごとに解説します。

①防湿性能を備える
②気分を整える光色
③動作を遮らない
④景色を楽しむ調光

A. ブラケットライトの場合

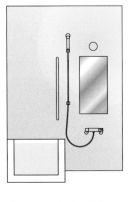

B. ダウンライトの場合

C. コーニス照明の場合

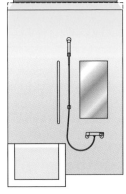

図4.1.31　浴室における照明手法の例

①防湿性能を備える

　浴室では湯気がかなり出るので、**防湿型**の照明器具を使用することが重要です（p.47／図2.2.04）。ユニットバスの場合は、照明がオプションで選定できるようになっています。その場合も単に体を洗うというだけでなく、リラクゼーション効果を高められるように配慮することが重要です。

　図4.1.31に浴室における照明手法を紹介します。Aの防湿型ブラケットライトやBの防湿型で拡散配光のダウンライトを使用するのが一般的です。建築化照明として使用可能な防湿型器具のバリエーションも増えているため、Cのように建築化照明を行うことも可能です。ただし器具を上向きに取り付けるコーブ照明の場合は、器具の取り付け部分に水が溜まって浸水する恐れがあるためNGです。浴室で建築化照明を行う場合は、**コーニス照明**のように下向きに照明する手法を検討します。壁面を照明することで空間の奥行きを感じさせ、また照明器具の存在感を消すと、高級感やリラクゼーション効果も高めることができます。

　なお従来光源用の防湿型のブラケットライトをLED化する場合、密閉対応型のLED電球を使用しなければなりません。従来光源用の防湿型ブラケットライトは、器具の中に湿気が入らないよう密閉性が高い器具構造となっています。LEDは熱や湿気に弱いため、密閉対応型のLED電球を使用しないと不点になる心配があるからです。

②気分を整える光色

　夜、体を休めるために入浴する場合は、メラトニンの分泌を促す観点でも低色温度の**電球色**がお勧めです。また朝、シャワーを浴びるという場合は、高色温度の白色光の方が覚醒を促すことができます。調色・調光やカラーライティングも可能な防湿型照明器具もあり、ライトセラピー効果も得られます。

③動作を遮らない

　図4.1.31のAやBのように浴槽側ではなく、洗い場側を明るくするのが一般的です。鏡がある場合は、顔を見る行為と同様で、**全般拡散照明形配光**のブラケットライトを鏡の上部に取り付けると顔が見やすくなります。この場合、取り付け位置が低いと頭をぶつけやすく、またシャワーヘッドの固定位置に近いとシャワーヘッドを器具にぶつけてしまう心配もあります。よって洗い場側の展開図を確認した上で、ブラケットライトの取り付け位置と高さの検討を行うことが重要です。

④景色を楽しむ調光

入浴しながら外の樹木のライトアップを眺めたい場合は、室内側を暗くすると外を眺めやすくなります。また窓に対面する壁を明るくしないことで、窓への映り込みを軽減することができます（p.174／図4.2.16）。図4.1.32に入浴しな

がら外のライトアップを楽しむことができる照明手法を紹介します。脱衣室を兼ねた洗面室と浴室が隣接して、ガラスで仕切られている場合は、洗面室も調光で暗くできるようにしておくことが照明計画のポイントです。

・体を洗うのがメインの場合

防湿型ダウンライト（集光配光）　防湿型ブラケット　ライト ON　ダウンライト（拡散配光）　洗面用ブラケット　ライト OFF

屋外用スポットライト　OFF

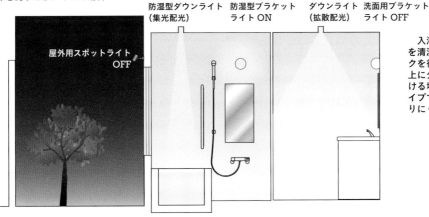

入浴の照明は、日常の体を清潔に保ち、健康チェックを行うのが目的。湯舟の上にダウンライトを取り付ける場合は、グレアレスタイプで選定し、グレアになりにくい位置を選ぶ

・ゆっくり入浴しながら、外の景色を楽しむ場合

防湿型ダウンライト（集光配光）　防湿型ブラケット　ライト OFF　水面からの反射光　ダウンライト（拡散配光）：調光　洗面用ブラケット　ライト OFF

屋外用スポットライト　ON

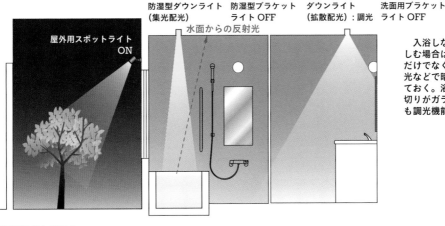

入浴しながら外の景色を楽しむ場合は、外構を照明するだけでなく、室内を点滅や調光などで暗くできるようにしておく。浴室と洗面室の間仕切りがガラスの場合、洗面室も調光機能付を選定する

・露天風呂がある場合

防湿型ダウンライト（集光配光）On　水面からの反射光　防湿型ダウンライト（拡散配光）：調光　ダウンライト（拡散配光）：調光　洗面用ブラケット　ライト OFF

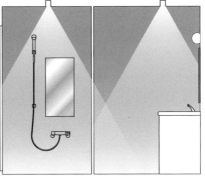

屋外用スポットライト　ON

外に露天風呂がある場合は、軒下から集光した光で水面を照らすと水でゆらいだ反射光を映し出す効果が得られる

図4.1.32　入浴しながら外の景色を楽しむ照明手法の例

また露天風呂などの場合は、集光配光のダウンライトやスポットライトで水面を照射すると、水面のゆらぎが反射して軒下に光のゆらぎを映し出すことができます。室内においてもジェットバスのように気泡によって水面がゆらぐ場合、同様の照明効果が期待できます。

図4.1.33では中庭のライトアップを楽しむための3D照明計算による検討例を紹介します。対面する壁面のライトアップや樹木のライトダウンで照明しても、Aのように室内側が明るいと映り込みで外が見えにくくなります。Bのように洗面室側は消灯させて、浴室内も暗く減光させると外がよく見えるようになることがわかります。

図4.1.34は、入浴しながら樹木のライトアップを楽しめる照明例です。全般拡散照明形配光の低ポール灯だけでなく、外壁の窓の上部にスポットライトを取り付けて、入浴時の視線に近い場所が明るくなるようにしています。

図4.1.34 庭を眺めながら入浴する照明例
建築設計：里山建築研究所　造園設計：高田造園設計事務所　撮影：中川敦玲

A. 全点灯

B. 浴室ダウンライト：20%　洗面室：OFF

3D 照度分布図

3D 照度分布図

0.1　0.2 0.3　0.5　1　2　3　5　10　20 30 50　100　300 1000　15000　lx

3D 照明計算ソフト DIALux evo 9.2　保守率：0.8
反射率　天井：10%　壁：60%　床：30%

図4.1.33 中庭のライトアップを楽しむ浴室の照明例

4.1 暮らしを支えるあかり

SCENE 9. 排泄する

それほど広くないトイレであれば、40〜60W相当タイプのブラケットライトやダウンライトを1灯設置するだけでも用を足すのに支障はありません。ただし、健康維持の観点から排泄物の状態を確認できることが重要で、全般照度の目安は、50〜100lxです（p.29／図1.3.04）。"排泄する"行為における照明計画のポイントは以下の3つで、ポイントごとに解説します。

①影をつくらない
②狭さを生かす
③深夜の覚醒を防ぐ

①影をつくらない

図4.1.35にダウンライトの配置の違いによる照明効果を比較します。ダウンライトの場合、Aのように部屋の中央に配置しがちですが、男性が立って用を足す場合、自分の影で便器内が見えにくくなります。よってダウンライトの場合は、Bのように便器の上部に設置するようにします。

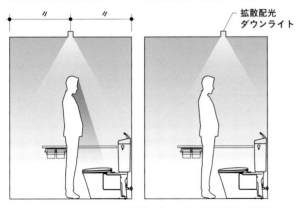

図4.1.35　配置の違いによる照明効果の比較

②狭さを生かす

一般にトイレは広い空間ではないため、照明器具の存在自体が邪魔にならない器具選定、配置の検討を行います。内装や家具と一体化させる建築化照明は、器具自体の存在を感じさせることがありません。図4.1.36に建築化照明の導入方法を紹介します。

Aは壁面を照らすコーニス照明の場合で、壁だけでなく便器の明るさも得られます。絵などを飾って楽しむこともできます。Bのように吊戸棚が設置される場合は、その上下に建築化照明用のライン型器具を設置すると空間全体の明るさ感が得られるだけでなく、便器自体もよく見えます。Cのように鏡を取り付ける場合、鏡と壁の間に隙間をとって、鏡の周囲に光を放つ間接照明を行うこともできます。この場合は便器自体の明るさは弱いため、ダウンライトなどを併用します。また図4.1.35のBのように拡散配光のダウンライトを使用すると空間全体が照らされ、鏡周囲の間接照明の効果が薄れてしまうため、集光配光のダウンライトを組み合わせるとよいでしょう。

図4.1.36　建築化照明の導入方法の例

その他の照明手法における邪魔にならない配置例を図4.1.37に紹介します。Aのように手洗いが別で、鏡がある場合は、鏡の上部に全般拡散照明形配光のブラケットライトを設置すると顔の見え方にも配慮できます。鏡がない場合は、直接・間接照明形配光などで、手洗い部分だけでなく、天井からの反射光によって空間全般の明るさを確保することもできます。この場合のブラケットライトのデザイン

は、邪魔にならないように出幅が小さい器具を選定します（p.71／図2.4.03）。

　手洗いと便器が一体となっている場合、Bのようにペンダントライトを吊り下げる方法もあります。邪魔にならない高さに設定できるよう、コード長さが調整可能な機種を選定します。全般拡散照明形配光の場合は、空間全体が柔らかな光に包まれる雰囲気を演出することができます。ただしガラスなどの素材の場合は、地震などで揺れて割れる心配もあるので、配光だけでなく、素材にも配慮が必要です。

安は2lxとなっています。

　行為の連続性として覚醒の抑制に配慮する考え方（p.119／図4.1.05）は、排泄する行為でも同様です。この場合、健康状態のチェックができる明るさは不要です。調光対応器具と調光スイッチを併用すれば、覚醒しない程度の明るさに抑えることができます。

　また図4.1.36のBやCのように複数の照明手法を組み合わせる場合は、点滅回路を分けて明るさを変えられるようにしておくことも可能です。例えばBの場合は、深夜は上部の間接照明のみを点灯したり、Cの場合は鏡周囲の間接照明のみにしたりと、直接照明は消灯して目に入る明るさの量を減らすことができます。

　図4.1.38にトイレの照明事例を紹介します。ア）、イ）、ウ）はブラケットライトを設置した事例です。邪魔にならない出幅の小さい器具（p.71／図2.4.03）を選定することが重要です。ア）やイ）の小型ブラケットライトの場合は、扉をあけた正面または便器の奥など、器具自体の正面が見えやすい壁に設置するとグレアを与えにくくなります。ウ）の事例は勾配天井の低い壁側から間接照明形配光のブラケットライトで天井面を照らすことで、空間全体の明るさが得られるようにしています。エ）は手洗い付きの便器側上部にペンダントライトを吊り下げた事例です。手洗いを行いやすくするだけでなく、窓の外からも暖かい窓明かりを演出できます。

A. ブラケットライトの場合

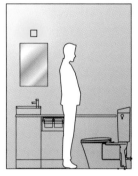

B. ペンダントライトの場合

図4.1.37　照明手法の違いによる設置例

③深夜の覚醒を防ぐ

　夜間トイレに行く頻度は加齢とともに増えることが想定されます。JISの照明基準総則（p.29／図1.3.04）では、トイレの深夜の目安は示されていませんが、廊下の深夜の目

ア　小型ブラケットライトの例1

イ　小型ブラケットライトの例2

ウ　ライン型ブラケットライトの例

エ　ペンダントライトの例

図4.1.38　トイレの照明事例

ア・イ・ウ）建築設計：オーワークス　撮影：松浦文生
エ）建築設計／写真提供：SAI/株式会社MASAOKA

4.1　暮らしを支えるあかり

SCENE 10. 寝る

　"寝る"行為は、"食べる"行為と同様に健康維持の観点が不可欠です。加齢とともに眠りが浅くなるため、いかに安眠を促せる照明計画とするかが重要です。ただし読書や化粧などの行為における局部照度の目安は、300～750lxのため、クライアントの要望に応じて、局部照度が得られるように検討します。図4.1.39に寝る行為における照明手法の組み合わせ例と注意点を示し、以下4つの照明計画のポイントについてあわせて解説します。

①安眠を促す光色

②グレアを与えない

③暗さのバリエーション

④覚醒の抑制

①安眠を促す光色

　夕食を食べ、リビングでくつろぎ、"寝る"行為までの一連のプロセスでは、電球色の低色温度(p.16／図1.1.12)で、ゆったりと過ごすことが重要です。一般的に電球色といわれる光色は2700～3000Kですが、バーやホテルの客室では2400K前後を使用することがあります。これは白熱電球を調光して暗くすると色温度も下がり、よりくつろいだ雰囲気になることをLEDでも再現するためです。

　図4.1.39のCのように電球色(2700K)よりも低色温度(2400K)のライン照明をベッドボードに内蔵させた建築化照明を行うことで、より安眠を促すことができます。P.17で紹介した低色温度調色・調光器具も有効です。

A. ベッドが既製品＋クローゼットがある場合

全般照明：ダウンライト（高演色形）
局部照明：直接・間接照明形配光ブラケット（下面カバー付）

照明器具が直接見えない方が良いエリア

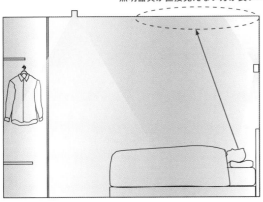

B. クローゼットを造作する場合

全般照明：クローゼット上部建築化照明
局部照明：ピンホール形ダウンライト（集光配光）

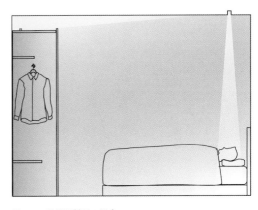

C. ベッドボードを造作する場合

全般照明：ベッドボード内蔵アッパー照明 (2400K)＋
　　　　　カーテンボックス内蔵コーニス照明
局部照明：ベッドボード内蔵読書灯

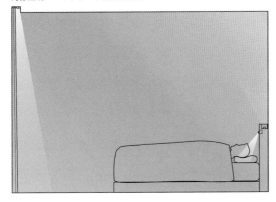

D. ベッドが既製品の場合

全般照明：バランス照明（上向き）
局部照明：バランス照明（下向き＋遮光付）
常夜灯：フットライト

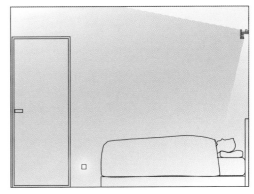

図4.1.39　寝る行為における照明手法の組み合わせと注意点

さらに小型の読書灯(p.196／図5.1.15 リーディングラ
イト)をベッドボードに取り付けることで、就寝前の読書など
も楽しめます。

②グレアを与えない

寝た視点では、天井が目に入りやすいので、直接照明
形配光や半直接照明形配光の器具を天井に取り付ける場
合は、特に注意が必要です。図4.1.39のAでは直接照
明形配光のダウンライトを全般照明としていますが、部屋の
中央ではなく、足元側に設置することで、寝た視点で発光
部が見えにくくなります。枕元側にブラケットを設置する場
合は、寝た視点で発光部が見えにくいように下面にルー
バーまたはカバーが設置されている器具(p.71／図2.4.04)
を選定することが重要です。

ただしホテルなどの設計においては、**グレアレスタイプ**
のユニバーサルダウンライトやBのように発光部が見えにく
いピンホール形の集光配光(p.49／図2.3.02)を使用す
る場合もあります。またBのようにクローゼットと天井までの
距離がある場合は、ライン型器具を上部に載せてコーブ照
明の代用にしたり、Cのようにカーテンボックスがある場合は、
カーテンボックス内にライン型器具を内蔵させたコーニス照
明にしたり、家具や内装と一体化させることでグレアを与え
にくい照明手法となります。Dのバランス照明の場合も寝た
視点で発光部が見えないように遮光材の検討を行うことが
重要です。また上下に異なるライン型器具を設置することで、
2回路で点滅や調光できるようにすると明るさも調整しやす
くなります。

③暗さのバリエーション

暗くなるとメラトニンが分泌されやすくなり、ヒトは自然に
眠くなります。よって"寝る"行為の導入として、暗さを調整
できることが重要です。点滅の組み合わせや調光機能を取
り入れます。図4.1.41では照明パターン例を紹介していま
すが、点滅や調光の組み合わせ次第で、様々な雰囲気を
楽しむこともできます。

④覚醒の抑制

寝室における全般照度の目安は15～30lx(p.29／
図1.3.04)で、住宅の中で最も暗い指標です。深夜にトイ
レに行くことを想定すると、廊下への常夜灯の導入だけで
なく、トイレへの調光の導入、寝室で覚醒を抑制する配慮
が必要です。

調光機能を利用して、最低限の明るさで点灯させてもよ
いですが、p.151の図4.1.39のDのようにフットライトを常
夜灯として用いる場合もあります。この場合、寝た視点で
フットライトの光が気にならない場所に設置します。

お手本として想像してほしいのは、ホテルや旅館の客室
です。図4.1.40に、ホテルの客室事例を紹介します。床
の段差の視認性を高める機能と合わせて、フットライトを常
夜灯として使用しています。

図4.1.40　寝る行為における常夜灯の使用例
建築設計:今村幹建築設計事務所+東出明建築設計事務所　撮影:金子俊男

図4.1.41に寝室の事例を紹介します。ア)は足元側に
設置したダウンライトと枕元側の直接・間接照明形配光の
ブラケットライトを組み合わせた事例です。このブラケットライ
トは、アクセントウォールと同系色の器具色を選択し、壁と一
体化させています。正面側にも少し光が漏れるデザインで、
アクセントライトの効果も得られます。

イ)は枕元上部でバランス照明を行った事例です。バラン
ス照明の造作をベッドボードとカーテンボックスと同じ木製と
することで、空間としての一体感が得られます。上下に2
列のLEDライン照明を設置して、上向きの間接照明は全
般照明として、下向きの直接照明は局部照明として、回路
を分けて点滅と調光ができるようになっています。

ウ)はデンマークの住宅の事例ですが、通常はペンダント
ライトとして使用する器具を天井近くに設置しています。発
光部が見えにくいだけでなく、装飾効果も高めることができ
ます。

エ)は勾配天井の寝室の事例で、低い側の壁に直接・
間接照明形配光のブラケットを設置し、枕元の明るさが得
られるようにしています。全般照明としては、全般照明形配
光のペンダントライト(p.208／図5.2.10)を下げることで、
寝室がやわらかい光に包まれるようにしています。

ア　ブラケットライト＋ダウンライトの例

イ　バランス照明の例

**ウ　ペンダントライト＋　　　エ　ペンダントライト＋
　　ブラケットライトの例1　　　ブラケットライトの例2**

図4.1.41　寝室の照明事例

ア）建築設計：オーワークス　　撮影：松浦文生
イ）建築設計：今村幹建築設計事務所　撮影：大川孔三
エ）建築設計：栄徹建築／エイスケンチク／ACETECTURE

●目覚めのための光

　就寝後は朝起きるときの"目覚める"行為へ移行します。p.17で紹介した**サーカディアン照明**の考え方では、朝は高照度の白色光を浴びることが重要です。自然光が窓から十分に入ればよいのですが、日当たりが悪い場合は、**調色・調光照明**を利用して朝は白色光で高照度にすると、すっきりとした目覚めを促すことが可能です。朝の散歩や外出などで自然光を十分に浴びることができればよいのですが、病気などで外出ができない場合、寝室にサーカディアン照明の考え方を導入することも考えられます。

　図4.1.42に"寝る行為"のための照明パターン例を2つ紹介します。

　パターン1では読書を楽しめる光として照明計画を行っています。枕元側の上部のコーニス照明を全般照明として、壁面にアートなどを飾って楽しめるようにアクセントライトも兼用しています。ベッドボードには読書灯として小型のスポットライトを取り付け、手元で照射方向や調光を行えるようにします。鏡の上部にはブラケットライトを設置して、お化粧コーナーにもなります。フットライトは就寝時に目に入らない位置に取り付けて常夜灯とします。照射方向を回転できるフロアスタンド（p.207／図5.2.06）を併用し、仕事に集中できる明るさも確保します。

　パターン2は安眠前のくつろぎの光をイメージして、ベッドボードにライン型器具を内蔵させ、アッパーライトで壁面と天井面を照らしています。また右側壁にニッチを設けて、テープライトによるニッチ内照明で、装飾効果を高めています。壁面の仕上げも、アクセントウォールとして色や素材を変えることで、照明と内装の一体化が高まります。デスクライトは、グレアレスタイプのダウンライトを壁際に設置することで、机上面だけでなく、壁面のアートや写真などを照らすこともできます。ベッドの足元にスペースがある場合は、周囲をテープライトで照明することで、ホテルに宿泊するような特別な雰囲気を高めることができます。

パターン1　ベッドサイドの読書灯

配光イメージと照明要素の組み合わせ

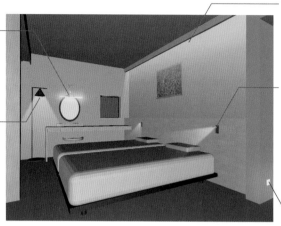

コーニス照明による絵画
および枕元を照らす全般
照明

アーム付き全般拡散照明形配
光ブラケットライトによる鏡
を見るための照明

小型のスポットライトに
よる読書用の局部照明

フロアスタンドによる机上面
の局部照明または灯具部分を
上向きにすることで間接照明
に変更可能

フットライトによる常夜灯

A. 全点灯の場合

3D 照度分布図

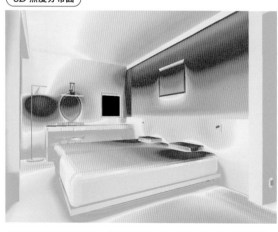

B. 寝ながら読書する場合

コーニス照明 / フロアスタンド / ブラケットライト：OFF

3D 照度分布図

| 0.1 | 0.2 | 0.3 | 0.5 | 1 | 2 | 3 | 5 | 10 | 20 | 30 | 50 | 100 | 300 | 1000 | 15000 | lx |

3D 照明計算ソフト DIALux evo 9.2　保守率：0.8
反射率　天井：70%　壁：50%　床：50%

パターン2 安眠前のくつろぎの光

配光イメージと照明要素の組み合わせ

ダウンライトによる壁面と机上面の照明

ニッチ内建築化照明

ベッドボード上部の
アッパーライト

直接照明形配光のテーブル
スタンドによる机上面の局部
照明

ベッド下の間接照明

A. ホテルのようなくつろぎの時間を楽しむ場合

B. 寝る直前の光

ニッチ内建築化照明 / ダウンライト / テーブルスタンド：OFF
ベッドボード上部 / ベッド下間接照明：10%

3D 照度分布図

3D 照度分布図

| 0.1 | 0.2 | 0.3 | 0.5 | 1 | 2 | 3 | 5 | 10 | 20 | 30 | 50 | 100 | 300 | 1000 | 15000 | lx |

3D 照明計算ソフト DIALux evo 9.2　保守率：0.8
反射率　天井：70%　壁：50%／ベッド側：36%　床：50%

図4.1.42　寝る行為における照明パターン例

SCENE 11. 服を選ぶ

納戸や物置の全般照度は20〜50lx(p.29／図1.3.04)で、ものの出し入れができればよい明るさです。ただしクローゼットの場合は、服が選びやすいことが求められます。演色性の高さは、同一色温度、同照度での比較において優位となるため、**高演色**であることだけでなく、**十分な明るさ**も必要です。本書では図1.3.03(p.29)の作業のために連続的に使用しない所の推奨照度として100〜200lx程度を目安としています。ここでは"服を選ぶ"行為について、照明計画における3つのポイントを紹介します。

　①色が識別しやすい
　②色温度の選択
　③均一な光

①色が識別しやすい

赤や黄色などの色相の差が大きい場合は、一般形LEDの演色性でも色の識別には問題はありません。図1.2.04(p.23)で紹介しましたが、一般形の場合、白色がやや黄ばんで見えることがあります。微妙な色の違いを識別するには、**高演色タイプ**の照明器具を使用することをお勧めします。また、高演色であることの優位性は、同一色温度と同照度の条件下における比較であるため、単に高演色タイプを使用すれば色が識別しやすくなるということではありません。高演色タイプのメリットを生かすには、**十分な明るさ**も必要となります。

②色温度の選択

印刷や塗装工場などで色を確認する場合、D50またはD65と呼ばれる光源を使用します。"D"はDaylight、"50"は5000K、"65"は6500Kを示し、昼光と同等の光で色の識別を行うために用いられます。

アパレル店の照明設計を行う場合は、3500Kの温白色光を使用することがあります。高級感や落ち着いた雰囲気は**低色温度**の方が演出しやすいのですが、**高色温度**の方が色を識別しやすいため、その両方を併せ持つ中間の温白色を選定します。住宅でも服の色をしっかりと識別したい場合は**昼光色**を、加えて住宅として落ち着いた雰囲気も重視したい場合は、**温白色**の**高演色形**を選定します。

図4.1.43に服を選ぶ行為における色温度の使い分けを示します。Aのように寝室内の全般照明は、家具として置かれるクローゼットを外から照明する役目も持ちます。"寝る"行為に配慮して、安眠を促す**電球色**の高演色形か、もしくは**調色・調光照明**器具を使用するのが効果的です。

Bのように自然光が入らない独立したウォークインクローゼットの場合は、昼光下での色の見え方が確認できる**昼光色**の高演色形を使用するとよいでしょう。

③均一な光

集光した光は、局部的には明るさを得やすいものの、照射範囲以外との差は大きくなります。例えば模様のある洋服は、柄の見え方などに影響を及ぼすことがあります。直接照明形配光のダウンライトの場合は**拡散配光**を選択し、Bのように半直接照明形配光の直付け器具などで、クローゼット全体が照らされるようにすると洋服全体が見やすくなります。

A. 寝室内にクローゼットがある場合

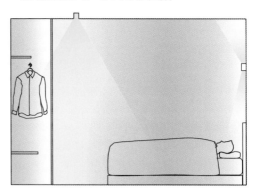

B. 無窓のウォークインクローゼットの場合

図4.1.43　洋服を選ぶ行為における色温度の使い分け

SCENE 12. 勉強・仕事をする

　勉強や仕事をする行為は住宅の中でも明るさが必要な行為です。図1.3.04（p.29）では全般照度の目安は75〜150lxですが、局部照度では、遊びやゲームで150〜300lx、勉強や読書で500〜1000lxを目安とします。また最近ではパソコンやタブレットなどを使用したオンライン学習やリモートワークを行うこともあります。**VDT作業**（Visual Display Terminals：ディスプレイを視ながら行う作業）における局部照度としては、300〜750lx程度を目安とします。

　独立した子供部屋や書斎の場合、"勉強する"だけでなく、"寝る"や"趣味を楽しむ"行為にも配慮が必要です。子供の成長に応じて、部屋の使われ方も変化していくことが想定されます。ここでは"勉強や仕事をする"行為について、照明計画における4つのポイントを紹介します。

　①集中できる
　②手元を照らす
　③覚醒のオン・オフ
　④隣接空間との両立

①集中できる

　オフィスの照明計画では、**タスク・アンビエント照明**（Task & Ambient Lighting）がよいといわれます。作業用の照明としての"タスク"と周辺の状況がわかる照明としての"アンビエント"を併用する考え方です。

　図4.1.44にタスク・アンビエント照明の考え方を示します。Aは天井からの全般照明で机上面の明るさも得る考え方で、日本のオフィスでよく見られる照明手法です。Bは天井からの全般照明を減らし、机上は低い位置から作業エリアのみを照明しています。脳は目に入る情報を常に処理しているため、Aのように空間全体を明るくするとより多くのものが目に入りやすくなり、それだけで疲れてしまう可能性があります。タスクライトはBのように照射距離は短い方が少ない光束でも十分な明るさを得られやすく、集中しやすい雰囲気をつくることができます。また使用しない場合は消灯することで、省エネルギーにもなります。

　"勉強する"行為も、タスク・アンビエント照明の考え方を応用できます。

②手元を照らす

　図4.1.45に"勉強や仕事する"行為における照明手法

A. 全般照明の場合

B. タスク・アンビエント照明の場合

図4.1.44　タスク・アンビエント照明の考え方

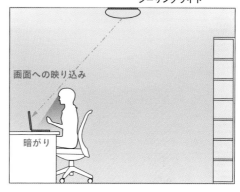

A. 全般照明のみ（一室一灯）の場合

シーリングライト

画面への映り込み

暗がり

B. 多灯分散照明の場合

ダウンライト（拡散配光）　　建築化照明用器具

デスクライト

図4.1.45　勉強や仕事する行為における
　　　　　照明手法の違いによる注意点

の違いによる注意点を示します。

　子供部屋の場合、幼少期は床で遊ぶことが多いため、Aのようにシーリングライトで、部屋全体の明るさを保つこと

が多いです。ただしシーリングライトは、パソコンの画面やタブレットなどに映り込み、**反射グレア**（p.19）を起こす心配があります。反射グレアによる画面の見えにくさは、**眼精疲労**の原因となるので、注意が必要です。

またAのように天井中央のシーリングライトのみで、背後から光があたる場合、自分自身の影で机上を暗くしてしまいます。その影を相殺する観点でもBのように**デスクライト**が必要です。なお机上にデスクライトを置く場合は、利き手と反対側から照明して、文字を書く場合に**手暗がり**を起こさないようにします。子供部屋は子供の成長に合わせて使われ方が変化することや後述するオンライン会議を行う観点でも一室一灯よりも多灯分散照明の方が対応しやすくなります（p.162／図4.1.51）。

デスクライトは、図2.4.10（p.75）の直接照明形配光のテーブルスタンドとしても分類できます。図4.1.46にデスクライトの例を紹介します。

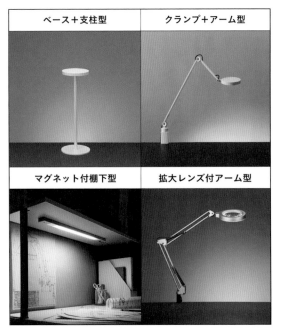

図4.1.46　デスクライトの例
写真提供：山田照明株式会社

まず設置方法として、机に置くタイプのベース型と机の天板に挟み込むクランプ型があります。クランプ型にも対応できる金具が同梱されている場合やオプションで購入できる場合もあります。次に形状として支柱型とアーム型があります。支柱型は視線に発光部が入らない高さで、コンパクトに設置できます。アーム型はヘッドの上下や左右に移動させることで、照射範囲を調整できます。子供の成長に応じて視線の高さが変わるため、長くデスクライトとして使用する場合は、アーム型の方が使いやすいでしょう。机上にスチールラックなどが置かれる場合は、マグネットで設置可能な棚下型もあります。また、ヘッドの中央に拡大レンズを組み込んだタイプは、加齢とともに細かい文字を見る場合に便利です。

デスクライト選定の注意点は、**マルチシャドウ**（多重影）です。LEDを光源とした照明器具は、**複数素子タイプ**と**COB**（Chip on Boad）**タイプ**の2種類に大別されます。図4.1.47の(a)の複数素子タイプの場合、素子の数だけ影が重なる現象が起き、これをマルチシャドウといいます。読み書きに支障が出る可能性もあり、**眼精疲労**の原因にもなりかねません。デスクライトは机上面との距離が近いため、マルチシャドウが起きやすいので注意が必要です。

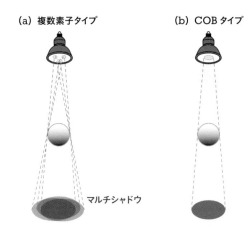

(a) 複数素子タイプ　　　(b) COBタイプ

マルチシャドウ

図4.1.47　LED複数素子によるマルチシャドウ

③覚醒のオン・オフ

子供部屋は、くつろいだり、寝たりする場所でもあり、低色温度で低照度がよいのですが、これらの行為とは反対に勉強は覚醒が必要な行為のため、眠くなりにくい**高色温度で高照度**の方が適します。全般照明でも**調色・調光用照明器具**を使用すると行為に応じて光色を使い分けることができ、生体リズムも整えやすくなります。

文字の読みやすさという観点では、一般に紙面の白と文字の黒との輝度対比が大きい方が文字はくっきりと見えるため、**高色温度**の方が読みやすい[10]といわれます。また、文字をくっきりと見せるデスクライトも開発されています。

---

*10　松林容子ほか「06-11居室における光色と文字の読みやすさに関する研究」照明学会平成28年度全国大会講演、2016年

④隣接空間との両立

　明るさは色温度との組み合わせによって心理的、生理的効果が変わる（p.12／図1.1.05）ことが明らかになっています。よって行為に応じて色温度を選択するときは、明るさも一緒に変化させることがポイントです。また学習用のデスクライトには規格があります。JIS C 8112：2014 "LED卓上スタンド・蛍光灯卓上スタンド（勉学用・読書用）"という規格で、机上面照度の区分が示されています。図4.1.48にその区分を紹介します。JIS:A形は半径30cmの範囲内を300lx以上、JIS:AA形は半径50cmの範囲内を250lx以上の明るさが得られるデスクライトを示します。JIS:AA形の方が中心エリアの照度は高く、より広範囲に照明することができます。ちなみに30cmは新聞の片面、50cmは新聞の両面を広げて読める想定です。

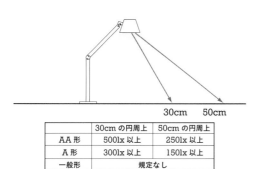

	30cmの円周上	50cmの円周上
AA形	500lx以上	250lx以上
A形	300lx以上	150lx以上
一般形	規定なし	

図4.1.48　デスクスタンドにおける明るさの目安

　図4.1.49に子供部屋と書斎の照明例を紹介します。ア）は吹き抜けでロフトがある子供部屋の事例です。全般拡散照明形配光のペンダントライトとロフト下にもブラケットライトを設置して、部屋全体が柔らかい光に包まれるようにしています。

　イ）は書斎コーナーの事例で、ダウンライトで机上面の明るさを確保していますが、直接・間接照明形配光のブラケットライトで天井面を照らすことで、明るい雰囲気も得られるようにしています。

　ウ）はキッチン横の低い間仕切り壁で仕切られている家事コーナーの照明例です。天井に照明をつけると他のエリアから照明器具だけ見えてしまうので、造作棚を利用した棚下照明を設置しました。手元の明るさをしっかりと確保することで、家事や仕事なども行えるスペースになっています。

　エ）は木造の構造を利用した建築化照明（p.65／図2.3.33 G）と梁の側面に見えにくいように取り付けたスポットライトを組み合わせ、さらに直接照明形配光のテーブルスタンド（p.206／図5.2.03）で机上面の明るさも十分得られるようにしています。

ア　楽しい雰囲気の演出　　**イ　明るい雰囲気の演出**

ウ　棚下灯によるデスクライトの例

エ　建築構造を生かした例

図4.1.49　子供部屋と書斎の照明例

ア/イ）建築設計：SAI/株式会社MASAOKA
ウ）建築設計：オーワークス　撮影：松浦文生
エ）建築設計：里山建築研究所

　図4.1.50に勉強や仕事をする行為における照明パターンを2つ紹介します。

パターン1　学びと遊びを切り替える光

配光イメージと照明要素の組み合わせ

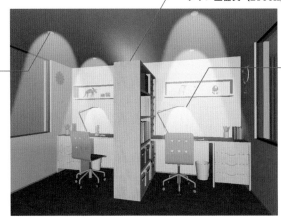

ライン型器具（2700K）による棚上建築化照明

調色・調光用ダウンライト
（2700〜5000K）による
全般照明

デスクライトによる局部
照明（5000K）

A. 勉強する場合

ダウンライト（3500K）＋デスクライト（5000K）

B. 遊ぶ場合（2700K）

ダウンライト（2700K）＋ライン型器具（2700K）

3D 照度分布図

3D 照度分布図

0.1　0.2 0.3　0.5　　1　　2　3　5　　10　20 30　50　100　　300 1000　15000　　lx

3D 照明計算ソフト DIALux evo 9.2　保守率：0.8
反射率　天井：70%　壁：70%　床：26%

配光イメージと照明要素の組み合わせ

ライティングレール＋
スポットライト

屋外テラスのダウンライト

デスクライト

本棚上、建築化照明用
器具によるコーブ照明

テーブルスタンドによる
局部照明兼アクセントラ
イト

A. 仕事をする場合

テーブルスタンド：OFF　他：100%

3D 照度分布図

0.1　0.2 0.3　0.5　　1　　2　3　　5　　10　20 30　50　100　　300 1000　15000

B. 趣味を楽しむ場合

デスクライト／コーブ照明：OFF
スポットライト／テーブルスタンド：100%

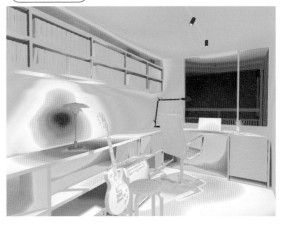

3D 照度分布図

lx

3D 照明計算ソフト DIALux evo 9.2　保守率：0.8
反射率　天井：70%　壁：70%　床：26%

図4.1.50　勉強や仕事する行為における照明パターン例

図4.1.50のパターン1は子供部屋の想定で、兄弟が本棚で間仕切られた部屋で勉強するイメージです。調色・調光用ダウンライトを全般照明として均等に配置することで、将来的な部屋の模様替えにも対応しやすくなります。間仕切り用の本棚上にはライン型器具を置き、天井面を照らすことで視覚的な開放感が高まります。

勉強する場合は、机上面に集中しやすいように本棚上の家具照明は消灯させ、デスクライトによって机上面を最も明るくします。デスクライトは白色光を使用することで覚醒を促し、文字の読みやすさを高めます。調色・調光用ダウンライトはデスクライトの色温度と統一感を持たせることも可能ですが、図4.1.50のAではあえて少し差をつけることで、机に集中しやすい雰囲気が得られるようにしています。Bの遊びの場合は、デスクライトは消灯させ、ダウンライトと本棚上の建築化照明をともに電球色で統一することで、くつろいだ雰囲気で遊べるようにもしています。

パターン2は、書斎兼趣味室として多目的な部屋を想定した計画です。ライティングレールを天井埋め込み型で設置し、スポットライトで机上面などをフレキシブルに照らします。ライティングレール用スポットライトは、位置の変更や増設が容易です。造作の棚を設置する場合は、棚上にライン型器具を設置してコーブ照明を代用します。Aの仕事をするときはデスクライト、Bの趣味を楽しむ場合はテーブルスタンドを点灯させ、1つの部屋でもエリアや行為の違いを楽しむことができます。

●リモートワークための光

リモートワークという言葉が定着して、自宅で仕事を行うヒトも増えています。仕事に集中するためであれば、照明計画のポイントは、"勉強（仕事）をする"行為と共通します。ただしオンライン会議などを考慮すると顔の**モデリング**（p.12／図1.1.06）にも気を配る必要があります。オンライン会議を行う場合の照明の注意点は、以下の3つです。

- 顔に陰影をつくらない
- 顔色をきれいに見せる
- 照明器具の映り込みに注意する

顔に陰影をつくらないという観点では、p.143でも解説した"顔を見る"行為の照明の考え方と同様で、顔全体に光をあてることが重要です。また**顔色をきれいに見せる**という観点では、高演色タイプの照明器具を選定することです。オンライン会議では、ヒトの背後も画面に映りやすくなります。オンライン会議のアプリケーションによっては、背景の壁紙を選択できる場合もありますが、図4.1.45のA（p.157）のように一室一灯の半直接照明形配光のシーリングライトは画面に映り込みやすいので注意が必要です。

図4.1.51にオンライン会議を行う場合の照明の注意点を紹介します。Aのように窓際で自然光が入る場合は、レースカーテンなどで拡散した自然光の方が顔に陰影が出にくくなります。またBやCのように机上面の局部照度を確保するだけでなく、顔に拡散光があたるように照明器具の選定および配光を検討します。

A. 昼光が入る場合
ダウンライト（拡散配光）
窓＋レースカーテン
拡散した自然光

B. 昼光なし＋ダウンライトの場合
ダウンライト（拡散配光）
テーブルスタンド（半直接照明または全般拡散照明形配光）
拡散光

C. 昼光なし＋ライティングレールの場合
ペンダントライト（全般拡散照明形配光）
拡散光
デスクライト（直接照明形配光）

図4.1.51　オンライン会議を行う場合の照明例

4.2 暮らしを楽しむあかり

 行為を楽しむ照明計画のポイント

4.1節では住宅照明の基本的なアプローチの方法として、暮らしを支えるあかりのテクニックを紹介しました。本節では、くつろぐともてなす行為に対して、暮らしを楽しむあかりのテクニックを紹介します。くつろぐともてなす行為は、住宅ならではの行為でもあり、これらの行為を楽しむことができれば、暮らし全体を楽しむことができるはずです。4.1節と同様に1章から2章までの内容を生かしながら、より実際的な照明計画を行えるよう、3章で紹介した3D照明計算を用いて、実践的な照明計画の考え方をご紹介します。

くつろぎの光を演出する

ヒュッゲ（HYGEE）という言葉をご存じでしょうか？図2.4.08（p.74）で紹介したデンマークの住宅を見学した際に教えてもらった言葉です。デンマーク人が大切にしている言葉で、日本語には置き換えられないと説明を受けました。私は、くつろいで心地よい時間が過ごせること、そしてその暮らしを楽しむ気持ちだと解釈しています。図2.4.08の写真でも、ヒトがいるところに好きなスタンドライトを置いているだけで、究極の"適光適所（必要なところに必要なだけの光を配置する）"となっています。インテリアも含めて、好きなものに囲まれて暮らすことの楽しさが感じられます。

p.141では"くつろぐ"行為に求められる照明計画のポイントを4つ解説しました。本節ではその4つのポイントも踏まえつつ、さらに多様な行為を楽しむためのポイントを解説します。

SCENE 13.お酒を飲む

お酒を飲むのは、にぎやかな雰囲気がよいでしょうか？それとも静かにゆっくり味わい、会話を楽しむバーがよいでしょうか？　にぎやかに楽しむなら明るい雰囲気、静けさにはやや暗く落ち着いた雰囲気と、光もそれぞれの演出効果があります。このように求められる雰囲気に応じて、**明るさの可変性**が重要です。

また図4.1.24（p.141）で示したように、くつろぎの度合いに応じて、ヒトの姿勢も変わります。姿勢が低くなるほどリラックスした状態で、適度な明るさも自然と控えめな光量になります。

例えばダイニングなら、食事しながら晩酌するイメージで

す。居酒屋やレストランのような雰囲気をイメージしてください。図4.1.21（pp.135-139）の食べる行為の5つの照明パターン例はどれもレストランの照明計画にも応用できます。

リビングであれば、食前または食後にバーでお酒を飲むような雰囲気をつくることも可能です。グラスを狭角配光で照らしてガラスの輝きを強調したり、ボトルを置く棚を照明したりすることで、バーの雰囲気を演出できます。

図4.2.01にボトル棚の照明例を紹介します。棚板の手前にテープライトを取り付けて、下から上に照明した事例です。

4.2.01　バーのボトル棚の照明例
内装設計/写真提供：kusukusu.inc

図4.2.02にお酒を飲む場合の照明パターンを紹介します。食後にテレビを見ながらお酒を飲むイメージと、静かな雰囲気で会話を楽しみながらお酒を飲むイメージの照明パターン例を作成しました。

163

パターン　食後に憩う光

配光イメージと照明要素の組み合わせ

3灯用角形ユニバーサルダウンライトによる
テーブル面の照明

屋外用スポットライトによるテラスの照明

テープライトによる棚の
アッパーライト

棚下灯（集光形）による
グラスの照明

テープライトによる
テレビボード背面照明

テープライトによるソファ
背面＋足元照明

全般拡散照明形配光フロア
スタンド

A. テレビを見ながらお酒を飲む場合

フロアスタンド：30%
他全点灯

B. 静かにお酒を飲む場合

本棚アッパーライト／テレビボード背面照明：OFF
3灯用ユニバーサルダウンライト／フロアスタンド：30%

3D 照度分布図

3D 照度分布図

```
0.1  0.2 0.3  0.5   1   2   3   5  10  20 30  50  100  3001000  15000   lx
```

3D 照明計算ソフト DIALux evo 9.2　保守率：0.8
反射率　天井：30%　壁：50%　床：10%

図4.2.02　お酒を飲む行為における照明パターン例

4.2　暮らしを楽しむあかり

薄型のテープライトをテレビ棚や吊り棚、ソファなどの造作家具に取り付けることで、インテリアデザインをより強調する効果が得られます。テーブル面には、お酒のボトルやグラスが置かれるため、そのきらめきを強調できるよう3灯用の角形ユニバーサルダウンライト（p.49／図2.3.02）で照明します。またガラス製の食器棚は、上部に小型の棚下灯を取り付けて、グラスや棚の透明感を強調しています。また全般拡散照明形配光のスタンドライトを床に置くことで、床や壁の低い位置が明るくなり、くつろいだ雰囲気を高めることができます。

Bの静かにお酒を飲みたい場合は、吊り棚のアッパーライトを消灯させ、3灯用の角形ユニバーサルダウンライトを調光して、空間全体の"明るさ感"をやや暗くすることで、より静かで落ち着いた雰囲気に変化させることができます。図4.1.24（p.141）で解説したようにヒトがいる場所に応じて照らされる場所の高さを低くすることで、よりくつろいだ雰囲気を演出することが可能です。

図4.2.03にガラス棚を照明する場合の照明手法の違いとその効果を比較してみます。Aは図4.2.02と同じ集光タイプの棚下灯を最上棚に取り付ける照明手法です。p.132の図4.1.18でも解説したようにグラスなどを照明する場合は、集光した光だとグラスの輝きをより強調できます。Bはボトル棚の奥にライン型の器具を置いて、下から照明しています。いずれもガラス棚板自体には照明器具を取り付けない照明手法で、ガラス棚板の透過性を利用した照明効果を得ることができます。

A. 棚下灯　　　　**B. ライン型器具のアッパーライト**

3D照明計算ソフトDIALux evo 9.2　保守率：0.8
反射率　天井：30%　壁：50%　床：10%

図4.2.03　ガラス棚を照明する方法

SCENE 14. 読書をする

読書する行為においては、写真などが多い雑誌などの場合と文字が多い新聞などで明るさの目安が異なります。図1.3.04（p.29）で紹介した行為別の局部照度の目安では、軽い読書（娯楽）で150〜300lx、読書の場合は300〜750lxです。昼光も考慮すれば、人工照明のみで300lx程度の明るさが得られれば、幅広い読書に対応することができます。

勉強や仕事をする際は、全般照度と局部照度の差をつけた方が集中力は高まります。しかし、くつろぐ行為としての読書は長時間行うわけではないので、局部照度と全般照度の差が大きいと眼精疲労の要因となります。何故なら目は明るさの差に順応しようとするからです。また加齢に応じて明暗順応の機能も衰えるため、高齢になるほど、読書する行為には明るさが必要になります。よって**全般照度**をやや明るめに設定し、**局部照度**との差を小さくすることが照明計画のポイントです。

いろいろな場所で読書に対応できるのは、スタンドライトを使用する方法です。気に入ったスタンドライトがあれば、図2.4.08（p.74）で紹介したように複数のスタンドライトを併用することで、気分に応じた読書エリアをつくりやすくなります。読書用として用いる場合は、直接照明形配光のスタンドライトの方が、読書エリアをより明るくでき、局部照度が得られやすくなります。

図4.2.04は、ソファとラウンジチェアでエリアを変えても、読書を楽しめる照明パターン例を紹介します。天井折り上げの建築化照明によって、全般照度の明るさが得られるようにします。天井が明るくなると開放感が高まり、空間全体も明るい雰囲気となります。さらにテレビ側の壁面のコーニス照明によって空間の広がりを強調し、吊り棚の棚下灯によってソファエリアの明るさが得られるようにします。テーブル面は、ユニバーサルダウンライトを2灯設置して、読書に適した局部照度が得られるようにします。

Bのラウンジチェアで読書を行う場合は、折り上げ天井内の建築化照明とテーブル用のユニバーサルダウンライトは消灯させて、フロアスタンドを点灯させます。ラウンジチェア周囲をより明るくするように調整することで、くつろいだ雰囲気の中で読書が行えます。

パターン　手元を照らす光

配光イメージと照明要素の組み合わせ

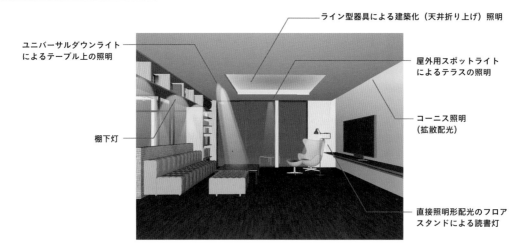

ユニバーサルダウンライト
によるテーブル上の照明

ライン型器具による建築化（天井折り上げ）照明

屋外用スポットライト
によるテラスの照明

棚下灯

コーニス照明
（拡散配光）

直接照明形配光のフロア
スタンドによる読書灯

A. ソファで読書をする場合

コーニス照明：80％／フロアスタンド：OFF
他全点灯

B. ラウンジチェアで読書をする場合

コーニス照明：80％／フロアスタンド：100％
天井折り上げ建築化照明／ユニバーサルダウンライト：OFF

3D 照度分布図

3D 照度分布図

```
0.1  0.2 0.3  0.5  1  2  3  5  10  20 30  50  100  300 1000  15000
```
lx

3D 照明計算ソフト DIALux evo 9.2　保守率：0.8
反射率　天井：70％　壁：50％　床：10％

図4.2.04　読書する行為における照明パターン例

SCENE 15. 映画を観る

　映画館では、最初は明るい館内が、広告などの上映から本編に進むにしたがって館内全体が徐々に暗くなります。これは、自然に暗順応(p.19)させる効果と、周囲を暗くすることでより画面に集中しやすい雰囲気をつくる効果があります。

　テレビまたはプロジェクターによるスクリーン投影でホームシアターを楽しむ場合の違いは、輝度と画面の大きさです。テレビは大画面であっても背景も一緒に視野に入ります。また画面そのものが発光するテレビの方が輝度は高いため、テレビと背景である壁との輝度差が大きいと眼精疲労を起こす可能性があります。これは上述の読書する行為でも紹介した明るさの差に目が順応しようとするためです。さらに後述する光感受性発作の抑制という観点でも、テレビを見る際にはテレビの背景の壁も適度に明るくすることが重要です。

　最近ではプロジェクターを内蔵したシーリングライトやスポットライトなどもあり、手軽にホームシアターを行えるようになりました。図4.2.05にスポットライト形のプロジェクターを紹介します。ライティングレールに取り付けられるタイプだけでなく、天井または壁に直付けするタイプや置き型などもあり、より身近にプロジェクター照明を楽しむことができます。

　図4.2.06にホームシアターを楽しむ照明パターン例を紹介します。壁際のスリット内にスクリーンを内蔵できるようにし、その陰にコーニス照明用のライン照明を設置してい

ます。配光は図2.3.31(p.63)で紹介した集光配光を使用することで、狭いスペースでもより下まで光が届くようにしています。このコーニス照明は、テレビを見るときに画面の輝度にあわせて調光できるようにします。

　プロジェクターを使用する場合は、スクリーンを下ろして、コーニス照明は消灯させます。全般照明としては、吊り棚下の棚下灯でソファエリアの明るさが得られるようにします。また天井のスリット内にライティングレールを設置して、スポットライトでテーブル面を照明することで、プロジェクターの投影を邪魔することなくテーブル面の明るさが得られるようにしています。

(a) ライティングレール取り付け	(b) 天井直付け型
(c) 壁付け型	(d) 置き型

図4.2.05　スポットライト形プロジェクター
写真提供：パナソニック株式会社

·Column 3

ポケモンショックと光

　テレビを見ているとカメラのストロボのフラッシュが多く映るシーンでは注意喚起のテロップが出ることがあります。またはアニメが始まる前に「部屋を明るくして、離れて見て下さい」というテロップを見たことがあるかもしれません。

　これは1997年に起こったポケモンショックと呼ばれる事件に起因しています。アニメの中で点滅光を見た後に700人近くが病院に搬送された事件でした。これは光感受性発作と呼ばれ、テレビ画面などの閃光や点滅を注視した直

後にけいれんや意識障害、不快感などを起こし、中には脳波の異常もみられるそうです。

　この事件後の調査や研究によって、放送業界も取り組みを行うようになりました。「アニメーション等の映像手法に関するガイドライン」では、光の点滅、コントラストの強い画面の反転、パターン模様（渦巻き・縞など）の使用、の3つを制限するよう促しています。

（1998年4月8日発表、日本放送協会（NHK）＋日本民間放送連盟（民放連)）

パターン　ホームシアターのための光

配光イメージと照明要素の組み合わせ

天井スリット内ライティン
グレール＋スポットライト

棚下灯

屋外用スポットライト
によるテラスの照明

ライン型器具（中角配光）
によるコーニス照明

ロール
スクリーン

壁掛け
テレビ

断面図

A. テレビを見る場合

全点灯

B. プロジェクターで映像を見る場合

コーニス照明：OFF
スリット内スポットライト：50%　ソファ上棚下灯：75%

3D 照度分布図

3D 照度分布図

lx
0.1　0.2 0.3　0.5　1　2　3　5　10　20 30 50　100　300 1000　15000

3D 照明計算ソフト DIALux evo 9.2　保守率：0.8
反射率　天井：70%　壁：50%　床：10%

図4.2.06　ホームシアターにおける照明パターン例

SCENE 16. アートを楽しむ

好きなアート作品を飾って楽しみたい場合、美術館のような照明にすることができれば、と考えたことはないでしょうか？　美術館の照明を住宅に応用する場合の照明計画のポイントは以下の3つです。

①自然光を遮る
②色を正確に照らす
③グレアを与えない

美術館に行くと「作品保護の観点から暗くしている」という説明を見たことがあると思います。図4.2.07に光の相対標準比視感度と相対損傷度を示します。ヒトの可視光線の領域は、約380～780nm（p.13）ですが、300～380nmの紫外線域による損傷作用で95％、400～780nmの可視光線域でも5％の損傷作用があるといわれています。この短波長領域による損傷は、退色の懸念だけでなく、素材自体が脆弱になる恐れもあります。

LEDの分光分布は、紫外線も赤外線もほとんど含んでいない（p.25）ことが特徴ですが、可視光線域で損傷を起こしやすい380～470nmの波長も0ではありません。また赤外線による損傷や紫外線による変退色は、照射された光の量（照度×照射時間）に比例します。よって高照度で長時間照らせば損傷が起こるため、美術館では照度を落として美術品を守っているのです。

①自然光を遮る

また人工照明だけでなく、①の自然光を遮ることが必要です。紫外線カットガラスを使用したり、窓ガラスに紫外線カットフィルムを貼ったりする方法もありますが、100％の紫外線をカットすることはできません。自然光は光の量も多いため、美術品は極力自然光にあてないことが重要です。

図4.2.08に展示の種類別に照明の検討項目を紹介します。光に敏感な度合いの3段階で推奨照度と光色、演色性の適性の目安を示しています。

場所、作業の種類		推奨照度(lx)	光色	演色性
展示エリア	光に非常に敏感なもの	染織品、衣装、タピストリー、水彩画、日本画、素書、手写本、切手、印刷物、壁紙、染色した皮革品、真珠、自然史関係標本	○ 50	暖、中	1A
	光に比較的敏感なもの	油彩画、テンペラ画、フレスコ画、染色していない皮革品、角、骨、象牙、木製品、漆器	○ 150	暖、中	1A
	光に敏感でないもの	金属、石、ガラス、宝石、エナメル	○ 500	暖、中、涼	1B
ギャラリー全般		50	暖、中、涼	1B
映像、光利用の展示物		10	暖、中、涼	1B

備考
1. 「光に非常に敏感なもの」については、年間積算照度を 120,000lx・h 以下、「光に比較的敏感なもの」については、360,000lx・h 以下にすることが望ましい。
2. 表中の○印は、局部照明で得てもよい。
3. 表中の光色の暖は3300K以下、中は3300K～5300K、涼は5300K以上である。
4. 演色性の1Aは Ra＞90、1Bは 90＞Ra＞80 を示す。

図4.2.08　展示の種類別照明の検討項目
出典：屋内照度基準　照明学会・技術規格JIES-008（1999）抜粋

②色を正確に照らす

このように展示対象に応じて、**明るさの可変性、色温度の選択、高演色タイプ**の選択の検討を行うことが重要です。絵画に関しては、洋画よりも日本画の方が光に敏感です。季節に応じて飾る絵画を変更したり、絵画の種類に応じて明るさを変えるといった配慮も重要です。

光色に関しては、絵画の内容によって色温度を使い分けることがあります。例えばヨハネス・フェルメールが描いた「牛乳を注ぐ女」は、窓から朝日が差し込んでくる情景ですが、このような場合はやや高色温度で照らした方がより自然光の雰囲気を高めることができます。一方、レンブラント・ファン・レインが描いた「夜警」はそのタイトルのとおり、夜

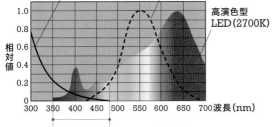

相対損傷度 NBS D(λ)　相対標準比視感度 CIE V(λ)

高演色型LED(2700K)

この部分の波長が損傷を与える可能性がある

＊標準比視感度 CIE V (λ)：図 1.1.17 参照（明所視の場合）
＊NBS：アメリカ国立標準局（National Bureau of Standards）
　現在はアメリカ国立標準技術研究所：1989 年に NIST に組織変更
　（National Institute of Standards Technology）
＊D (λ)：紫外線に対する光学特性

図4.2.07　光の相対標準比視感度と相対損傷度
出典：照明学会　照明ハンドブック（第2版2002）、オーム社より改変

の情景なため、低色温度で照明した方が夜の雰囲気を表現することができます。

絵画に対する演色性は、「1A」の目安が示されています。備考より1AはRa90以上を示すため、LEDの**高演色タイプ**を使用すると絵画の色使いをより楽しむことができます。

③グレアを与えない

美術館では一般に、照射対象であるアートの種類や大きさが変わるため、フレキシブルに対応できるようライティングレール+スポットライトを使用することが一般的です。

図4.2.09にスポットライトで絵画を照明する場合の絵画と照明器具の位置関係を示します。絵画の大きさにもよりますが、視点よりも高い位置に絵画を少し傾斜させて展示します。額縁の装飾や厚みもあるため、照明器具の位置が近すぎると、額縁の影が画面に落ちたり、油絵などの場合は、画面の凹凸が目立ちすぎたりします。一般には絵画の下端を起点に、傾斜角度から約20度以上のところに器具を設置すると絵画全体を照射しやすくなります。

一方、照明器具と絵画の距離が遠すぎると、絵画を保護しているガラス面で正反射した光が鑑賞者の目に入りやすくなり、**反射グレアを与える**心配があります。図4.2.09より絵画の上端で正反射を起こす方向から約10度の余裕をみた範囲が照明器具を設置可能な範囲となります。

また展示用の照明よりも周囲が明るいと鑑賞者自身や背景が映り込んでしまい、絵画自体が見えにくくなります。よって映り込みやすい対面側の鉛直面はできるだけ暗くします。

なおこれらのグレアは視点の位置と絵画の大きさによっても変わるため、住宅の場合、どこから絵画を楽しみたいのかによって照明器具の設置位置の検討を行います。

アートを照明する器具としては、ピクチャーライトや床の間灯などがあります。床の間灯は図4.2.29(p.184)で紹介しますが、図4.2.10にピクチャーライトの例を紹介します。(a)、(b)ともに配光は**直接照明形配光**で、灯具部分がアームで持ち出されていることが特徴です。このように壁からの距離をとると、壁側に照射しやすくなります。それほど大きくない絵画などであれば、このような照明器具を用いる方法もあります。ただし出幅があるため、廊下などで使用する場合は邪魔にならないように取り付け高さへの配慮が必要です。

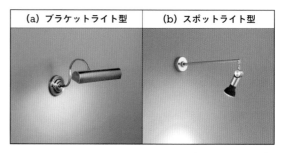

(a) ブラケットライト型	(b) スポットライト型

図4.2.10　ピクチャーライトの例
写真提供：オーデリック株式会社

●リビング鑑賞のバリエーション

図4.2.11にリビングでアートを楽しむ場合の照明パターン例を紹介します。図4.2.09の絵画と照明器具の位置関係を参考に反射グレアを起こさず、絵画全体を照射しやすい範囲で、照明器具の位置を検討します。照明手法としては壁全体を照明する建築化照明に加えて、小型のスポットライトを併用しています。さらに造作棚では、棚の内部全体が浮かび上がるテープライトで、陶器や彫刻といった立体アートも楽しめます。

壁全体を照明するコーニス照明は、タペストリーなどの薄くて平面的なアートを楽しむ照明として用います。絵画を楽しみたい場合は、コーニス照明の明るさを落としてスポットライトで照明すると、よりドラマチックな雰囲気に変化させることができます。ソファエリアとテーブル面は、グレアレスダウンライトで水平面のみを明るくすることで、器具の存在感を消し鑑賞を邪魔せず、アートを楽しめる雰囲気をつくれます。

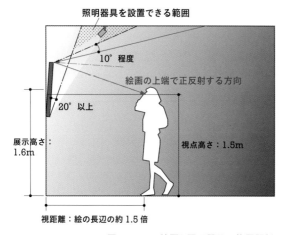

照明器具を設置できる範囲

10°程度

絵画の上端で正反射する方向

20°以上

展示高さ：1.6m

視点高さ：1.5m

視距離：絵の長辺の約1.5倍

図4.2.09　絵画と照明器具の位置関係
出典：照明学会『照明ハンドブック(第2版)』オーム社、2002より改変

パターン　色を伝える光

配光イメージと照明要素の組み合わせ

グレアレスユニバーサルダウン
ライトによるテーブル面の照明

建築化照明用器具によるコーニス照明（a）
＋小型スポットライト（b）

棚下灯

テープライトに
よる棚内蔵照明

断面図

A. 洋画で額の厚みがある場合

コーニス照明：70％＋小型スポットライト：100％

B. 日本画で額の厚みが薄い場合

コーニス照明：80％＋小型スポットライト：OFF

3D 照度分布図

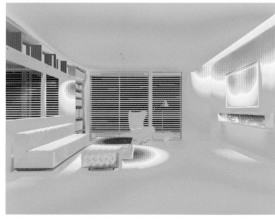

3D 照度分布図

															lx
0.1	0.2 0.3	0.5	1	2	3	5	10	20 30	50	100	3001000	15000			

3D 照明計算ソフト DIALux evo 9.2　保守率：0.8
反射率　天井：70％　壁：50％　床：10％

図4.2.11　リビングでアートを楽しむ照明パターン例

SCENE 17. 緑を楽しむ

アウトドアリビングやグランピングという言葉も定着するようになり、自宅で庭を楽しむライフスタイルが増えています。夜間も庭を楽しむには、緑のライトアップが欠かせません。"緑を楽しむ"照明計画のポイントは以下の4つで、ポイントごとに解説します。

　①防水性能を備える
　②木の立体感を出す
　③色温度の選択
　④映り込みを防ぐ

①防水性能を備える

　屋外で使用する場合、軒下であれば**防滴型**、雨が直接かかる場所であれば、**防雨型**（p.47／図2.2.04）を使用しなければなりません。

②木の立体感を出す

●中木～高木の場合

　中木から高木を照明する場合によく用いられるのは、**スパイク式スポットライト**（p.54／図2.3.16）です。図4.2.12にスパイク式スポットライトで樹木をライトアップする方法を示します。スポットライトの配置は、視点に方向性がない場合は、樹木全体をカバーできるように樹高に応じて3～4カ所から照明します。視点が一方向の場合は、2カ所から照明すると**樹木の立体感**を表現することができます。樹木のライトアップは横から見る場合が多いため、側面を照らすように少し離れたところから照明することがポイントです。

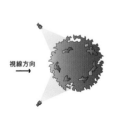

視線方向 →

図4.2.12　樹木を下からライトアップする場合のスポットライトの設置位置

　また一口に樹木といっても常緑樹と落葉樹、樹種や立地によっても照明手法が異なります。図4.2.13に、樹木に応じた照明手法例を解説します。

A. 落葉樹の場合

B. 常緑樹の場合

C. 松の場合

D. ヤシの木の場合

E. 建物に近い低木

F. 建物に近い高木

図4.2.13　樹木に応じた照明手法例

　Aの落葉樹のように葉が薄く、光を透過しやすい場合は、樹木の近くから照明してもライトアップ効果はある程度得られます。一方Bの常緑樹のように葉が厚く、光をあまり透過しない場合は、離れたところから樹木の側面全体を照明する必要があります。また樹木に近いところから照明する場合は広角配光、離れたところから照明する場合は、狭角または中角配光で、樹木の大きさと照射距離に応じて**光の強**

さと広がりを選択することが重要です。

Cの松の場合は、幹を近くから照らし、樹木全体は離れたところから照明すると、枝ぶりの特徴を生かすことができます。Dのヤシの木のように真っすぐな高木は真下から照明して、幹を照らしながら上部の葉を照らす方法が一般的です。p.67で紹介した**地中埋設型器具**を使用する場合は、落ち葉で器具が埋もれたり、光が出るガラス面が汚れたりして、照明効果が損なわれないよう、維持管理への配慮も必要です。建物が近い場合は、Eのように外壁に取り付けたスポットライトで照明する方法もあります。図4.1.34（p.148）のように浴室から緑を楽しみたい場合は、窓から見える部分だけ照明する方法が効果的です。またFのように高木の場合は、上部からライトダウンを行うと床面に葉影を映し出す効果も得られます（p.81／図2.5.03）。

● **低木の場合**

樹高が1m未満の小低木の場合、低ポール灯で照明する方法もあります。図4.2.14に示すように植栽の設置状況に応じて**配光**を使い分けます。低ポール灯は図2.5.05（p.82）で配光別の照明器具の例を紹介しましたが、Aのように建物に近い位置の植栽で軒下がある場合は、全般拡散照明形配光を使用すると建物の鉛直面や軒下もやや明

るくすることができます。植栽の位置が建物と離れている場合は、直接照明形配光またはBのように半直接照明形配光で植栽を照らしながらアプローチの足元を照らします。Aの方がアイキャッチ効果はありますが、上方に光が出る分、足元は暗くなります。小低木と樹木がある場合は、Cのような直接・間接照明形配光の低ポールで、足元も照らしながら樹木をライトアップする方法（p.114／図4.1.01）もあります。Cの場合は、上方の光を受ける樹木などがないと照明効果が半減してしまいますが、Dのように小型のスポットライトが内蔵されている場合は、**照射方向**を調整することも可能です。

③色温度の選択

照明器具の設置位置と色温度を使い分けることで、樹木の種類と特徴に応じたライトアップ効果が得られます。図4.2.15に庭園のライトアップの事例を紹介します。

ア　池越しにライトアップした事例

イ　色温度を組み合わせた松のライトアップ例

図4.2.15　国宝白水阿弥陀堂のライトアップ（2015年新緑）の事例

ア）のように池の手前から照明すると、スポットライトの存在感を感じさせることなく、ライトアップと水面への映り込み

A. 全般拡散照明形配光

B. 半直接照明形配光

C. 直接・間接照明形配光

D. 直接・間接照明形配光

図4.2.14　低ポール灯の配光別植栽の照明手法例

の効果が得られます。手前の中木は中角から広角配光、奥の高木は狭角配光で、**光の強さと広がりも使い分けています**。イ)の左側の松のライトアップでは、幹は近くから2700K、上部は少し離れたところから5000Kのスパイク式スポットライトで照明しています。

④映り込みを防ぐ

夜間、室内から庭を眺めるとガラス窓に室内が映り込んで、屋外は良く見えません。図4.2.16に室内の映り込みを回避する窓面輝度の条件を示します。理論的には、天井や壁などから反射した光が窓に反射して、ヒトの目に入る**反射映像の輝度**が庭よりも高いことが原因です。すなわち屋外でライトアップされた樹木や壁などをガラス越しに見た表面輝度（**透過映像の輝度**）の方を高くすることが、室

内の映り込みを回避する条件となります。

室内から庭を眺めるには、まず屋外に照明器具を設置するための整備が必要です。上述のスパイク式スポットライトや低ポール灯では、屋外用コンセント付きのバリエーションもあるので、外壁などに屋外用コンセントを用意しておきます。

また図4.2.16に示すように室内側を暗くできるようにしておくこと、さらに室内の壁面は映り込みやすいので、鉛直面の明るさを抑えることが重要です。

図4.2.17に緑を楽しむための照明パターン例を紹介します。Bのように室内で観葉植物などを下から照明すると天井に葉影が映り、ドラマチックな効果が得られます。屋外も樹木のライトアップだけでなく、全般拡散照明形配光のスタンドライトや低ポール灯を低位置におくと行灯のような照明効果が得られ、より落ち着いた雰囲気を演出することができます。

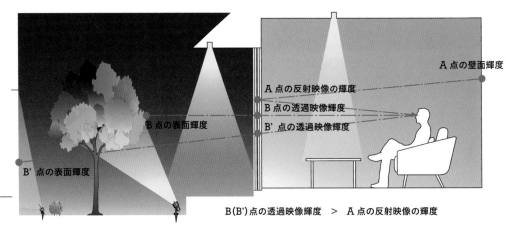

B(B')点の透過映像輝度　＞　A点の反射映像の輝度

図4.2.16　室内の映り込みを回避する窓面輝度の条件　出典：住宅照明設計技術指針　照明学会・技術指針　JIEG-009(2018)より改変

✦ Column 4

緑と光

植物は光を浴びると水と大気中の二酸化炭素を取り込んで、炭水化物を合成し、酸素を放出する光合成を行います。この光合成の作用は光をあびるほど続くわけですが、ヒトと同様、植物にも睡眠が必要です。樹木のライトアップは、魅力的な夜間景観の創造には欠かせない要素ですが、イルミネーションも含めて長時間のライトアップは樹木への**光害**となるため、深夜は消灯させるなど樹木への配慮も必要です。

一方、光による光合成や生育への影響を利用した植物工場も増えてきました。温度や湿度などをコントロールして、土ではなく培養液を採用して、LEDを照射して屋内で農産物を育てています。天候や災害などの影響を受けにくく、近年では右図のような緑のインテリアとしても使用できる直物栽培キットも販売されています。

写真提供：オリンピア照明株式会社

4.2　暮らしを楽しむあかり

SCENE 17 緑を楽しむ

パターン　屋内から魅せる緑の光

配光イメージと照明要素の組み合わせ

ライン型器具による観葉植物の照明

スリット内スポットライトによるテーブルの照明

建築化照明用器具によるコーニス照明

棚下灯によるソファーの照明

軒下の屋外用スポットライトによるテラスの照明

スパイク式スポットライトによる樹木の照明

クリップ式スポットライトによる観葉植物の照明

据え置き型照明によるアクセントライト

A. 室内の緑を楽しむ場合

コーニス照明：50%　他：100%

B. 屋外の緑を楽しむ場合

コーニス照明 / 棚アッパーライト：OFF　他：100%

3D 照度分布図

3D 照度分布図

0.1　0.2 0.3　0.5　1　2　3　5　10　20 30　50　100　3001000　15000　lx

3D 照明計算ソフト DIALux evo9.1　保守率：0.8
反射率　天井：70%　壁：50%　床：10%

図4.2.17　緑を楽しむための照明パターン例

4 章

暮らし方を生かすシーン別照明のテクニック

175

もてなしの光を演出する

"もてなす"行為では、来客とともに楽しい時間を過ごすための「外観を魅せる」「パーティを楽しむ」「泊める」という行為にあわせて照明計画のポイントについて解説します。

SCENE 18. 外観を魅せる

商業施設の場合は、建築の特徴を強調したり、アイキャッチ効果を狙ったり、目を引くライトアップとなるように照明計画を行います。住宅の場合は、門から外玄関までのアプローチの歩きやすさ、外玄関からの入りやすさなど、利便性を高めた上で外観がどのように見えるのか、想像しながら照明計画を行うことが重要です。p.114で紹介した**ウェルカムライト**の考え方です。一方で過剰なライトアップや漏れ光によって、周辺住宅へ光害(p.82)を及ぼすことは禁物です。外観を魅せる行為における照明計画のポイントは以下の3つです。

①壁面を照らす
②緑を見せる
③漏れ光を見せる

①壁面を照らす

外観を照らす場合、見上げの視点となるため、壁面や軒天井が良く見えます。図4.2.18に外玄関の軒天井の有無による照明手法と配光による照明効果の違いを紹介します。

Aは軒天井に直接照明形配光のダウンライトを取り付けた場合です。扉の鉛直面と足元の床面の両方を照らすことができます。Bの直接・間接照明形配光のブラケットの場

合は、扉の鉛直面や足元の床面だけでなく、上部への間接光によって軒天井も明るくなるため、より"明るさ感"が得られます。軒下がない場合、Cの直接照明形配光のブラケットを設置すると、扉の鉛直面や足元の床面を照明できます。Dの全般拡散照明形配光のブラケットの場合は、扉の鉛直面や足元の床面を明るくする効果は、A〜Cほどは得られません。ただし発光感によるアイキャッチ効果は得られます。なお外玄関にブラケットを取り付ける場合は、鍵穴などが見えるように扉の開閉側に取り付けます。取り付け高さは、1.7〜2m程度を目安(p.72／図2.4.05)とします。また、表札や郵便受けなどの奥行きがある場合は、その出幅によって光が遮られないように配慮が必要です。

②緑を照らす

樹木をライトアップする方法については図4.2.12-13(p.172)で紹介していますが、建物の外壁や塀などの近くに低木がある場合を想定した照明手法を、図4.2.19に紹介します。壁に対して平行に低木がある場合は、照明器具の位置によって照明効果が変わります。Aの場合の低木

A. 低木の奥をライトアップ　B. 低木の手前をライトアップ

葉影が映る

図4.2.19　低木と壁と照明器具の関係

A. 軒下がある場合
(直接照明形配光)

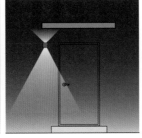
B. 軒下がある場合
(直接・間接照明形配光)

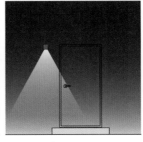
C. 軒下がない場合
(直接照明形配光)

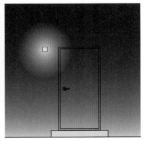
D. 軒下がない場合
(全般拡散照明形配光)

図4.2.18　外玄関の照明手法例

はシルエットとなり、Bの場合は低木を照らした影が壁に映る陰影効果も得られます。またAの場合は壁の下部がより明るくなりますが、Bの場合は上部の方が明るくなる効果が得られます。

図4.2.20に樹木のライトアップを行った住宅外観の照

ア

イ

図4.2.20　緑のライトアップも楽しめる住宅外観の照明例
ア) 建築設計：里山建築研究所　造園設計：高田造園設計事務所　撮影：中川敦玲
イ) 建築設計：ランドアートラボ＋プランズプラス　撮影：大川孔三

明例を紹介します。ア)は造園設計事務所との協同作業によって室内外の視点で緑を楽しめるように照明計画を行った（p.83／図2.5.06）事例です。外玄関には直接照明形配光のブラケットを設置して、玄関の壁面と床面をより明るくすることで、入り口であることをわかりやすくしています。また低ポール灯とスパイク式スポットライトを組み合わせた樹木のライトアップを、外玄関入り口前とリビングから見える位置に行うことで、室内外から緑を楽しめるようになっています。

イ)は直接・間接照明形配光の低ポール灯と軒裏に取り付けたスポットライトで外玄関までのアプローチを演出（p.114／図4.1.01）しています。器具自体は目立たないようにして、外壁や床面、樹木をさりげなくライトアップしています。さらに室内やガレージからの漏れ光によってオリジナリティのある夜景となっています。

③漏れ光を見せる

暖かな窓明かりが見えるとほっとした気持ちになります。図4.2.20の事例も同様ですが、室内からの漏れ光も外観の演出に大きな役割を持ちます。図4.2.21に漏れ光を利用した住宅外観の照明例（全景はp.73／図2.4.07ア）を紹介します。(ウ)の左の外玄関の外壁には直接・間接照明形配光のブラケットを取り付け、(イ)のリビング外のテラスでは、スポットライトを上向きに照明することで、屋根の形状を効果的に浮かび上がらせています(エ)。2階では、全般拡散照明形配光のペンダントと梁上に薄型のLEDライン照明を載せた間接照明効果(ア)によって、天井面が明るくなるようにしています。建築デザインを生かすように照明計画を行うのが、漏れ光を見せるポイントです。

ア

イ

ウ

エ

図4.2.21　漏れ光を利用した住宅外観の照明例
建築設計：水石浩太建築設計室　撮影：ToLoLo studio

SCENE 19. パーティをする

パーティを楽しむ観点で照明計画に求められるのは、非日常の演出ではないでしょうか？　非日常の雰囲気を演出できる照明計画のポイントとして、以下の3つの観点で解説します。

①カラーライティング
②下から照らす
③輝度を見せる

①カラーライティング

最近は、照明の工事を依頼しなくても自宅で手軽にカラーライティングを楽しむことができます。図1.2.03（p.23）で紹介したように調色・調光とカラー可変可能な照明器具のバリエーションは増えています。図4.2.22にカラーライティングを取り入れたリビングと寝室の事例を紹介します。左端の図は通常の状態で、それぞれカラーを変化させ、また組み合わせも変えています。従来光源に代用できるLED電球、コンセントで利用できるテープライトやスタンドライトなどを使用しています。カラーライティングは楽しい雰囲気をつくるだけでなく、日常の気分をリフレッシュさせる効果もあります。

ア　リビングの例

イ　寝室の例

図4.2.22　住宅におけるカラーライティングの例

パーティ時にカラーライティングで、より楽しい雰囲気を演出する照明パターン例を図4.2.23に紹介します。

②下から照らす

図4.2.23は、ダイニングの外のデッキにあるアウトドアリビングと一体的に使用できる演出で、庭のライトアップも加えると非日常の雰囲気が高まり、パーティにもアレンジしやすくなります。

屋外のライトアップは、昼間とは異なる見え方が魅力です。夜間になると照らされた部分のみが浮かび上がり、上から降り注ぐ日中の自然光と異なり、下から照明することで非日常の高揚感を演出できます。緑を楽しむ樹木のライトアップも同様ですが、図4.2.17（p.175）のように室内にいても観葉植物を下から照らすと、壁や天井への陰影の効果も得られ、非日常的な演出ができます。

庭の塀のライトアップは、図4.2.19（p.176）のAと同様で、低木の奥に屋外用ライン型器具を設置し、下から照らすことで、器具の存在を感じさせずに庭の広がりを見せています。

図1.1.06（p.12）の**モデリング**で紹介したようにヒトの顔の場合は下から照明すると異様に見えるので、ヒトが滞留するエリアでは注意が必要です。また下から照明する場合、**グレア**とならない位置の検討とフード、ハニカムルーバーを装着可能な器具（p.36／図1.3.15）かどうかも器具選定のポイントです。

③輝度を見せる

冬になるとイルミネーションと呼ばれる点光源を多用した照明イベントも増えますが、小さなキラメキは美しく見えます。パーティではこのように小さな輝度をみせる照明をいくつか置くだけでも、もてなす雰囲気を高めることができます。

p.163で紹介したヒュッゲは、キャンドルが欠かせないそうですが、キャンドル風のLEDライトや電池式や充電式など、電源や配線などを気にせず使用できる製品が活躍します。

屋内側の照明は、キッチン奥の全般照明とコーブ照明、テーブル上のスポットライトの明るさを落として、小さなキラメキや屋外のライトアップが見やすいようにしています。

パターン　非日常を演出する光

配光イメージと照明要素の組み合わせ

スリット内ライティング
レール＋スポットライト

クリップ式スポットライトによる
観葉植物のカラーライティング

テープライトによる
キッチンのコーブ照明

３灯用ユニバーサル
ダウンライト

直接照明形配光の
ペンダントライト

屋外用スポットライト
によるテラスの照明

屋外用ライン照明による
アッパーライト

全般拡散照明形配光の
直付け器具

A. 日常の食事の場合

塀のライトアップ / 屋外用スポットライト：OFF
観葉植物のライトアップ：OFF　　他：100％

B. 屋外と一体化したパーティを行う場合

３灯用システムライト：20％　キッチンコーブ照明 / テーブル上スポット
ライト：40％　他：100％　観葉植物：カラーライティング

3D 照度分布図

3D 照度分布図

```
0.1  0.2 0.3  0.5   1   2  3   5   10   20 30  50  100   300 1000  15000  lx
```

3D 照明計算ソフト DIALux evo 9.2　保守率：0.8
反射率　天井：70％　壁：50％　床：10％

図 4.2.23　パーティを楽しむ照明パターン例

Scene 20. 泊める（和室）

木や畳の自然素材が基調の和室は、落ち着いた雰囲気をつくりやすいのではないでしょうか？　布団を敷くことで、客間から寝室へも変化させることができます。また内装も、日本ならではの伝統的な建築様式から和モダンと呼ばれる現代仕様まで多様化しています。ここでは、来客者をもてなす客間兼寝室の観点で、配慮すべき照明計画のポイントを5つ解説します。

①和の意匠を生かす
②低色温度を使用する
③グレアを与えない
④明るさを制御する
⑤床の間を飾る

①和の意匠を生かす

伝統的な建築様式や材料の内装に合わせ、照明メーカーのカタログでも和室用にデザインされた和の照明器具という分類があります。図4.2.24におもな和の照明器具の種類を紹介します。

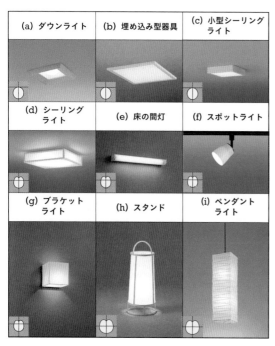

(a) ダウンライト	(b) 埋め込み型器具	(c) 小型シーリングライト
(d) シーリングライト	(e) 床の間灯	(f) スポットライト
(g) ブラケットライト	(h) スタンド	(i) ペンダントライト

図4.2.24　和の照明器具のおもな種類
写真提供：オーデリック株式会社

2章でおもな器具の分類を紹介しましたが、和の照明器具においてもその分類に対応するバリエーションがあります。一般に木や和紙、和紙調アクリルなどを用いる場合が多く、器具自体が光る**半直接照明形配光**の照明器具が多いことがわかります。もちろん和の空間だからといって、和の照明器具から選定しなければいけないということではありません。内装材を生かすように照明器具を選定することが重要です。またエクステリアライトにおいても、和の建築に合わせたデザインで、多様なバリエーションがあります。

和室ならではのポイントとして、照明器具の設置に影響を与えるのは天井と壁です。例えば天井の仕上げが竿縁天井や格天井などであれば、その竿縁や格縁の間隔に合わせた器具配置の検討が必要です。壁であれば構造材を見せる真壁なのか、または構造材が見えない大壁なのかが、照明器具設置に影響を与えます。真壁にブラケットライトを設置する場合、柱の位置や長押の高さなどにも配慮が必要となります。

床の間がある場合は、落とし掛けの内側に床の間灯を取り付けることで、床の間内の装飾も楽しめるようになります。

②低色温度を使用する

歴史的にもろうそくや行灯の火を夜間のあかりとして長く使用してきたため、和風の照明器具は低色温度が馴染みます。ただし、床の間に盆栽などを飾る場合（p.184／図4.2.29）、緑をより鮮やかに見せたいという観点で高色温度を選択するなど、照明対象によって色温度を検討することも重要です。さらに図4.2.25のDのように光天井を行う場合は、**調色・調光**用照明器具を用いてトップライトのように見せる**サーカディアン照明**（p.17）とすることもできます。

③グレアを与えない

和室にベッドを置く場合は、あらかじめ視点を想定して、グレアとならない器具配置が大切です。用途が定まらない空間では、部屋の中央にペンダントライトやシーリングライトをつけ、とりあえずの明るさを確保しがちですが、多様な行為や視点でグレアに配慮します。また和室では布団で寝る視点にも注意します。

図4.2.25に和室の照明手法例を紹介します。和室で最も注意したいのが、Aのペンダントライトを吊り下げる場合です。座卓を置いたり布団を敷いたりと、家具の配置も変化するため、立って移動するのに邪魔にならないよう高い位置に吊り下げられる場合が多いからです。発光部が見

えない**全般拡散照明形配光**やAのように開口径が小さくなっている**半直接照明形配光**のペンダントライトなど、**グレア**を与えにくい器具を選定することが重要です。

Bのように大壁の仕上げで和モダンな内装の場合は、壁がフラットに見えるため、全般拡散照明形配光のブラケットライトを設置すると、壁も照らされ、適度な明るさ感と落ち着いた雰囲気が得られます。また、広角配光のダウンライトで座卓上の局部照度を得られるようにすると、新聞を読んだり書道を行ったり、多目的な場になります。

Cは長押や鴨居と一体化させたコーブ照明を行う場合で、細形のテープライトを用いた手法です（図4.2.27のウ、p.60／図2.3.24 イ）。天井を照らすコーブ照明の場合、天井の反射率によって明るさが変わります。和室の場合は木の仕上げなどで反射率が低い場合が多いので、座卓面の明るさはダウンライトを併用して確保します。Cのように竿

縁天井にダウンライトを配置する場合は、天井の割り付けを意識して配置すると、より建築の意匠を高めることができます。

またDのように竿縁天井や格天井で、天井懐の高さがある場合は、部分的に**光天井**にすることも可能です。天井の意匠と一体化させた柔らかく光る発光面で、トップライトのような効果が得られます。

図4.2.26は光天井の場合の照明器具の配置方法と注意点です。一般的にはAのように、器具から乳白カバーまでの距離と同程度の距離を器具間隔にすると、ムラなく均一に照明することができます。ただし住宅では天井懐の確保が難しいため、器具の数量が増え、明るくなりすぎる心配があります。

天井懐がない場合は、Bのように折り上げ天井内の側面に器具を取り付け、双方向に照明する方法もあります。こ

A. 和風ペンダントライトを下げる場合

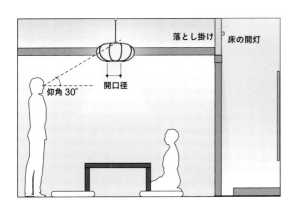

B. 和モダンなインテリアの場合

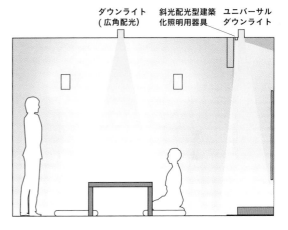

C. 長押または鴨居と一体化した建築化照明の場合

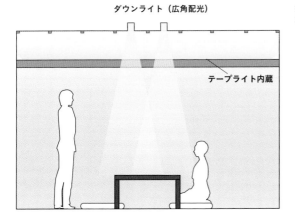

D. 天井の一部を光天井にする場合

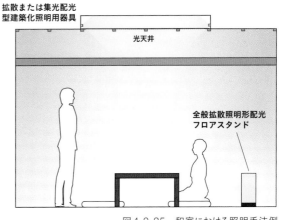

図4.2.25　和室における照明手法例

の場合、折り上げ天井内は白っぽくして反射率を高めることで、より均一な発光感が得られます。この光天井の照明手法は、**光壁**としても用いることも可能です。

　図4.2.27は和室の照明事例です。ア)はホテルの客間の事例です。天井には照明器具を設置せず、**明るさの重心を低く**することで、ゆったりとくつろげる演出です。

　図4.1.40（p.152）で紹介した寝室に隣接したリビングエリアです。屋外デッキには防雨型の床置き器具（p.75／図2.4.11）を置いて、庭の樹木のライトアップを組み合わせ、夜間も外の景色を楽しめるようにしています。

　イ)はLDK空間の一角にある畳コーナーの事例です。畳はフローリングと同面の仕上げで、天井の仕上げも同じ

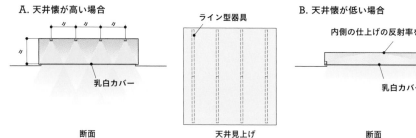

A. 天井懐が高い場合　　ライン型器具　　　　B. 天井懐が低い場合　　ライン型器具

乳白カバー　　　　　　　　　　　　　　　　内側の仕上げの反射率を高くする

断面　　　　天井見上げ　　　　断面　　　乳白カバー　　天井見上げ

図4.2.26　光天井の場合の照明器具の配置方法と注意点

ア　明るさの重心を低く、外も眺められる光　　　　イ　一体感をつくる光

ウ　建築意匠を利用した光　　　　エ　和の意匠をモダンにする光

図4.2.27　和室の照明事例

ア)建築設計：今村幹建築設計事務所＋東出明建築設計事務所　撮影：金子俊男
イ)建築設計：水石浩太建築設計室　撮影：ToLoLo studio
ウ・エ)建築設計：ランドアートラボ＋プランズプラス　撮影：大川孔三

ことから、ダウンライトを2台ずつ配置するリズムを共通として、LDK空間との一体感が得られるようにしています。

ウ)の事例は図2.3.24（p.60）のイ）でも紹介していますが、障子の建具枠の上部にテープライトを内蔵させたコーブ照明です。薄型のテープライトを使用することで、建具枠の厚みを変更することなく建築化照明を行うことができます。全般照明として角型のダウンライトを併用し、フレキシブルな行為にも対応しています。

エ)は、テレビが設置される壁面において、テレビ画面と背景壁との輝度差を緩和する（p.167）コーニス照明です。網代天井には角形のユニバーサルダウンライトを設置して、空間全般の明るさを確保します。中庭のデッキのフットライトや樹木のライトアップも映り込みを軽減して（p.174／図4.2.16）楽しめるように調光機能を併用しています。

④明るさを制御する

泊める行為も想定して、点滅の組み合わせや調光によって明るさを制御することは、安眠を促すことにつながります。枕元で使用できるスタンドライトを使用したり、手元で調光できるようスイッチもリモコンタイプにしたり、安眠を妨げないように配慮することが重要です。

⑤床の間を飾る

最近では床の間がない和室も多いですが、床の間は**ウェルカムライト**を表現しやすい場所です。掛け軸やお花など、和室ならではの季節ごとのもてなしを演出することができます。

図4.2.25（p.181）のAのように床の間には落とし掛けという下がり壁があり、その内側に床の間灯（p.180／図4.2.24（e））を設置するのが一般的です。しかし床の間灯のみでは、床の間の上方を明るくできても床に置かれる立体まで強調できません。よって図4.2.25のBのように照明手法を組み合わせる方法もあります。床の間の内側全体を明るくしながら、掛け軸などの平面を照明する手法や、器や花などの立体を照明する手法を組み合わせる考え方です。このように、床の間の間口の広さや奥行き、飾られる対象によって適した照明手法が変わります。

図4.2.28は、店舗照明におけるウェルカムライトを兼ねた装飾照明の例です。店舗の奥には盆栽が置かれています。店内全体は暖かな雰囲気で親しみやすさを高める電球色（2700K）でまとめていますが、盆栽だけは白色光（4000K）で照明し、生き生きとした緑を強調しています。このように、照射対象の特徴を生かせる**色温度を選択する**ことが大切です。

図4.2.28　店舗照明における装飾効果の事例

内装設計／写真提供：Kusukusu.inc

図4.2.29に和室の床の間の飾りを楽しむ場合の照明パターン例を紹介します。床の間全体を照らす場合、より床の間の高さ方向を強調しつつ明るさの伸びが得られるよう(a)の**斜光配光**（p.62）の建築化照明用器具を使用します。

また(b)の狭角配光のユニバーサルダウンライトも併用して、盆栽などの立体も照明しやすいようにします。盆栽を照明するユニバーサルダウンライトの色温度は4000Kです。緑色を強調するのと同時に、あたかも自然光が差し込んでいる雰囲気を演出しています。

全般照明用の角型ダウンライトは拡散配光で、畳全体が柔らかい光で包まれるようにし、壁面はあまり照らさないようにすることで、より床の間を目立たせる効果があります。

パターン1　床の間でもてなす光

配光イメージと照明要素の組み合わせ

床の間断面図

建築化照明用器具（斜光配光 /2700K）（a）

角型ダウンライト（拡散配光 /2700K）

ユニバーサルダウンライト
（狭角配光 /4000K）（b）

A. 掛け軸を飾る場合
コーニス照明：100％＋ユニバーサルダウンライト：OFF

B. 盆栽を飾る場合
コーニス照明：40％＋ユニバーサルダウンライト：100％

3D 照度分布図

3D 照度分布図

															lx
0.1	0.2 0.3	0.5	1	2	3	5	10	20 30 50	100		3001000		15000		

3D 照明計算ソフト DIALux evo9.1　保守率：0.8
反射率　天井：31%　壁：70%　床：47%

図 4.2.29　床の間でアートを楽しむ照明パターン例

図4.2.30に和室を客間としてもてなす場合の照明パターン例を紹介します。障子の鴨居上部には、薄型のテープライトでコーブ照明を行っています。天井の角形のダウンライトで、座卓上部だけでなく、空間の全般照度も得られます。ライン照明でテレビのバックライトも設置し、テレビ画面と背景壁との輝度差を緩和して、眼精疲労を抑制します。

小型の全般拡散照明形配光のフロアスタンドも便利です。和風の器具ではありませんが、全般拡散照明形配光の器具を使用することで、行灯のようなイメージで用いることができます。適度な発光感がある器具を床に置くとくつろいだ雰囲気も演出しやすくなります。充電式のスタンドライトは、寝るときに枕元に移動させやすいメリットもあります。

図4.2.31はLDK内の畳コーナーにおける照明パターン例です。壁などで仕切られた独立した空間ではないため、照明手法としての統一感を持たせる場合もあれば、あえて異なる照明手法を用いて、特別な空間として演出することも可能です。ここでは天井の化粧梁と一体化させたライティングダクトを取り付けています。必要な場所にスポットライトを設置し、照射方向を調整して全般照度を確保します。壁のニッチ内に設置した棚下灯は、空間全体の装飾効果を高めます。さらにアクセントライトとして全般拡散照明形配光のスタンドライトを組み合わせBのように来客者が泊まる時の枕元灯としても活用しています。

このようにLDK一体型空間においても、和のモチーフを生かした空間づくりが可能です。

Column 5

和を極める照明器具

ア)は「三浦照明」の豆腐という名前のブラケットライトです。柾目の杉材の輪郭の外側に和紙が貼られる豆腐貼りという製法で製作されています。p.182の図4.2.27の(ア)では、少し小さな豆腐として特注で製作したブラケットライトを使用しています。木の素材感が直接見えないことで、和の落ち着きを持ちながら、モダンな空間にも使用することができます。

和紙は破れやすいという印象がありますが、言い換えれば貼り替えやすいともいえ、大切に使用することで、長持ちさせることができます。

イ)の縦長のペンダントライトは、彫刻家のイサム・ノグチが日本に滞在中にデザインした「AKARI」という名前の照明器具のバリエーションの1つです。ペンダントライトだけでなく、スタンドライトもあり、和紙のシェードの大きさや形状のバリエーションも豊富で、和紙のシェードのみを交換することも可能です。照明器具ということだけでなく、光る彫刻のようにアートとしての存在感も得られます。

イ アートにもなる

ア モダンな和室にもあう

写真提供：
三浦照明株式会社

ア)建築設計：ランドアートラボ＋プランズプラス　撮影：大川孔三
イ)建築設計：里山建築研究所　撮影：中川敦玲

パターン2　くつろぎの和の光

配光イメージと照明要素の組み合わせ

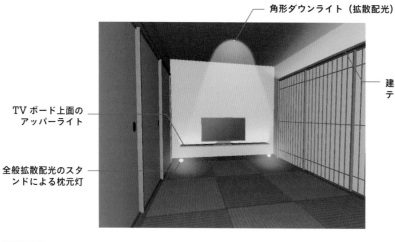

角形ダウンライト（拡散配光）

建具上部に内蔵させた
テープライトによる建築化照明

TV ボード上面の
アッパーライト

全般拡散配光のスタ
ンドによる枕元灯

A. 会話を楽しむ光

全点灯

3D 照度分布図

B. 寝る前の光

角形ダウンライト / 建具上部建築化照明：OFF

3D 照度分布図

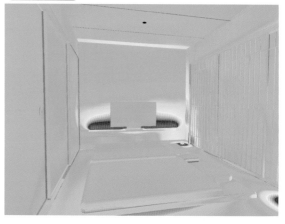

0.1　0.2 0.3　0.5　　1　　2　3　　5　　10　20 30　50　100　3001000　15000　lx

3D 照明計算ソフト DIALux evo 9.2　保守率：0.8
反射率　天井：31%　壁：50%　畳：47%

図 4.2.30　和室でもてなす場合の照明パターン例

4.2　暮らしを楽しむあかり

パターン3　畳コーナー部を照らす光

配光イメージと照明要素の組み合わせ

ライティングダクト＋
スポットライト

ニッチ内棚下灯

ポータブル型
テーブルスタンド

A. リビング＋畳コーナーでくつろぐ場合

全点灯

B. 畳コーナーで寝る前の場合

スポットライト：OFF（畳コーナー上部）/10%（リビング上部）
ニッチ棚下灯 / テーブルスタンド：30%

3D 照度分布図

3D 照度分布図

0.1　0.2　0.3　0.5　1　2　3　5　10　20　30　50　100　300 1000　15000　lx

3D 照明計算ソフト DIALux evo 9.2　保守率：0.8
反射率　天井：70%　梁：65%　壁：50%　畳：35%　床：28%

図4.2.31　畳コーナーでもてなす場合の照明例

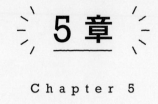

実務の知識と器具の選択

5.1 知っておきたい照明のポイント

設置からメンテナンスまで

　本節では、ここまで述べてきた現場の知識のなかで、照明設計者だけでなく建築設計者やエンドユーザーも知っておきたい照明のポイントについて解説します。特に従来光源用照明器具のLED化については、同じ口金ということだけでなく、ポイントをおさえて安全に使用できること、また照明効果を損なわないようにすることが重要です。さらに照明の制御方法やメンテナンスにも配慮することで、より暮らしを楽しむための照明計画を実現することが可能となります。

吹き抜けの考え方

　吹き抜けの空間は、開放的な雰囲気が得られやすいことが特徴です。また壁面や天井面が明るく見えると開放的な印象となります（p.42／図2.1.05）。ただし、長寿命なLED照明器具も、不具合が起こる可能性はゼロではありません。施工業者に依頼するとしても器具交換費だけでなく、高所作業費も発生します。図5.1.01では吹き抜けにおける照明手法例と4つの注意点について解説します。

①開放感の演出
②照射エリアの可変性
③メンテナンス性
④グレアを与えない

①開放感の演出

　吹き抜けの場合、天井面を明るくする**コーブ照明**や**バランス照明**は、建築化照明の中でも開放感が得られやすい照明手法です。ブラケットライトの**半間接照明形配光**や**間接照明形配光**の使用でも同様の効果を得ることができます（p.72／図2.4.05）。

　図5.1.01のAのように部分的に天井が高くなっている場合、コーブ照明用造作（a）を低天井の高さに揃えて、さらに同じ仕上げ（p.62／図2.3.27）にすることで、建築と

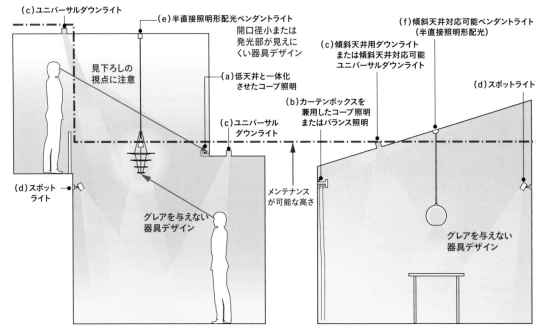

A. フラット天井の吹き抜けの場合

（c）ユニバーサルダウンライト
（e）半直接照明形配光ペンダントライト
　開口径小または
　発光部が見えに
　くい器具デザイン
見下ろしの視点に注意
（a）低天井と一体化させたコーブ照明
（c）ユニバーサルダウンライト
（d）スポットライト
グレアを与えない器具デザイン

B. 傾斜天井の吹き抜けの場合

（f）傾斜天井対応可能ペンダントライト
　（半直接照明形配光）
（c）傾斜天井用ダウンライト
　または傾斜天井対応可能
　ユニバーサルダウンライト
（d）スポットライト
（b）カーテンボックスを兼用したコーブ照明またはバランス照明
メンテナンスが可能な高さ
グレアを与えない器具デザイン

図5.1.01　吹き抜けの照明手法例と注意点

の一体感を高めることができます。吹き抜けから見下ろしの視点がある場合は、発光部が見えないように器具の向きや遮光高さにも配慮します（p.123／図4.1.08）。

Bの傾斜天井の場合は、低い方からコーブ照明（b）またはバランス照明を行うと光のグラデーションがきれいに伸びます。高い方から照明する場合も照明器具の設置方法を工夫することで、光のグラデーションを伸ばすことも可能です（p.61／図2.3.26、p.64／図2.3.33 B）。

②照射エリアの可変性

照射方向が調整可能な**ユニバーサルダウンライト**（c）は、メンテナンスしやすい位置や高さから吹き抜け側に照射することが可能です。ユニバーサルダウンライトの場合、照射角度の制約がありますが、壁面にスポットライト（d）を取り付ける方法であれば、ユニバーサルダウンライトよりも照射エリアを調整しやすくなります。また上階の天井にユニバーサルダウンライト（c）を設置する場合は、メンテナンス可能な範囲で下のフロアを照射できるよう、可動範囲の制約や光の広がりを検討することが重要です。

③メンテナンス性

住宅の照明計画では、できるだけ高所作業が発生しないように維持管理にも配慮して**器具の設置高さ**を検討します。吹き抜けの高さを生かすようにペンダントライト（e）を吊り下げる場合は、ランプ交換可能な機種で選定するとメンテナンスも行いやすくなります。LED器具一体型の場合は、天井の取り付け部分で器具交換を行うことになり、高所作業が発生します。下面開放タイプの直接照明形または半直接照明形配光のペンダントライトの場合は、下からのランプ交換も行いやすくなります。

④グレアを与えない

空間の高さを生かしてペンダントライトを吊り下げる場合は、Aのように邪魔にならない高さに吊り下げるか、Bのように下に家具が置かれるかどうかを考慮して吊り下げ高さを決めます。

直接照明形または半直接照明形配光のペンダントライトの場合は、下からの視点で**グレア**とならないように注意します。開口径が小さくなっている形状や発光部が見えにくい器具デザインを選定することが重要です（p.36／図1.3.16）。

スポットライトを用いると照射方向は調整しやすいですが、その分光が目に入りやすくグレアを与える心配があります。図1.3.15（p.36）で紹介したルーバーやフードが装着でき

る器具を選定するとグレアを与えにくくなります。

照明器具設置の注意点

①天井の照明

●直付けの場合

シーリングライトやペンダントライトを天井に取り付ける場合、**引掛けシーリング**がよく用いられます。照明器具専用のコンセントのようなもので、引掛けシーリング対応器具であれば、器具交換においても電気工事は必要ありません。図5.1.02に引掛けシーリングのおもな種類を紹介します。

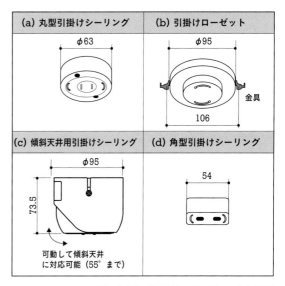

図5.1.02　引掛けシーリングのおもな種類

(a)の丸型引掛けシーリングは、シーリングライトまたはペンダントライトでよく用いられます。(b)の引掛けローゼットを使用する場合は、照明器具の重量が5kg以上（内線規定3205-2条3.4より）の場合となります。両サイドの金具部分で器具の重量を支え、電気的接続部分に荷重がかかりすぎないような構造です。(c)と(d)はおもにペンダントライトの場合に用いられます。(c)は傾斜天井用で、(d)の角形引掛けシーリングは、最も小型で、和室の竿縁天井などでも用いられます。

図5.1.03に引掛けシーリングを利用したペンダントライトの取り付け方法を示します。ペンダントライトの天井取り付け部分を**フランジ**といい、その外側のカバーをフランジカバー（シーリングカバーまたはシーリングカップ）といいます。引掛けシーリングと吊り下げ位置をずらしたい場合は、コードハンガーを利用します。

コードハンガーは天井裏に野縁が入っている場所でない としっかりと固定できないので注意します。フランジカバーは、 通常はペンダントライトに付属していますが、別に購入する ことも可能です。またフランジカバー内でコード長さを調整 できるタイプもあります。フランジカバー内にコードを収納で きる引掛けシーリング対応のペンダントライトの場合、(a)の 丸型または(d)の角型引掛けシーリングがほとんどです。た だし角型の引掛けシーリングのみに対応した小型フランジ カバーは注意が必要です。引掛けシーリングの側面が丸見 えになってしまうだけでなく、フランジカバーは納まりが悪い とコードの途中に落ちてしまい、見栄えがよくありません。

図5.1.04は傾斜天井にペンダントライトを設置する方法 です。一般形の場合は、Aのようにコードハンガーで一旦バ ウンドさせて吊り下げるようにします。これは電線が内蔵さ れているコードのフランジの付け根の部分に荷重がかかり すぎて断線するのを防ぐためです。Bの傾斜天井対応可 能およびDの埋め込み形フランジの場合は、フランジ内で 荷重がかかりすぎないように設計されています。

ただし埋め込みフランジ型の器具のバリエーションは少な いです。Cは図5.1.02の(c)の傾斜天井用引掛けシーリ ングを併用した場合で、一般形フランジのまま真下方向に吊 り下げることはできますが、引掛けシーリング自体が大きくて 目立つ心配があります。

一見万能に思える引掛けシーリングですが、照明器具 選定に合わせて、使い分けが必要です。カタログ写真では このフランジ部分の写真が小さくて、大きさがよくわからない 場合もあるので、仕様図(p.46／図2.2.03)などで確認 することも重要です。

小型のシーリングライトやスポットライトで海外製品の場合 は直結線の場合もあります。直結線とは天井や壁から配線 を出してもらい、器具側の配線と結線する方法です。直結 線の場合は、器具交換の際も電気工事が必要となります。

● 埋め込みの場合

・器具の大きさと取り付け方

天井埋め込みで設置するダウンライトの場合、注意すべ きは天井懐の高さです。カタログに取り付けに必要な高さ が記載されていますので、その寸法を守って器具選定を行 います。開口径が小さくても埋め込み部の電源装置に高さ がある器具には注意が必要です。また開口径が小さい器 具の場合、開口径から電源装置(p.48／図2.3.01(d)) が入らない場合、電源を別置きにする必要があります。器 具から電源装置までの配線距離の制約もあるので、あわ せて考慮します。

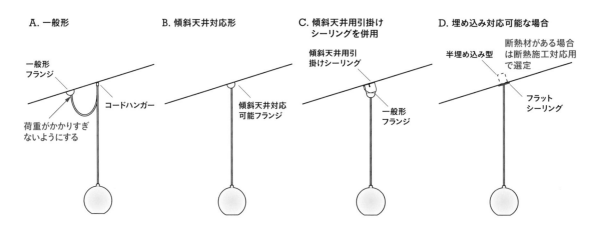

図5.1.03　引掛けシーリングとフランジの関係

図5.1.04　傾斜天井にペンダントライトを取り付ける方法

・施工性

　断熱材が施工される天井や壁面には、断熱施工対応の照明器具（p.50／図2.3.06）を選定します。ダウンライトは、天井裏でバネが開いて固定する方法のため、バネが広がるスペースも必要です。ダウンライトによっては2方向または3方向に広がるようになっています。傾斜天井の場合は、**傾斜天井対応可能**かどうか、対応可能な場合も傾斜角度の上限値を確認します。

・メンテナンス性

　一般的なダウンライトの開口径としては、$\phi 50\,\mathrm{mm}$ から、$75\,\mathrm{mm}$、$100\,\mathrm{mm}$、$125\,\mathrm{mm}$、$150\,\mathrm{mm}$ の種類があります。各メーカーともに共通する上記の開口径は、器具交換も行いやすくなっています。

　改修の場合も既存ダウンライトと同じ開口径で選定するか、またはさらに開口径を広げて取り付けます。ただしLED化によって器具は小型化しています。このような場合はリニューアルプレートを使用して、小型のLEDダウンライトを取り付けることも可能です。図5.1.05にリニューアルプレートの製品例を紹介します。ただし断熱施工用には対応していないため、断熱材が入っている天井では使用できないことに注意します。

図5.1.05　ダウンライト用リニューアルプレート例
写真提供：パナソニック株式会社

②壁の照明

●直付けの場合

　壁に取り付ける器具の種類としては、ブラケットライトやスポットライトがあります。いずれも器具内で結線するのが一般的です。中には半埋め込みタイプで、器具外で結線するタイプもあります。

　図5.1.06にスポットライトの場合の結線例を示します。フランジ内にスペースがある場合は、フランジ内で結線を行います。半埋め込みタイプで専用の埋め込みボックスがない場合は、**アウトレットボックス**を使用する場合もあります。アウトレットボックスとは、配線材の結線や分岐に使用される箱です。ただしアウトレットボックスの大きさはそれほど種類

がないため、器具側のフランジの大きさや取り付け方法に支障がないか、事前に確認しておく必要があります。

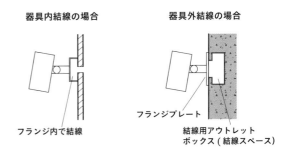

図5.1.06　スポットライトの取り付けと結線例

●埋め込みの場合

　壁埋め込み用の器具にフットライトやシーリングウォッシャーがあります。まず器具の奥行きが壁の厚み内に納まるか確認します。また天井埋め込みと同様に断熱材が施工される場合は、断熱施工用の器具を選定します。

　図5.1.07で階段にフットライトを取り付ける場合の注意点を示します。器具としては表に見えてこない部分にも光源や電源装置が埋め込まれる器具もあり、奥行きだけでなく高さの確認も必要です。すなわち平面図で柱を避けて配置を検討するだけでなく、2階の床を支える梁が通っている部分に干渉していないか、断面図や展開図でも確認しながら、取り付け位置と納まりを検討します。

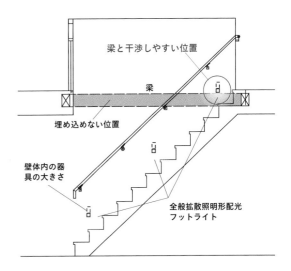

図5.1.07　階段にフットライトを取り付ける場合の注意点

③床の照明

●直付けの場合

エクステリアのブラケットライトで、取り付け方向が壁面だけでなく、上向き使用可または据置取り付け可能という器具であれば、床に上向きに直付けすることが可能です（p.82／図2.5.04 イ）。床に直付けする方法は、床から配線を出すため、屋内であっても清掃などで水がかかって、漏電する心配もあります。器具選定の際には、取り付け方向を確認することが重要です。

●埋め込みの場合

床に埋め込む器具の場合、床の懐と器具の高さを確認することが必要です。ダウンライトに比べ開口径の種類がなく、照明メーカーによる製品の違いが大きいです。歩行による荷重もかかるため、設置方法や互換性の融通もきかせにくいです。よって将来的な器具交換を行う場合、同じ開口径、器具高さの製品がない可能性もあり、器具交換にも配慮して無理のない器具選定を心がけます。

④コンクリート打ち放しの場合

コンクリート打ち放しに埋設型器具を設置する場合は、コンクリートの打設前に専用の埋め込みボックスを設置する工事が必要です。図5.1.08にコンクリート打ち放しの場合のフットライトと床埋め込み照明の設置例を紹介します。屋外の場合は配線用の配管材だけでなく、排水用配管なども事前に設置する必要があります。埋め込みボックスは照明器具の本体よりも先に発注するなど、工事スケジュールとの調整も必要です。

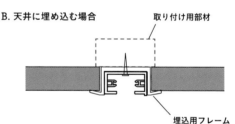

図5.1.08　コンクリート打ち放しの場合の照明器具の設置例

⑤ライティングレールの設置方法

スポットライトやペンダントライトの取り付けに用いられるライティングレール（p.54）の取り付け方法を図5.1.09に示します。一般的には天井に下向き（a）で直付けしますが、壁に横向き（b）に取り付けることも可能です。ただし、通電されている溝の部分にホコリなどが溜まってしまうと危険なため、横向きに取り付ける場合は、器具が取りつかない場所にはレールカバーを設置します。床から1.8m以上で、メンテナンスが可能な範囲で、触られにくい高さに設置します。天井に取り付ける場合はBのような埋め込み用フレームもあり、フレームのカバーは見えてきますが、天井はすっきりとした見え方になります。

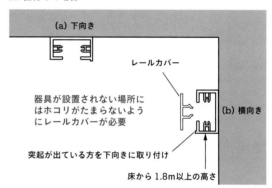

図5.1.09　ライティングレールの取り付け方

図5.1.10にライティングレールを構成するおもな部材を紹介します。基本構成はレール本体と電源を引き込むフィードインキャップとエンドキャップの3つです。（a）のレール本体は、1m、2m、3mなどの長さのバリエーションがあり、現場で切断して必要な長さにすることも可能です。3m以上の場合は（d）のジョイナーで接続することも可能です。ジョイナーは同じ回路で送り配線のみのタイプとそのジョイナー部分で電源を引き込めるタイプがあります。形状は直線タイプだけでなく、コーナー型やT字型、十字型と豊富で様々なレイアウトに対応することが可能です。

　　　　　　　　　　　　　　　　　　　　　5.1　知っておきたい照明のポイント

(a) レール本体	(b) フィードインキャップ	(c) エンドキャップ	(d) ジョイナー
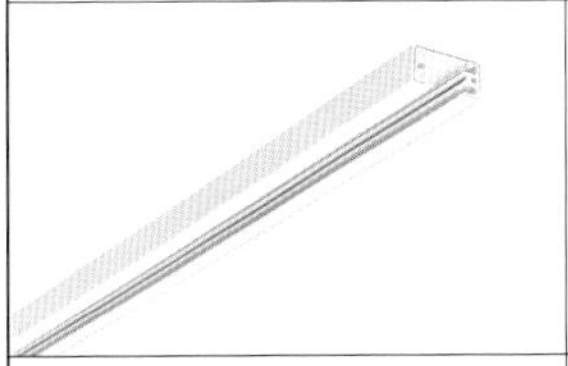	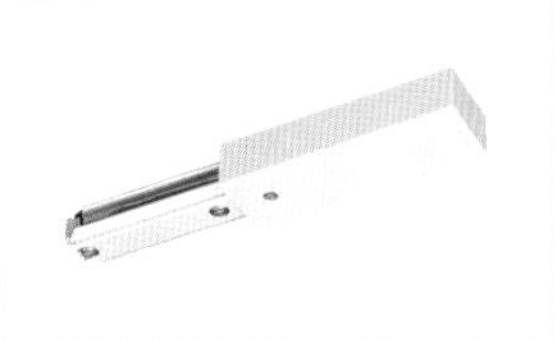	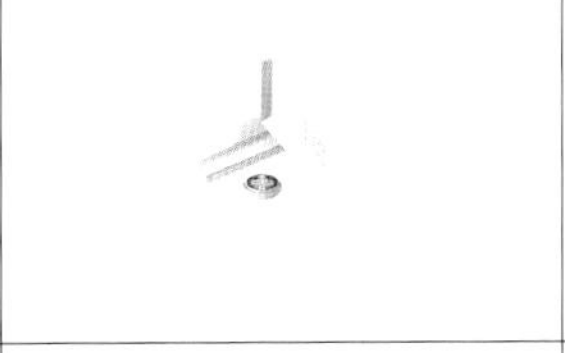	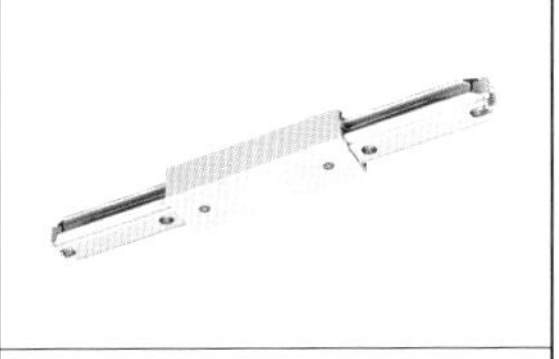
(e) 埋め込み用フレーム	(f) 埋め込み用フードインキャップ	(g) 埋め込み用エンドキャップ	(h) レールカバー
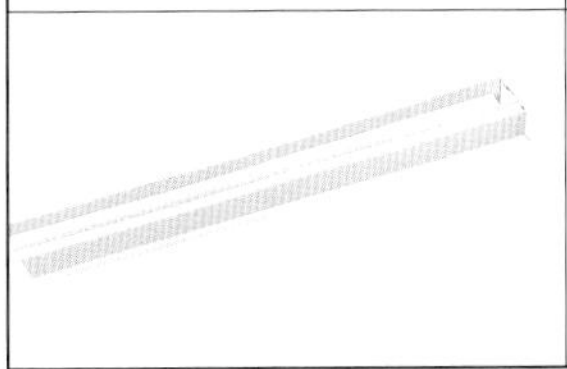	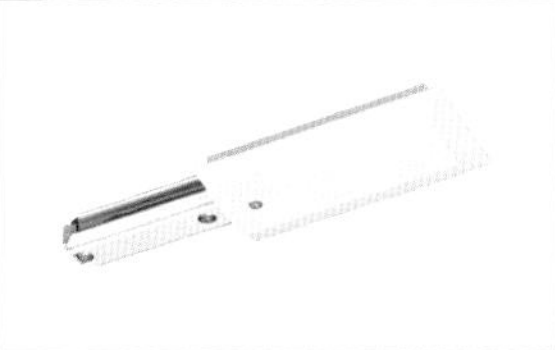	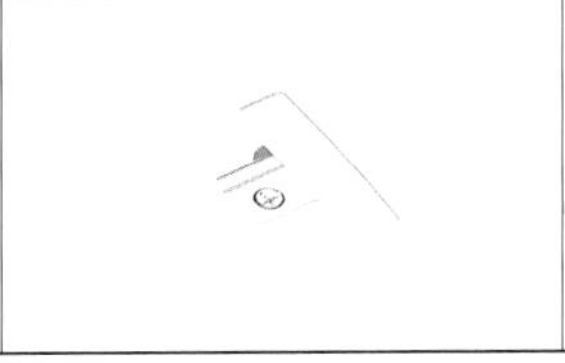	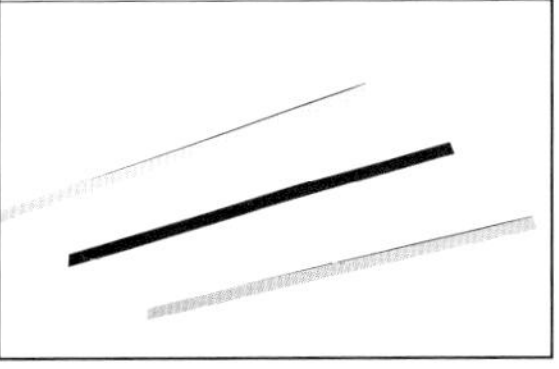

図5.1.10　ライティングレールのおもな部材
写真提供：パナソニック株式会社

　天井に埋め込む場合は、(e) の埋め込み用フレームだけでなく、埋め込み用の (f) のフードインキャップと (g) のエンドキャップを組み合わせます。レール本体やジョイナーは直付けタイプと共用の部材となります。色も白だけでなく、黒やシルバーなどがあります。

　壁に横付けする場合の (h) のレールカバーも10cm単位の短いものから、1m単位のものもあり、現場で必要な長さに切断して使用します。

　スケルトン天井で高さもある場合は、ライティングレールをパイプで吊る方法も可能です。既製品でもパイプ吊り用のオプションは豊富にあります。パイプ吊りのメリットは、空調や配管といったライティングレール上部の設備機器をあまり目立たなくできることです。図5.1.11にライティングレールをパイプ吊りで使用した例を紹介します。

　なおライティングレール用引掛けシーリング（図5.1.12）

という部材や、逆に引掛けシーリングに取り付けられるライティングレール（図5.1.13）もあります。ペンダントライトの中には直付け用のフランジ型とライティングレール用のプラグ型で、取り付け方法を選択できる場合もあります。引掛けシーリング対応のフランジ型しかない場合もこのライティングレール用引掛けシーリング（図5.1.12）を併用すれば、取り付け可能です。

図5.1.12　ライティングレール用引掛けシーリング
写真提供：パナソニック株式会社

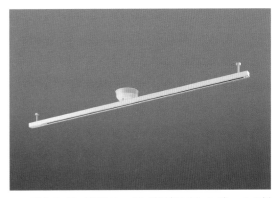

図5.1.13　引掛けシーリング対応ライティングレールの例
写真提供：パナソニック株式会社

　賃貸住宅で図5.1.02（p.191）の (a) 丸型引掛けシーリングや (b) 引掛けローゼットしかついていないという場合でも図5.1.13の引掛けシーリング対応ライティングレールを取り付けることができます。フランジ部分は目立ちますが、電

図5.1.11　パイプ吊りのライティングレールの使用例
内装設計／写真提供：KusuKusu Inc

気工事を行うことなく、プラグ型のスポットライトやシーリングライト、ペンダントライトなどを複数取り付けることが可能です。

国内メーカーでは、ライティングレールは共通の仕様で製作されていますが、海外製品はオリジナルの場合が多く、ライティングレールと同じメーカーの器具で使用するのが一般的です。

⑥コンセントで使用可能な照明器具

コンセントで使用可能な照明器具の代表は、スタンドライトです。最近では充電式でポータブルに使用できるバリエーションも増えています。図2.4.09（p.74）や図2.4.10（p.75）の配光別のスタンドライトは、見た目のデザインだけでなく、配光にも配慮して選定することが重要です。

またLED化によって、建築化照明用器具もコンセントで使用可能な器具が増えています。図5.1.14に、建築化照明用器具として使用可能な間接照明形配光の器具の例を紹介します。

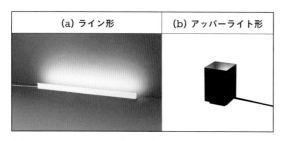

(a) ライン形	(b) アッパーライト形

図5.1.14　コンセントで使用可能な間接照明形配光器具の例
写真提供：パナソニック株式会社

（a）のライン形は、テレビやソファの背面に置いて、バックライト（p.164／図4.2.02）の照明効果を得られます。（b）のアッパーライト形はスポットライトの置き型として、部屋のコーナーに置いて、壁や天井を照らし、空間の広がりを強調できます。また観葉植物のライトアップ（p.175／図4.2.17）に用いるなど、コンセントならではの器具として、用途に応じて場所を移動させることも可能です。

建築化照明用のライン型器具は、専用の電源線や専用のコネクターで器具同士を接続できます（p.63／図2.3.32）。これらを器具外結線用器具といいます。建築化照明の納まりを検討する場合は、器具自体だけでなく、配線材の納まりにも配慮することが重要です。

⑦小型化する照明器具

進むLEDの小型化によって、内装材だけでなく、家具などへの取り付けのバリエーションも増えています。

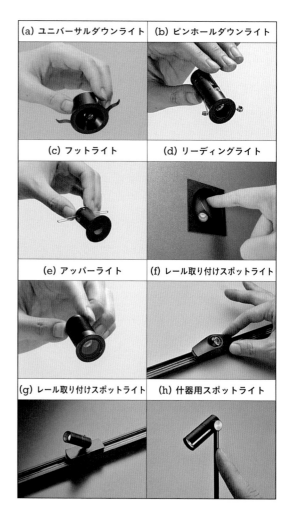

(a) ユニバーサルダウンライト	(b) ピンホールダウンライト
(c) フットライト	(d) リーディングライト
(e) アッパーライト	(f) レール取り付けスポットライト
(g) レール取り付けスポットライト	(h) 什器用スポットライト

図5.1.15　超小型LED器具の例
写真提供：トキ・コーポレーション株式会社

図5.1.15のLED器具はローボルトタイプのため、電源装置は別置きですが、超小型だからといって暗いということではなく、照明器具としての存在感を極力感じさせることなく、照明効果はしっかりと得られるように開発されています。

壁に埋め込み型で取り付ける（d）のリーディングライトは、発光部が可動になっていて、使用しない時は壁をフラットにすることができます。

LED 電球（電球形 LED ランプ）の選び方

　LED 電球は、白熱電球の代替品として、同等の明るさを得られるというだけでなく、オリジナル形状のバリエーションなども増えています。LED 電球用に開発された照明器具であれば、メーカーが指定するランプの中から選定する方が、温度試験なども行っていますので、安全に使用することができます。

　直管形や環形（サークライン）、コンパクト形蛍光ランプの LED ランプも開発されていますが、蛍光ランプは点灯に安定器が必要なため、LED 化のための電気工事が発生します。

　ここでは電気工事を行わずに既存器具の白熱電球を LED 化する場合のポイントとして、以下の 7 つの項目ごとに解説します。

　①口金の確認
　②形状の種類
　③明るさ（光束）
　④配光（光の広がり方）
　⑤色温度の種類
　⑥演色性
　⑦組み合わせる器具の確認

①口金の確認

　図 5.1.16 に普通電球を例に電球を構成する部材を説明します。白熱電球は、器具側のソケットにねじ込む部分の口金と発光管と呼ばれるガラスで構成されています。発光管内には不活性ガスが入っていて、ランプの種類によってそれぞれのガスの特性を生かして、小型化、発光効率を高めていました。A のフロストは乳白、B のクリアは透明ガラスで、同じようにフィラメントが入っています。フィラメントは金属のタングステンでつくられていて、フィラメントに電流が流れて高温になると光エネルギーに変換されます。

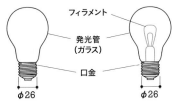

図 5.1.16　一般形白熱電球の形状と構成

　口金部分は E26 や E17 と呼ばれ、この E は白熱電球の長寿命化に成功したトーマス・エジソンの頭文字を表し、26 や 17 は口金部分の直径を示しています。E がつく口金はねじ込み式で取り付けることを示します。

　一方、ピン式（G9／G4／GY6.35／GU5.3／GZ4 など）で取り付ける電球もあります。同じ口金であれば、とりあえず点灯はするかもしれませんが、同等の照明効果を得られないこともあります。図 5.1.17 に口金別のおもな白熱電球と対応する LED 電球の特徴を示します。

おもな白熱電球の種類	口金	代替可能な LED 電球
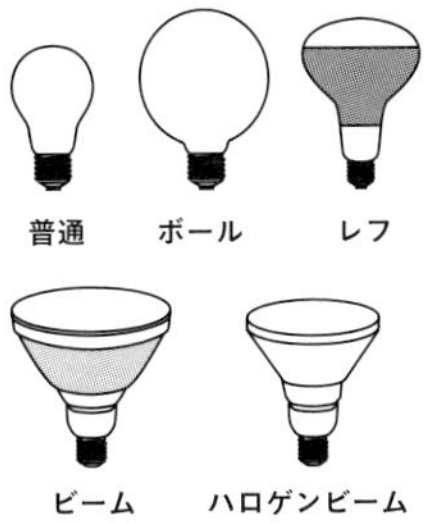 普通　ボール　レフ　ビーム　ハロゲンビーム	E26	・普通電球の場合、暗い側の 10W 相当や明るい側の 150W、200W 相当はまだない ・ボール電球は 50mm 径、70 ㎜径、95 ㎜径、フロストまたはクリアの種類も豊富にある ・レフ型、ビーム型、ハロゲンビーム型も同等の形状で選定可能
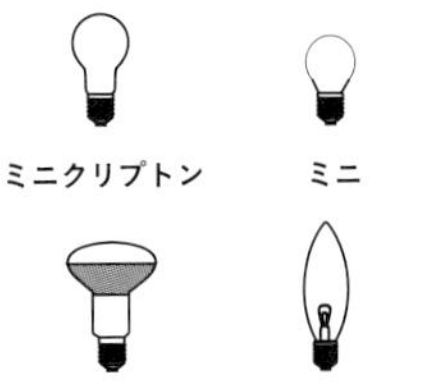 ミニクリプトン　ミニ　ミニレフ　シャンデリア球	E17	・ミニクリプトン電球の場合、75W、100W 相当はまだない ・ミニ電球は、大きさが同等のタイプは少ない ・ミニレフ型はバリエーションがまだ少ない ・シャンデリア球は、形状や色温度も含めてバリエーションが豊富にある
 ミニハロゲン　ダイクロイックミラー付きハロゲン	E11	・ミニハロゲンランプと同等の大きさで代替可能な LED 電球はまだない ・ダイクロイックミラー付きハロゲンランプの場合は、W 数や大きさ、色温度も含めて、バリエーションが豊富にある
ハロピン 	G9	・輸入品で使用される場合が多いものの、種類は少ない
 12V 用ミニハロゲン　12V ダイクロイックミラー付きハロゲン	EZ10	・ミニハロゲンランプと同等の大きさで代替可能な LED 電球はまだない ・ダイクロイックミラー付きハロゲンランプの場合は、W 数や色温度などのバリエーションはあるものの 12V で点灯させるためのダウントランスを更新できない場合もある
 12V 用ミニハロゲン　12V ダイクロイックミラー付きハロゲン	G4／GY6.35／GU5.3／GZ4	

図 5.1.17　白熱電球に対応する LED 電球の特徴
＊2021 年 4 月現在（国内主要メーカー）

LED電球には、**LED素子**と交流から直流に変換する**電源装置**が内蔵されています。LED素子自体はとても小さいですが、LED電球の開発当初は、電球自体の形状も大きく、発光面積は白熱電球の1/3程度で、光の広がりも狭いタイプが主流でしたが、最近では大きさと発光感もほぼ同等のタイプが発売されています。発光管全体が白熱電球のようにきれいに光るLED電球は、口金の部分に電源装置が内蔵されています。E26の口金は従来電球と同等の大きさで代替できるようになっていますが、ミニハロゲンやハロピンなど小さくなるほど、LEDの点灯に必要な電源装置を内蔵させるのが難しく、従来光源と同等の形状のLED電球はまだ少ないです。

またLED自体は指向性がある光ですが、反射鏡付きのビームランプやダイクロイックミラー付きハロゲンランプなどであれば、従来光源と同等以上の配光や色温度のバリエーションも豊富に選べるようになっています。

注意が必要なのは12V用のハロゲン電球のLED化です。点灯するためにダウントランス(100Vから12Vに降圧するため)が必要ですが、このダウントランスにも寿命があります。ランプ交換を行っても点灯しない状態の場合は、ダウントランスの交換も必要になり、この場合は電気工事が発生します。

②形状の種類

LED電球の形状は、器具との適合性があるため、代替すべき白熱電球の形状や大きさと同等にすることを目指して開発されています。同等のものもあれば、上述の通り、電球の形状が小形になるほど、小さくすることが難しい場合もあります。

一方**フィラメント**が見えるクリア電球については、フィラメント自体がLEDの発光部となっていて、その形状や配置自体もデザインの要素になっています。図5.1.18にクリアタイプのLED電球の例を紹介します。

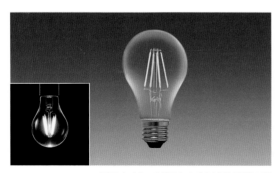

図5.1.18　クリアタイプのLED電球の例
写真提供：アイリスオーヤマ株式会社

クリア電球の特徴は、発光管が透明なため、不点の時は存在感を感じさせず、点灯させるとそのフィラメントの発光が美しく見えることです。クリア電球をそのまま使用するペンダントライトやブラケットライトのバリエーションも増えています。図5.1.19に図5.1.18で紹介したクリアタイプのLED電球を使用した店舗の事例を紹介します。机上面の明るさはスポットライトを併用して確保しているものの、クリアタイプのLED電球を使用したペンダントライトをランダムに吊り下げることで、効果的なアクセントライトにもなっています。

図5.1.19　クリアタイプLED電球の使用例
内装設計/写真提供：kusukusu Inc.

③明るさ(光束)

LED電球の販売当初は、メーカーによる性能差も大きかったことから、LED電球の性能や代替の目安の表示方法を統一したガイドライン(「電球形LEDランプ性能表示等のガイドライン」：2010年7月制定　改正：2013年7月(一般社団法人日本照明工業会))が制定されました。

図5.1.20に白熱電球のW数相当のLED電球における光束の目安を示します。表の数字以上の**光源光束値**(p.89)を持つ場合に電球○○形相当と表記できるようになっています。器具一体型LEDの場合も白熱電球のW数相当を表示していますが、メーカーや器具によっても**器具光束値**(p.89)は異なります。

LED電球の発光効率(lm/W)も年々高くなっています。とはいえ、E26の一般形白熱電球の150Wや200W、E17のミニクリプトンランプの75Wや100Wに代替可能なLED電球は、国内主要メーカーではまだ販売されていません(2021年4月現在、図5.1.17)。ただしE26のビームランプやレフランプでは、150W相当のLED電球もあります。

E26　普通電球タイプ						
白熱電球(W)相当	20	30	40	50	60	80
光束値(lm ルーメン)	170	325	485	640	810	1160
白熱電球(W)相当	80	100	150	200		
光束値(lm ルーメン)	1160	1520	2400	3330		

E17　ミニクリプトン電球タイプ						
白熱電球(W)相当	25	40	50	60	75	100
光束値(lm ルーメン)	230	440	600	760	1000	1430

E26　ボール電球タイプ		
白熱電球(W)相当	40	60	100
光束値(lm ルーメン)	400	700	1340

■ 部分は国内主要メーカでは販売されていない(2021年4月現在)

図5.1.20　LED電球の光束の目安
(電球形LEDランプ性能表示等のガイドラインより)

④配光（光の広がり方）

LED電球の明るさの目安は、光源光束値で表します。ランプ自体が持っている光源光束と器具に取り付けて器具から出る器具光束値は異なります。LED電球の場合は、光源光束値の確認だけでは、これまで使用していた白熱電球と同様の効果が得られないことがあります。図5.1.21にLED電球の配光の違いを紹介します。器具の配光に合わせて、LED電球の配光を選択することが重要です。いずれもE26の60相当で同じ光束値（810lm）における配光曲線（p.86）を比較しています。

フロストとクリアタイプの配光曲線を比較するとクリアタイプはより横方向に広がるものの真下方向にはあまり光が出ないことがわかります。例えば半直接照明形配光のペンダントライトなどに使用しても、真下の明るさはあまり得られません。よってクリアタイプは、図5.1.19のように直に見せるような使用方法で用いることがお勧めです。

全方向と広配光タイプを比較すると、全方向の方が口金側により光が出ているものの真下方向は広配光タイプの方が明るいことがわかります。よって直接照明形配光のダウンライトなどで使用する場合は、広配光タイプの方が明るくなります。半直接照明形配光のペンダントライトの場合は、

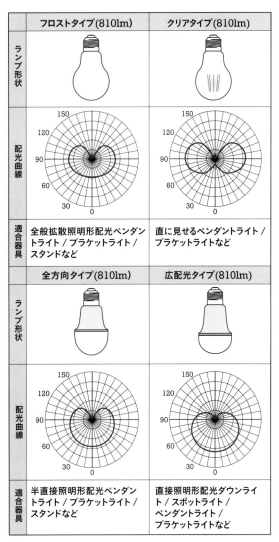

図5.1.21　LED電球の配光の比較

全方向タイプの方が上部への明るさも得ながら真下方向の明るさも得ることができます。

⑤色温度の種類

一般的なLED電球の場合は、電球色（2700K）と昼白色（5000K）の2種類を選択できます。ダイクロイックミラー付きハロゲンランプ代替用のLED電球の場合は、3000Kの選択肢もあります。クリアタイプの場合は、フィラメント自体を直に見せる場合が多く、白熱電球を調光したイメージで、2000K前後のキャンドル色と呼ばれる光色もあります。

白熱電球自体は光色の選択肢がなかったため、LED電球によって、光色の選択肢による使用用途のバリエーションも増えています。図1.1.04（p.11）で紹介したライトアップ

イベントは、季節による色温度の違いをLEDビームランプの電球色と昼白色を入れ替えることで表現しました。

さらに図4.2.22（p.178）に紹介したように調色・調光やカラーライティングが可能なLED電球も販売されています。

⑥演色性

JISの照明基準総則（JIS Z9110：2010）では、住宅の**平均演色評価数（Ra）は80以上**が推奨されています。ほとんどのLED電球はRa80以上となっていますが、購入する際にはRaの記載も確認すると良いでしょう。ダイクロハロゲン形LED電球は、ダウンライトやスポットライトで多用されるため、**高演色形**のバリエーションも豊富で、その他のLED電球はまだ高演色形を選択できない場合も多いです。

⑦組み合わせる器具の確認

LED電球を既存器具で使用する場合、白熱電球のW数と同じW数相当以内で使用します。またダウンライトやスポットライトの場合、形状や大きさも同等でないと器具からはみ出してしまい、照明効果自体も損なわれる心配があります。さらに以下の3つのチェック項目にも注意が必要です。

●密閉形対応かどうか

全般拡散照明形配光や防湿型器具などで、器具としての密閉性が高い場合は、**密閉形対応**のLED電球を選定する必要があります。LED自体は熱と湿気に弱いため、適したサイズとW数のLED電球を選ぶことが重要です。

●調光対応かどうか

LED電球には、**非調光**か**調光対応**（または調光可）かの種類があります。調光スイッチで使用している照明器具に非調光ランプを使用してしまうと不点やちらつきなどの不具合が起こる可能性があるので、必ず調光対応のLED電球を使用します。ただし調光対応のLED電球の場合、形状が大きい場合もあり、器具に納まるかどうかの確認も必要です。

調光対応のLED電球は、白熱電球の調光方式である**位相制御方式**（p.203）の調光スイッチを使用できるように開発されています。ただし白熱電球のようにスムーズな調光ができない場合もあり、色温度も変わりません。調光スイッチ以外に調光用ドライバーの併用が必要なLED電球もあります。この場合は電球交換だけでなく、調光用ドライバーを設置するための電気工事が発生します。なお器具一体型で調光する場合も電源装置とは別に調光ドライバーの併用が必要な照明器具もあります。

●断熱施工対応かどうか

断熱施工用器具は、天井や壁内の断熱材に熱を与えないように設計されているため、器具としての密閉性も高くなっています。よって従来光源で使用していた断熱施工用器具には、**密閉形対応**または**断熱施工対応**のLED電球を使用しなければなりません。

図5.1.22に断熱施工対応LED電球の使用例を紹介します。左図のように従来の断熱施工用のダウンライトでは、小形のミニクリプトンランプを横向きに取り付け、反射鏡との組み合わせで下向きに光が出るように設計されていました。全方向や広配光タイプのLED電球は、真下方向に光が出るため、左図のように取り付けると反射鏡の効果を生かすことができません。よってLED電球ならではの種類として**T形LED電球**が開発されました。T形LED電球の配光曲線図に示すように横方向に光が出るように設計されているため、横向きに取り付けても反射鏡との組み合わせで、真下方向に光を出すことができます。ただしミニクリプトンよりもやや長いため、器具寸法に納まるか事前の確認が大切です。

LED電球は常に新しいものが開発されているため、最新、最善のLED電球を選定することが重要です。

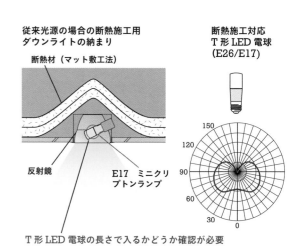

従来光源の場合の断熱施工用ダウンライトの納まり

断熱材（マット敷工法）

反射鏡

E17 ミニクリプトンランプ

T形LED電球の長さで入るかどうか確認が必要

断熱施工対応T形LED電球（E26/E17）

図5.1.22 断熱施工対応LED電球の使用例

照明制御の考え方

照明の制御は、おもに**自動点滅**と**調光制御**に大別することができます。照明のLED化によって、**デジタル制御**による**遠隔操作**も可能となり、さらに手持ちのスマートフォンやタブレットでも制御可能な照明器具やLED電球なども販売されています。

①自動点滅の使い分け

自動点滅の方法としては、**照度センサー**と**人感センサー**、**タイマー制御**があります。タイマー制御は毎日同じ時間で点滅を繰り返すなど、年間スケジュールで点滅時間を設定する制御方法です。ここではおもにセンサーの利用方法について解説します。

照度センサーは明暗センサーとも呼ばれ、周囲が暗くなると点灯し、明るくなると消灯します。屋内では寝室や廊下の常夜灯として使用されます。外構では来客者だけでなく、家人への**ウェルカムライト**として用いたり、旅行などで不在の場合に在宅を装ったり、**防犯の観点**でも使用可能です。

人感センサーは明るさまたは熱線センサーとも呼ばれ、ヒトの動き（温度変化）を検知して、自動点滅させます。一般的に照度センサーも併用されているため、明るい時にヒトの動きを検知しても点灯することはありません。外構で使用する場合は、周囲が暗くなるとぼんやりと点灯し、ヒトを検知すると100%で点灯させるタイプもあります。荷物などを持っていてスイッチを押しにくい内玄関や廊下、ウォークインクローゼット、または消し忘れの観点からトイレなどで使用されます。

照度センサー、人感センサーともに照明器具内蔵型と別置型センサーに分けることができます。図5.1.23にセンサー内蔵型の照明器具の例を紹介します。(a)～(f)までは人感センサー、(g)と(h)は照度センサー内蔵型です。(f)と(g)、(d)と(h)は同じデザインでセンサーの種類が異なります。同じデザインの器具で比較すると照度センサーよりも人感センサーの方が目立つことがわかります。

長い廊下では、両端に人感センサー内蔵型器具（図5.1.23 (a)または(b)など）を配置して、その間はセンサー内蔵型器具でなくても同一回路であれば、廊下全体で一斉点灯させることができます。(e)のスポットライトは、フラッシュ機能もあり、ヒトを検知するとフラッシュで威嚇することも可能です。

LEDならではの製品としては、人感センサー内蔵型のLED電球も市販されています。図5.1.24に人感センサー内蔵型のLED電球の例を紹介します。発光部の中央に人感センサーが組み込まれています。広配光でもあるため、

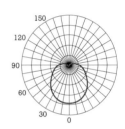

この部分に人感センサーが内蔵されているため、真下に向けて使用

図5.1.24　人感センサー内蔵型LED電球の例
写真提供：アイリスオーヤマ株式会社

(a) ダウンライト（人感）	(b) シーリングライト（人感）	(c) ブラケットライト（人感）	(d) 低ポール灯（人感）
(e) スポットライト（人感） フラッシュ機能付き	(f) フットライト（人感）	(g) フットライト（照度）	(h) 低ポール灯（照度）

図5.1.23　センサー内蔵型の照明器具例
写真提供：オーデリック株式会社

センサーをむき出しで取り付け可能なダウンライトなどで使用すると、人感センサー一体型ダウンライトよりもコストを抑えることができます。

別置型センサーの場合、接続可能な照明器具の合計の容量（Aアンペア）は、センサーごとに異なります。またLED電球の場合は、容量ではなく個数で制限している場合もあるので要注意です。図5.1.25に別置型センサーの例を紹介します。(a)～(d)までが人感センサーで、(e)と(f)は照度センサーです。

(a)は壁スイッチに人感センサーが組み込まれているタイプで、屋内専用です。内玄関や廊下用やトイレ用など用途別の種類もあります。長い廊下の場合は、子機と組み合わせれば、異なる出入口での出入りにおいても廊下全体の照明を一斉点灯させることも可能です。トイレ用の場合は、換気扇を遅れて消すスイッチ機能を組み込めるタイプもあります。

(b)は天井埋め込み型の人感センサーで、長い廊下などでは親機と子機で複数の照明器具を一斉点灯させることが可能です。照明器具一体型では検知部分は固定の場合が多いのですが、検知範囲を狭めるフードの装着や検知する方向を多少調整することが可能です。(c)は(b)と同様に天井埋め込み型の人感センサーですが、屋外の軒下で使用できます。色は白だけでなく黒もあります。天井に断熱材が入っている場合は、断熱施工対応のセンサーで選定を行います。

(d)は屋外で使用可能な壁付の人感センサーです。天井埋め込み型の人感センサーが使用できない場合に用いられます。(e)は照度センサーで、外壁の目立たない所に設置します。

照明器具一体型の場合は、朝まで常時点灯となりますが、別置型の照度センサーの場合は、消灯させるおよその時間を設定する機能もあります。(f)は照度センサーが組み込まれている屋外用コンセントです。コンセントで使用可能な屋外用スパイク式のスポットライトや低ポール灯などを接続させて、自動点滅にすることができます。

別置型センサーを使用する場合の注意点は、設置場所です。

照度センサーの場合は、周囲の暗さを検知して点灯させるため、敷地内外の光があたらない場所に設置することが重要です。図5.1.26に人感センサーの設置場所の注意点を示します。別置型人感センサーの場合も照度センサーが併用されているため、照明器具自体の光があたりにくく、かつヒトを検知しやすい設置場所を検討します。Aのように全般拡散照明形配光のブラケットを壁付の人感センサーで自動点滅させたい場合、ブラケットライト自体の光を感知しないように1m以上離れたところに設置します。またはBのように人感センサーには光があたりにくい直接照明形配光のブラケットライトを選定します。Cのように天井埋め込み型の人感センサーを親子で使用する場合、検知範囲を示す直径は、ヒトの手の温度を検知しやすいように床面ではなく床から0.7m程度の高さで、検討を行います。

A. センサーと照明器具との距離　B. センサーと照明器具の配光

1m 以上離す

壁付人感センサー

検知範囲

壁付人感センサー

検知範囲

C. センサーの位置と検知範囲

天井埋め込み型人感センサー親器

天井埋め込み型人感センサー子器

400mm以上（白熱灯の場合）

700mm の高さで検知範囲を設定

700

検知範囲

検知範囲

(a) スイッチ型 人感センサー	(b) 天井埋め込み型 人感センサー	(c) 天井埋め込み型 人感センサー
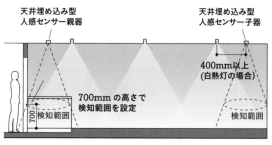		
(d) 壁付け型人感 センサー（屋外）	(e) 壁付け型照度 センサー（屋外）	(f) コンセント型照度 センサー（屋外）

図5.1.25　別置きセンサーの例　写真提供：パナソニック株式会社

図5.1.26　人感センサー設置場所の注意点

②調光のしくみ

LED照明を調光する場合、おもな調光方式の種類は4つです。照明器具によっては、電源装置の選択に合わせて、非調光も含めて調光方式を選択できる場合もあります。なお器具側の選択だけでなく、調光方式によっては、配線方法にも影響するため、照明設計時の検討が必要です。図5.1.27におもなLED照明用の調光の種類と特徴を紹介します。

住宅でおもに使用される調光方式は、**位相制御**方式です。白熱電球で使用する調光方式と同じで、LED電球も代替使用できるように開発されています。ただしLED電球の場合は、調光の度合いほど、暗く感じられなかったり、暗くするほどちらついたり、ノイズが発生したりする場合もあります。そこでLED専用として**逆位相制御**方式の調光スイッチが開発されました。従来の位相制御方式を正位相制御と呼ぶ場合もあります。正位相制御は交流電圧の立ち上がり部分の波長をカットしますが、逆位相制御では下がる部分の波長をカットします。逆位相制御の方がノイズも少ないため、寝室などでも使用可能です。

ローボルトのテープライトの調光は、**PWM制御**方式の場合が多いです。PWM制御の調光スイッチは、2個用スイッチボックスの大きさで、調光のつまみも一般的な調光スイッチと見た目が異なる場合もあるため、設置場所にも配慮します。また別置の電源装置だけでなく調光ドライバーも併用する場合もあるため、それらの設置場所の検討も必要です。

その他、住宅で使用が想定されるのは、調色・調光スイッチです。一般に調色・調光スイッチは電源線とは別に信号線が必要になります。メーカーによっては信号線がなくても調色・調光が可能な照明器具と調光スイッチもあります。

DALI制御（Digital Addressable Lighting Interface）は、国際電気標準会議（International Electro technical Commission）IEC62386に準拠した照明制御の国際標準通信規格です。

DALI制御の最大の特徴は、細やかな調光制御と双方向通信です。同一回路で調光するのが一般的ですが、DALI制御の場合は、個別に点滅や調光を行うことが可能です。さらに双方向通信として、器具の状態を確認することが可能なため、器具の不点や異常なども監視することができます。

DMX制御は、おもに調色・調光可変やフルカラー可変を行う場合に用いられます。DALIやDMX制御は、専用のアプリケーションや調光システムが必要になるため、規模が大きく、複数の照明器具を時間帯などで点滅や調光が必要な場合に用います。DMXやDALIの制御は、異なるメーカーでも同じ調光システムを使用可能なのですが、システムの構築やシーン設定をメーカーに依頼する必要があり、照明器具と調光システムを同一メーカーで行うことが一般的です。複数回路の調光の度合いを組み合わせて複数の照明シーンが再生可能な**シーン記憶調光器**（p.142／図4.1.25）も同様のため、調光を行うかどうかの観点で、照明器具を選択する場合もあります。

制御方式	調光範囲	対応器具	特徴
（正）位相制御／逆位相制御（2線式）	1-10〜100%	住宅用照明器具やLED電球の調光／調光・調色用器具	・照明器具に流れる電流を調整することで明るさを制御する調光方式 ・交流電圧の波長の一部を切断することで、電流値が変化して明るさを制御することができる ・通常の2線式の配線で調光することが可能
PWM制御 Pulse Width Modulation（4線式）	0.1-5〜100%	施設用照明器具やローボルト器具の調光	・パルス変調を利用して、点灯と消灯の時間調整を行うことで明るさを制御する調光方式 ・電圧の影響を受けにくいため、チラツキが少なくスムーズに調光可能であるが、位相制御よりもやや高価
DALI制御（4線式）	0〜100%	施設用照明器具やローボルト器具の調光	・DALIに準拠している器具であれば、異なるメーカでも同時に使用可能 ・同一回路でも個別に点滅や調光が可能 ・専用のアプリケーションで演出プログラムを作成
DMX制御（5線式）	0〜100%	調色・調光用器具／フルカラー可変器具	・ライトコントロールからデジタル信号を送信する制御方式 ・電源線に加え、デジタル制御用の信号線の配線が必要 ・詳細情報の通信が可能であるため、無線信号による制御も可能 ・専用のアプリケーションで演出プログラムを作成

＊調光範囲は、照明器具と調光スイッチとの適合によっても変わる

図5.1.27　LED照明の調光のおもな種類とその特徴

照明設計における施工管理

図2.1.01（p.40）の照明設計の流れで紹介したように、建築設計のプロセスに合わせて照明設計の業務は進行します。言い換えると建築設計からの要求がないと関われない部分もあります。

特に住宅や店舗などの規模が小さい現場では、竣工するまで現場に行かない場合もあります。よって照明器具の施工における留意点を的確に建築またはインテリアの設計者に伝えることが重要です。ここでは施工に関わる留意点について補足します。

● 埋め込みボックスの事前取り付け

埋め込みボックスは図5.1.08（p.194）でも解説したように、コンクリート打ち放しの場合は、照明器具本体よりも先に施工する必要があります。施工スケジュールに合わせて、発注も先に行ってもらうなど、現場との調整が必要です。

● ペンダントライトのコード長さ指定

ペンダントライトのコード長さは、一般に1.5m程度です。図2.4.14（p.77）で示したようにテーブルの高さを約0.7m、天井高さを2.4〜2.5mとするとコード長さは1m程度となります。器具によってはコード長さをフランジやプラグカバー内で調整できるタイプもありますが、調整可能な高さの範囲もあるため、事前に確認する必要があります。

また加工費は発生しますが、コードの長さを発注時に指定できる場合もあるので、適切な長さで使用できるように検討を行います。

● ペンダントライトの取り付け方の変更

図5.1.12（p.195）にフランジタイプ（直付け型）をライティングレールに取り付け可能になるプラグ付きの引掛けシーリングを紹介しましたが、あらかじめプラグタイプに変更してもらうことも可能です。加工費がかかる場合もあるので、事前に確認します。

● 実物の確認および実験

3章で紹介した3D照明計算を行うことで、ある程度の照明効果を予測することはできますが、眩しさの度合いなどは個人差もあるため、ショールームなどでの実物の確認を行うことをお勧めします。

また詳細な納まりなどに関しては簡易模型による実験を行う場合もあります。図5.1.28にスリット照明の納まりを検討した模型実験の例を紹介します。実際の器具サンプルを使用した実物大で、スリット内の明るさや器具と遮光材の見え方の比較を行った例です。

スリット照明の納まりの比較

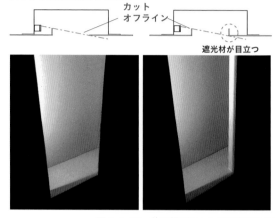

図5.1.28　簡易模型による照明実験の例

メンテナンスにおける留意点

LEDは長寿命ですが、永久ではありません。また長寿命であるために将来的に同等の器具で交換できるかどうか、設計時にはわからない場合もあります。メンテナンスに関しては、2章の照明器具の種類や4章の行為別の照明計画における留意点としても解説しましたが、施工に関わる点について補足します。

● 吹き抜け空間の場合

吹き抜けの場合、図5.1.01（p.190）のとおり、メンテナンスに配慮した器具の取り付け高さを検討します。

階段の場合は、上下階または踊り場などのフラットな床からメンテナンスが行えるように検討します。ダウンライトやシーリングライトで両手をあげてメンテナンスを行う場合は、転倒などのリスクがあります。壁などに手をついて支えることができるかどうか、取り付け位置にも配慮します。

● 建築化照明について

建築化照明用ボックスの納まりはp.58で解説したように、手が入るかどうかなどメンテナンスに配慮した寸法を検討します。またローボルト用器具の場合は、電源装置を別置きにするため、メンテナンスができる場所に設置する必要があります。

5.2 暮らしをいろどる照明器具

💡 長く使用できる名作たち

テレビや雑誌を見ていると、名作と呼ばれる照明器具を見かけることがあります。ただし演出用の照明のせいか照明器具自体の照明効果はよくわからない場合もあります。しかし、気に入った照明器具が身近にあれば、暮らしをさらに楽しみ、いろどる効果が得られます。

本節では、著名なデザイナーが手がけるなど、器具自体のデザイン性が優れていることに加え、照明効果やメンテナンス性の観点でも長く使用できる名作照明器具とその使い方を解説します。

光線を極めた "PH Lamp"

まずご紹介したいのはルイスポールセンのPHランプです。PHはデザイナーのポール・ヘニングセン（Poul Henningsen）の頭文字をとっています。

ルイスポールセン社は、デンマークの老舗照明メーカーで、北欧デザインとして日本でも人気があります。ポール・ヘニングセンは、コンピュータがなかった時代にいかに眩しさを与えずに効率よく光を出せるかということを研究し、対数螺旋によるシェードを重ねることを考案しました。図5.2.01にPHランプの光の反射効果を実験する装置を紹介します。

この3枚のシェードが眩しさを遮り、同時に光を無駄なく反射するしくみは、ロジックに基づいた照明器具デザインを追求したポール・ヘニングセンの哲学を示しています。光源の位置による照明効果を確認することで、白熱電球から電球形蛍光ランプ、LED電球へと変化しても適切な照明効果が得られることを常に確認し、ポール・ヘニングセンの設計意図を守り続けています。

図5.2.02にPHランプのバリエーションを紹介します。図1.3.17 イ（p.37）で紹介した事例では1958年に発売されたPH5を使用しています。ペンダントライトだけでなく、スタンドライトやブラケットライトなどもあり、大きさや素材、色の種類も豊富で、ファミリー製品としても使用可能です。

光源位置：上	光源位置：中（適正）	光源位置：下

3枚のシェードは、内側を見た時にシェードの端部まできれいに明るくなるように光源の位置を調整できるように設計されている。光源位置が上すぎると眩しさが外に漏れ、下すぎるとシェードに影ができて反射の効率が落ちてしまう。

図5.2.01　PHランプの光源とシェードの位置関係（ルイスポールセンショールームの実験装置）

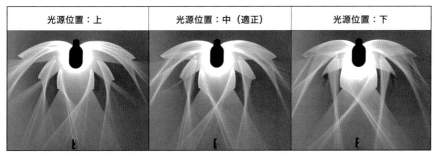

PH 5 ペンダント	PH 4/3 ペンダント	PH 2/1 テーブル	PH 2/1 ウォール

図5.2.02　PHランプのバリエーション　出典：ルイスポールセン公式サイトより

5 章

実務の知識と器具の選択

建築設計から生まれた "AJ Lamp"

PHランプと同様に北欧デザインを代表するAJランプを紹介します。AJはアーネ・ヤコブセン(Arne Jacobsen)の頭文字をとっています。

AJランプは1957年に建築設計を手掛けたコペンハーゲンにあるSASロイヤルホテル(現ラディソンコレクションロイヤルホテル)のために設計された照明器具です。図5.2.03にAJランプのおもなバリエーションを紹介します。照明器具の種類だけでなく、カラーバリエーションも豊富にあります。

照明器具のバリエーションが少なかった当時は、設計した建築のために建築家自身が照明器具をデザインすることは珍しくありませんでした。その中でもAJランプは、直接照明形配光で効率よく読書灯としての明るさがとれるだけでなく、シェードの可動性によって使いやすさも兼ね備えています。

図4.1.26(p.142)ではAJフロア、図4.1.49 エ(p.159)ではAJテーブルを使用しています。

アートのような存在感 "Enigma"

Enigma(エニグマ)もルイスポールセンの照明器具で、日本人の内山章一氏によるデザインです。図5.2.04のようにサイズ(直径)のバリエーションがあり、素材もホワイトとブラックの2種類があります。425は4枚、545は5枚の円盤で構成されます。

このドーナツ状の円盤は、上部の円錐形に内蔵されたダイクロハロゲン形LED電球の直射光による局部照明の効果が得られます。図5.1.01 A(e)(p.190)のように吹き抜けで使用してもグレアを与える心配はありません。

さらに円盤の上面はマット仕上げ、下面は光沢仕上げとなっていて、上面で反射された間接光が空間に放たれ、全般照明の効果を得ることもできます。空中に浮遊する存在感はアートのようでもありながら、1台で複数の照明効果が得られます。

図5.2.05に、エニグマの使用例を紹介します。お寺の客殿のエントランスホールの事例ですが、和の空間に合わせても違和感がありません。浮遊する光の円盤は、アート性があるだけでなく、照明器具としての機能美も兼ね備えています。

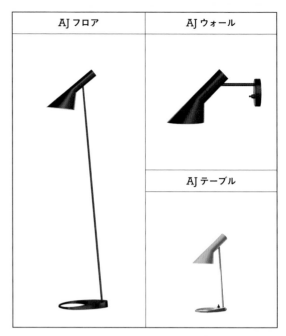

図5.2.03　AJランプのバリエーション
出典:ルイスポールセン公式サイトより

AJフロア	AJウォール
	AJテーブル

図5.2.04　エニグマのおもなバリエーション
出典:ルイスポールセン公式サイトより

エニグマ425(ホワイト)	エニグマ545(ブラック)

図5.2.05　エニグマの使用例
建築設計:佐川旭建築研究所

配光自在なスタンドライト "Captain Flint"

　図5.2.06のCaptain Flint（キャプテン・フリント）は、L字型の支柱と円錐形を組み合わせたフロアスタンドです。デザイナーは、マイケル・アナスタシアデス（Michael Anastassiades）で、フロス（FLOS）というイタリアの老舗照明メーカーの製品です。キャプテン・フリントという名称は、海洋冒険小説の『宝島』（ロバート・ルイス・スティーヴンソン著、1883年）に登場するフリント船長が、オウムを肩に乗せているイメージで名づけられたそうです。

　図4.1.42（p.154）では、寝室でキャプテン・フリントを使用した場合の照明パターンを提案しています。シンプルな形状の組み合わせですが、ヘッド部分が回転（左に270度、右に45度）するため、照射方向を調整することが可能です。上方に向けて間接照明形配光の全般照明にしたり、読書や書き物をする時は下に向けて直接照明形配光の局部照明にしたり、用途に応じて使い分けることも可能です。足で点滅や調光が可能なフットスイッチもついていて、使いやすさにも配慮されています。

点滅で表情が変わる "K TRIBE"

　K TRIBE（ケートライブ）は前述と同じフロスから販売されている照明器具のシリーズで、デザイナーはフィリップ・スタルク（Philippe Starck）です。日本では、屋上に金色のオブジェがある浅草の「スーパードライホール」の設計で知られ、建築だけでなく、インテリアやプロダクトデザインなど、幅広く活躍しているデザイナーです。

　照明器具のデザインも多いのですが、このK TRIBEは、シェードはクラシックな形状でありながら、美しく光るアルミ素材の支柱との組み合わせによって、モダンな印象を与えます。

　この器具の特徴は、外側はアクリル製、内側は乳白のポリカーボネート製と二重の素材からなっていることです。消灯時は外側のシェードの方が目立ちますが、点灯時は内側の乳白カバーの形状が浮かび上がります。このように、光が外からあたる場合と中からあたる場合で異なる見え方を楽しむことができます。

　またこのようなシェードの形状の場合、半直接照明形配光の場合が多く、下からの視点で発光部が眩しい場合もありますが、内側のシェードで光を拡散させながら、グレアを与えないように綿密に設計されています。照明器具の種類だけでなく、外側のシェードは2色のバリエーションで選択が可能です。

フロアスタンド

図5.2.06　キャプテン・フリント
写真提供：日本フロス株式会社　右図撮影：Toshihide Kajihara

フロアスタンド	テーブルスタンド
ペンダントライト	ブラケットライト

図5.2.07　K TRIBEのおもなバリエーション
写真提供：日本フロス株式会社　下左図撮影：Germano Borrelli

世界が認めた使いやすさ "Tolomeo"

図5.2.08で紹介するのは、Tolomeo（トロメオ）というスタンドライトのシリーズです。建築家のミケーレ・デ・ルッキ（Michele DeLucchi）がデザインした、イタリアのアルテミデ（Artemide）の製品です。コップ型のシェードと動きやすいアームの組み合わせで、軽快な印象ながら使いやすく、世界的に人気があります。

照明器具の種類としては、大別するとテーブルスタンドとフロアスタンドの2種類ですが、クリップ式などバリエーションも豊富です。テーブルスタンドとしては、MICRO、MIDI、MINI、TAVOLOの4種類があります。取り付け方法は、置き型と机に挟んで取り付けるクランプ型があります。フロアスタンドは、LETTURA、TERRA、MEGA TERRAの3種類があります。

直接照明形配光で読書などの局部照度を得るために使用する場合が多いですが、ヘッドが回転するため、横方向や上部に照射することも可能です。ヘッド部分の持ち手を動かすと、アームも同時に動くため、ヘッドの位置を調整しやすいのが最大の特徴です。

基本はミニクリプトン電球用ですが、LED一体型のタイプもあり、ロングセラーながら常に進化しています。

影も美しい "MAYUHANA"

MAYUHANAは建築家の伊東豊雄氏がデザインした照明器具のシリーズです。繭から糸を紡ぐようにグラスファイバー樹脂を型に巻きながら製作されています。二重または三重のグローブを透過させることで、光源部の存在もおぼろげになり、器具としての一体感が得られています。照明器具の種類だけでなく、色や形状のバリエーションも豊富にあります。

図5.2.09にMAYUHANAのおもなバリエーションを紹介します。光源は一番小さいグローブのほぼ中心に配置され、形状もグローブと一体感が得られるようにボール電球を使用します。白い場合はフロスト、黒い場合はクリアのボール電球を組み合わせます。白い場合は柔らかい光の存在感、黒い場合はキラメキの存在感が得られます。

図2.4.16（エ）（p.78）では黒のフロアスタンドを使用しています。黒っぽい床の素材にもマッチして、クリア電球との組み合わせによって、壁に光と影を映し出す効果も得られます。

形状がシンプルなため、和洋のインテリアを問わず、空間に合わせやすいことも特徴です。

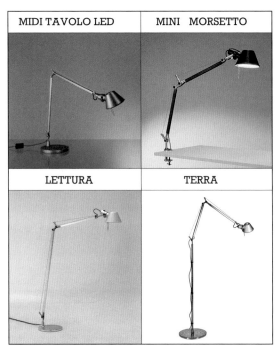

図5.2.08　トロメロのバリエーション
写真提供：アルテミデ・ジャパン株式会社

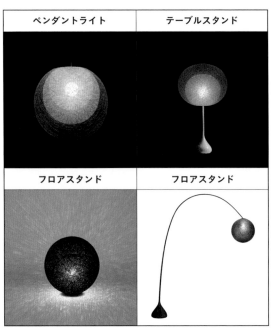

図5.2.09　MAYUHANAのバリエーション
写真提供：株式会社YAMAGIWA

和紙だけどモダン "Natural"

　図5.2.10は、立体漉きという技法によって、球状に漉き上げた和紙を用いた照明器具のシリーズです。照明器具としては、ペンダントライトとスタンドライトの2種類です。ペンダントライトは、3種類の大きさ（MAYUは1種類）とコード式またはワイヤー式から選択することができます。フロアスタンドも大きさだけでなく、支柱なしとありの場合と支柱の高さ違いで組み合わせを選択できます。

　形状は自然界にある月や雲、繭をモチーフにして、和紙の柔らかな素材感で心を和ませるデザインが特徴です。またグローブの形状を最大限に生かすため、ペンダントライトの吊り下げ部分やスタンドライトの支柱部分が極力目立たないようなデザインも効果的です。

　全般拡散照明形配光が基本ですが、グローブの形状に影響を与えない範囲で、特注で下面に開口を設けることも可能です。半直接照明形配光に変更することで、直下の明るさも得られるようになり、食卓用のペンダントライトとしても使用することができます。自然な素材とその形状は、それらを生かす部材の納まりによって、和洋の空間を問わず使用することができます。

多様化する照明器具

　5.2節では、実際に使用したことがある器具の中で、カタログだけでは伝わらない使い勝手も含めてその魅力を紹介しました。インターネットの普及により、オンラインでも照明器具を購入しやすくなっていますが、照明器具の効果は、写真ではわからない場合も多く、可能な範囲で、ショールームなどで実物を確認することをお勧めします。

　照明器具の潮流を見るものとして、照明の展示会があります。世界最大といわれるドイツのフランクフルトメッセで開催されるライト・アンド・ビルディング（Light + Building／国際照明・ビルオートメーション専門見本市）やイタリアのミラノで開催されるエウロルーチェ（Euroluce／サローネ国際照明見本市）は、期間中に街をあげてのアートイベントが開催されることもあり、有名なイベントになっています。国内ではライティング・フェアが隔年で開催され、各社の新製品の発表、情報交換の場として注目を集めています。

　今後、照明器具はさらに小型化（p.196／図5.1.15）、システムライト化（p.69／図2.3.40）、建材一体化（p.69／図2.3.41、2.3.42）が進むことが予想されます。

　前述のエウロルーチェでは、図5.2.11のように吸音効果が得られるペンダントライトも発表されています。これからの照明デザインは、インテリアや建築とますます一体的に検討していくことが重要となることでしょう。

器具形状のバリエーション

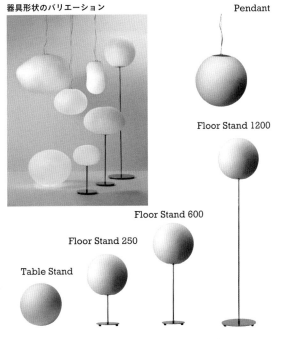

Pendant

Floor Stand 1200

Floor Stand 600

Floor Stand 250

Table Stand

図5.2.10 Natural のバリエーション
写真提供：谷口・青谷和紙株式会社

図5.2.11　吸音効果があるペンダントライト
写真提供：株式会社YAMAGIWA

索　引

索引

213

○参考文献

・福多佳子『超実践的住宅照明マニュアル LED 完全対応版』エクスナレッジ、2016年
・中島龍興・福多佳子『図解入門 よくわかる 最新 LED 照明の基本と仕組み[第2版]』
　秀和システム、2015年
・中島龍興『カラー図解 照明のことがわかる本』日本実業出版社、2007年
・一般社団法人照明学会「住宅照明設計技術指針 JIEG-009」『照明学会技術指針』2018年
・中村芳樹『視環境設計入門　見え方から設計する光と色』数理工学社、2020年
・JIS Z9112：2019「蛍光ランプ・LED の光源色及び演色性による区分」日本産業規格
・JISZ8726：1990「光源の演色性評価方法」日本産業規格
・北米照明学会(IES)技術資料「TM-30-15(IES Method for Evaluating Light Source Color Rendition)」2015年
・CIE 技術報告書「CIE 224 "正確な科学的用途のための CIE 2017 色忠実度指数(CIE 2017 Color Fidelity Index for
　accurate scientific use)」国際照明委員会、2017年
・JIS Z9110：2010 追補2011「照明基準総則」日本産業規格
・JIS C 0920：2003「電気機械器具の外郭による保護等級」日本産業規格
・JIS C 8105-3：2011「照明器具— 第3部：性能要求事項通則」日本産業規格
・JIS C 7612：1985「照度測定方法」日本産業規格
・照明学会『照明ハンドブック　第2版』オーム社、2002年
・照明学会・技術規格「屋内照度基準　JIES-008」一般社団法人照明学会、1999年

○引用文献

*1　西村唯史「生体リズムを考慮した照明制御」『電気設備学会誌』33巻1号、2013年、pp.34-36
*2　上原静香「透明感のある美しい肌って?」『照明学会誌』第86巻第3号、2002年、pp.197-198
*3　「赤色光が肌を美しく見せるメカニズムを解明」富士フィルムニュースリリース、2014年6月19日
*4　吉川拓伸・㈱資生堂ビューティサイエンス研究所「肌色を科学する−第1回−」『日本色彩学会誌』2005年29巻1号、
　　pp.31-34
*5　岩井彌ほか「波長制御技術による肌の色を好ましく見せるLED照明器具の開発」『日本香粧品学会誌』40巻4号、
　　2016年、pp.262-267
*6　一般社団法人日本照明工業会・一般社団法人日本照明委員会・特定非営利活動法人LED照明推進協議会・一般社
　　団法人照明学会「LED照明の生体安全性について〜ブルーライト(青色光)の正しい理解のために〜」2015年10月1
　　日版 https://www.jlma.or.jp/anzen/chui/pdf/ledBlueLight.pdf
*7　猪村彰・乾正雄「室内の明るさ感と大きさ感」『日本建築学会1977年度全国大会学術講演梗概集　計画系52』
　　pp.187-188
*8　照明学会技術指針「照明設計の保守率と保守計画 第3版 −LED 対応増補版−」　JIEG-001(2013)
*9　勝浦哲夫「感じ方の色色−光の味覚、時間感覚に及ぼす影響」『照明学会誌』第91巻第10号、2007年、pp.651-
　　654
*10　松林容子ほか「06-11居室における光色と文字の読みやすさに関する研究」照明学会平成28年度全国大会講演、
　　2016年

おわりに

　振り返ってみると本書の出版企画を打診いただいたのは、2016年の秋でした。約5年の月日が経ってしまいましたが、学芸出版社の岩切江津子氏の多大なるサポートで、最後までまとめることができました。中島龍興照明デザイン研究所の中島龍興氏には写真提供や助言をいただき、太田篤史氏には本書内の図や3D照明計算の作成など多大なる尽力をいただきました。この場を借りて心からお礼申し上げます。

　2020年から続くコロナ禍によって生活スタイルも変化するなかで、住宅も多様化が求められています。ヒトの行為の基本は住宅にあります。行為別の照明計画をマスターすることで、多くの施設の照明計画にも応用できることが本書の特徴です。1つの空間でも行為に応じて照明を変化させることで、仕事をするオフィスにも、食事をするレストランにも、心地よい眠りにいざなうホテルにも応用が可能です。近年のコロナ禍がもたらした新たな生活スタイルにも対応しました。

　最後になりましたが、本書内で事例写真を掲載させていただきました設計者および関係者の皆様、また器具写真や事例写真をご提供いただきました照明メーカーの皆様には感謝申し上げます。本書を手に取った多くの方が、照明計画の現場で本書を活用してくださることを願っています。

2021年8月吉日

福多佳子

著者略歴

福多 佳子（ふくだ・よしこ）

1965年福島県生まれ。1988年横浜国立大学工学部建築学科卒業、1990年同大学院博士課程前期修了後、2008年同大学工学府社会空間システム学専攻博士課程後期修了。博士（工学）。1998年中島龍興照明デザイン研究所設立に参画、共同代表。一級建築士。照明プロフェッショナル（照明学会認定）。IALD（国際照明デザイナー協会）アソシエート会員。

主な著書に『超実践的住宅照明マニュアルLED完全対応版』（2016、エクスナレッジ）、共著に『高齢者のための照明・色彩設計』（1999、インテリア産業協会）、『Q&A高齢者の住まいづくりひと工夫』（2006、中央法規出版）、『図解入門よくわかる最新LED照明の基本と仕組み[第2版]』（2012、秀和システム）、『住宅照明設計技術指針』（2018、照明学会技術指針JIEG-009）ほか。

主な受賞に国宝白水阿弥陀堂新緑+紅葉ライトアップ（2015）、星野リゾート界 鬼怒川（2016）、JPタワー名古屋SEASON（2016）、英照院（2018）が北米照明学会のIllumination Awards"Award of Merit"を受賞。

暮らしのシーン別 **照明設計の教科書**

2021年9月25日 初版第1刷発行

著　者………福多佳子
発行者………前田裕資
発行所………株式会社 学芸出版社
　　　　　　京都市下京区木津屋橋通西洞院東入
　　　　　　電話 075-343-0811　〒600-8216
　　　　　　info@gakugei-pub.jp
　　　　　　http://www.gakugei-pub.jp/
編集担当……岩切江津子
装丁・デザイン…美馬智
DTP…………梁川智子（KST Production）
印刷・製本……シナノパブリッシングプレス

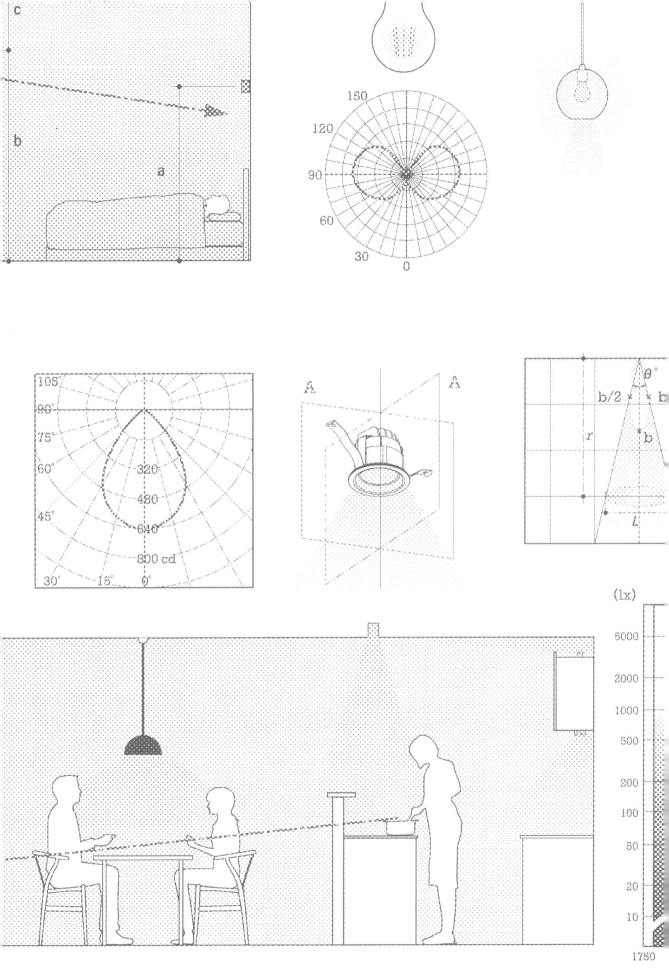

c

b

a

150
120
90
60
30
0

105°
90°
75°
60°   320
       480
45°   640
       800 cd
30°   15°   0°

A   A

θ°
b/2   *   b
r   * b
           L

(lx)

5000
2000
1000
500
200
100
50
20
10

1750

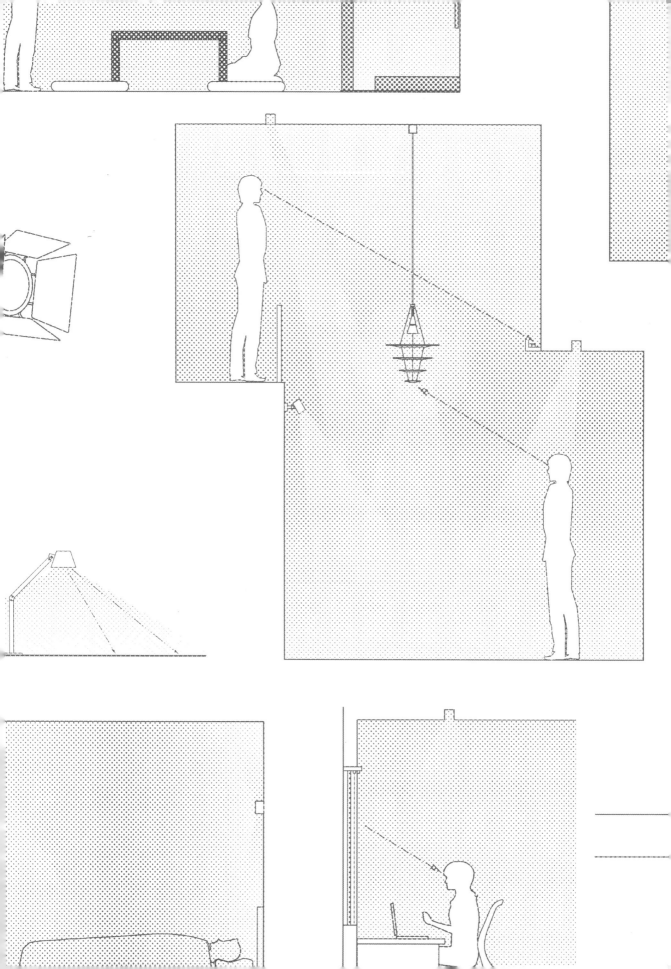